Ken Ohmae on Strategy

大前研一 戦略論

戦略コンセプトの原点

大前研一◉著
吉良直人◉訳

ダイヤモンド社

はじめに——世界に英語で語る、日本発の戦略論

一九八〇年代から九〇年代にかけて、私は世界中を飛び回っていた。その移動時間や空いた時間を利用しては、『ハーバード・ビジネス・レビュー』『ウォールストリート・ジャーナル』『ワシントンポスト』『ニューヨークタイムズ』『ヘラルドトリビューン』などに、精力的に寄稿した。取り上げたテーマは、企業経営、戦略、グローバリゼーション、また当時大きな問題となっていた日米貿易摩擦などで、その総数は数十編に上る。もちろん、すべて英語である。

『ハーバード・ビジネス・レビュー』には、一九八八年から一九九五年にわたって計九編の論文を発表した。このうち、本書の第四章「ボーダレス・ワールドの経営」(一九八九年。翌年、*The Borderless World*を発表した)、第七章「会社第一主義と『ドゥ・モア・ベター』」(一九八九年)、第八章「事業文化ユニットの構築」(一九八九年)は、「戦略的創造性」を有する企業組織こそ競争優位を持続しうるという主張である。

これは、一九七五年に著した『企業参謀』(この初版と海外版の邦訳『ストラテジック・マインド』は、いずれもプレジデント社)における「企業の成功は、創造的かつ直感的な、ビジョンと長期思考に基づいたマネジメントにある」という分析をより発展させたものである。ちなみに第一〇章は、グローバル化の波動を感じつつも、遅々として構造改革の進まない日本の現状について、「日本からの手紙」(一九九五年)と題して発信したものである。

ここで『企業参謀』について少し触れておこう。同書は一九八二年、*The Mind of the Strategist*としてアメリカで出版された。そこでは"The Art of Japanese Business"という副題の通り、トヨタやホンダ、松下電器などの例証を紹介し、日本企業のトップの多くが「分析と直感」を使い分けながら戦略プランニングしているという現実、そして才能ある経営者がその戦略的創造性、すなわち先見力や構想力を発揮することで、市場を創造しうることを訴えた。*The Mind of the Strategist*の論旨は、その後各テーマ別に抜粋して論文として発表した。本書の第二章「戦略計画と先見性」（一九八二年）、第三章「事業戦略の本質」（一九八二年）がそれに当たる。

この主張は、ジョセフ・シュンペーターの「企業家による新結合と革新」、アルフレッド・D・チャンドラーの「経営者のビジブル・ハンド」にほぼ類似するものだが、競争のグローバル化という新しい現実を踏まえたうえで、戦略は公式な計画に基づく、あるいは経営環境や産業構造、これまでの歴史的経路に規定されるという、これまでの戦略の主流に異議を唱えるものであった。事実、最前線の知識を活用することがマネジメントの真髄であると信じるピーター・F・ドラッカーは、当時世間で「大前はドラッカー神話の破壊者だ」と言われていたにもかかわらず、私の主張に耳を傾け、これを高く評価してくれた。

もう一つ、主張の根底にあるのは「顧客」である。顧客を最優先に考えることこそ、戦略プランニングの本質であると訴えた。そして、理論やフレームワークを前提とした演繹的な戦略論は、顧客をなおざりにしているがゆえに非連続的な変化に弱く、これを例外として排除してしまうことに警鐘を鳴らしたつもりである。

不確実性の高い環境では、マイケル・ポーターに代表される演繹的な戦略論よりも、顧客の立場から構想するという、帰納的な戦略論のほうが有効なのだ。私は、現実を虚心坦懐に見つめることで、それを証明してきた。第一章「競争は戦略の目的ではない」（一九八八年）のメッセージは、まさしくこれである。

さらに、「グローバル経済を支配するグローバルな相互依存性」も、私が熱心に取り組んできたテーマの一つである。これについては、*Triad Power: The Coming Shape of Global Competition*（一九八五年。邦訳『トライアド・パワー』講談社）で、日米欧の三大商圏での成功が企業競争力を高めると論じ、また、*Beyond National Borders*（一九八七年）では、国家、通貨、制度などのマクロ要因を考慮した戦略プランニングの重要性を説いた。これらのエッセンスを論文としてまとめたのが、第五章「トライアド戦略」（一九八五年）、第六章「グローバル・アライアンス戦略」（一九八九年）、第九章「リージョン・ステート・システムの経済学」（一九九五年）である。

これらの論文を発表する以前に、私は一九八一年から一九八六年の五年間に、『ウォールストリート・ジャーナル』の「マネージャーズ・ジャーナル」（ＭＪ）欄に十数本の論文を寄稿している。今回、そのなかから五本を抜粋し、第一一章として収録した。

ＭＪ欄は、主としてマネジャーを対象に、組織における管理者が身につけておくべきテーマ（アメリカのビジネス界における常識）を取り上げ、大企業の経営者、コンサルタント、大学の教授などが個人的体験や見識に基づく主張を、短くも示唆に富んだ文章で綴っている。その内容は、戦略、経営知識、リーダーシップ・スタイルなどから人間関係、自己啓発までと幅広い。

この欄で、当初私は、アメリカ国内に当時蔓延していた日本的経営なるものの神話に対する反論を試みた。ＱＣサークルや鉄鋼製労働者《スチールカラー》（ロボットのこと）について書いたものがそれである。その後、日米貿易摩擦がクローズアップされてくると、日米二カ国間の貿易量だけで論じるのではなく、企業のグローバル化に焦点を当て、より広い視野で問題の本質を突き詰めるべきであることを主張し、「コンソーシアムはジョイント・ベンチャーに勝る」「円高が進んでも貿易摩擦は解消しない」など、毎回テーマを変えて寄稿した。また、本業のコンサルタントの立場から、戦略や企業経営を扱った論文もいくつか書いた。

振り返れば、よくこれだけの論文を書いてきたものだと、われながら驚く。発表したのは、いずれも権威あるメジャーなビジネス紙誌だが、読者対象は主として欧米のビジネスマンであるため、日本のビジネスマンに日本語で読んでもらう機会がなかった。

私の執筆スタイルは、日本では日本語で、海外では英語で、いずれもビジネスマン読者を念頭に置いて書く。英語で書いたものが日本語に訳されて読まれることは、訳出上の問題もあり、必ずしも本意ではない。

しかし今回は、DIAMONDハーバード・ビジネス・レビュー編集部からの依頼があり、未翻訳論文八編を初めて、日本語のアンソロジーとしてまとめることにした。他の三編は、『DIAMONDハーバード・ビジネス・レビュー』誌と『ビジネスマン諸君』（TBSブリタニカ）に邦訳を掲載したことがあり、第一章と第九章の二編については、本書を出版するにあたって新訳を施した。

日本には、政財界、学界に慧眼の方々がたくさんいる。また、若き創造型ベンチャーの経営者やビジネス・プロフェッショナルのなかにも、世界に比類なき見識と実績を備えた方々がいる。これらの人々が、依然として「日本人が語りかけるのは日本人だけ」というのではいけない。『日本経済新聞』や『朝日新聞』、その他多くの出版社の発行雑誌に寄稿するのと同じ感覚で、海外の一流メディアに英文で寄稿すれば、世界中の人々が日本と日本企業を身近に感じるようになるはずだ。本書が、今後海外でビジネス関係の論文やリポートを出そうとされる方々の参考になれば幸いである。

ビジネスに限らず、文学や芸術、スポーツなど何であろうと、一人の日本人の見識や行動が、世界中の人々の目に留まることで、日本という国、日本人、日本企業、その他「ジャパン」がつくすべてのものに対する世界の見方が変わりうる。しかも、好感度、親近感、関心が高まる方向で。事実、みずからの信念を率先して英語で発表するプロフェッショナルを数多く輩出している国が、現在、グローバル競争の先端を走っているのである。

二〇〇七年一〇月

大前　研一

大前研一　戦略論

◉

目次

第1章

◉

競争は戦略の目的ではない

Getting Back to Strategy

［1988年発表］

Getting Back to Strategy

HBR, Nov.-Dec. 1988.

初出『DIAMONDハーバード・ビジネス・レビュー』2007年2月号

ライバルに勝つことは最優先課題ではない

欧米の経済政策当局では「競争力」という言葉が大流行している。競争力の回復は、万国共通の政治的課題でもあるのだ。特にヨーロッパでは、統一市場が誕生する一九九二年を目前に控え、ヨーロッパ諸国の産業競争力が注目の的となっている。しかし経営者たちは、政治家たちよりもずっと以前からこの問題に関心を寄せ、ヨーロッパ統一市場という新たな競争環境で生き残るため血眼になって方法を探してきた。そして、たどり着いたのが日本的経営である。

日本企業の競争優位を目のあたりにしてきた欧米の経営者たちは、ライバルに打ち勝ち、持続的な競争優位を獲得する戦略こそ、成功のカギと考えているようだ。生産能力、R&D体制、ロジスティックスなどで圧倒しようというわけだ。いずれにせよ、ライバルに対抗するための戦略プランニングであることに変わりない。

過去一〇年間、欧米の経営者たちは日本企業に市場シェアを奪われ、この教訓をいっそう身に染みて感じている。たしかに「ライバルに勝つ」という目標は、行動方針や業績評価指標を設定するうえでは説得力がある。しかし、その考え方がそもそも間違っているのである。

生産能力や製品開発、ロジスティックスにおける競争優位はけっして悪ではない。だがそれは、戦略本来の目的ではない。また、そうあってはならない。ライバルに勝つことだけに血眼になると、戦略は相手の出方次第でくるくる変わることになる。

たとえば、ライバルがフード・プロセッサーやコーヒー・メーカーといった機能を満載した台所用家電製品を開発すれば、すぐさま自社も同様の製品を開発し、生産しなければならない。製造コストの削減も、全国キャンペーンの広告宣伝も、ライバルと同じような手を打つよりほかはない。一対一の戦いを続ける限り、ライバルにリードを許すまいと、相手の一挙手一投足に反応する行動様式が常態化していく。

戦略プランニングにおいて競合他社の存在を考慮するのは当たり前だが、必ずしも最優先事項ではない。まず考えるべきは「顧客ニーズ」である。労を惜しまず顧客ニーズに応えているか、製品やビジネスプロセスはどれくらいの水準にあるか、製品企画、製造、販売といった活動はどれくらい顧客ニーズを満たすものかについて点検する必要がある。すなわち、戦略は顧客第一主義に基づいて立案されなければならない。そして、ライバルを相手にその成否を試すのだ。ライバルに対抗する戦略を全面的に否定するわけではないが、それだけでは受け身になる。ライバルとの勝負は、戦略を立案した後で考えればよい。最優先すべきは、顧客価値を創出する戦略なのだ。

可能な限り競争を回避する戦略こそ望ましい。二五〇〇年前の『孫子』に書かれているように、戦争における最善策は「戦わずして勝つ」ことだ。たとえば一九八五年、任天堂の〈ファミリーコンピュータ〉は日本国内での販売台数一二〇〇万台を突破した。

当時、任天堂はライバルと争うことなく市場を独占し、ICメモリを製造するリコー、専用ゲーム・ソフト〈ドラゴンクエスト〉をプロデュースしたエニックス[注1]など、さまざまなパートナーと連携した。これらの企業も軒並み利益を上げ、任天堂との競争など考えもしなかった。

市場でのぶつかり合いは衆目を集める。その際、「どの企業の戦略が優れているか」に目が向かいがちだが、実のところ、直接対決は戦略の一部にすぎない。氷山と同じく、戦略の本質は隠れていて表面化しない。ライバルとの戦いでは、さまざまな戦術があの手この手で繰り出されるが、顧客価値の創出や競争の回避は水面下で行われる。

それでも、直接対決が避けられない場合がある。製品は申し分なく、戦略の方向性も間違っていない、市場の評価も正当であるという場合には、真っ向勝負するしかない。私の経験によれば、経営者という生き物は、時代遅れであろうと、あえて真剣勝負を挑みたがる。たしかに勝手知ったる戦場ならば、何をすべきか、どう戦うべきかを承知しているので、顧客指向の戦略が奏功し、直接対決を回避してしまうと、かえって居心地が悪いらしい。

高級品市場か、低価格市場か

一九六〇年代後半から七〇年代前半にかけて、多くの日本企業がQCサークル、VE（バリュー・エンジニアリング）、ZD（欠陥ゼロ）運動などを導入し、コスト削減に努力した。その後、グローバル化によって戦略を軌道修正し、ライバルとの差別化を図るために多額の資金が投じられた。しかし、この戦略は行き過ぎの感がある。あらゆる市場が変わりばえのしない製品、あってもなくてもよい機能であふれ返り、投資効果は鈍っていった。

このような状況だからこそ、顧客指向の戦略が効果的である。現在、急速に工業化が進む韓国、台湾、香港などのメーカーは、低コスト化で牙城を築きつつある。一方にはヨーロッパの高級品メーカーが立ちはだかり、両者の挟み撃ちに遭いかねないと多くの日本企業が危機感を抱いている。

先進工業国に共通するこの脅威は、とりわけ日本企業にとっては死活問題であり、各企業は戦略目標を見直し始めている。その結果、顧客の立場で考えることの重要性、つまり、だれのために、何のために戦略を立案するのかの再発見に努めている。

過去に成功したポジショニング・アプローチはいまや通用しない。その兆候は日本産業界に見て取れる。たとえば自動車市場を見れば、〈メルセデス〉や〈BMW〉のような最高級レベルの製品をつくるドイツ企業が存在する。これら超高級品メーカーはプライシングを高くして、コストがかさんでも利益率が高い。その対極には、韓国の現代《ヒュンダイ》、三星《サムスン》、ラッキー金星《ゴールドスター》（LG）のような低価格・大量生産メーカーがひしめく。これらの企業の製造コストは日本企業のそれの半分である。

日本企業はにっちもさっちもいかない。つまり、ドイツ企業のように高価格を設定して利益を確保することもできず、韓国企業の賃金コストを下回ることも不可能だ。まさにジレンマである。日本企業の経営者たちは、どうすればよいのか。

生き残る道は三つある。第一は、韓国企業など、低価格・大量生産メーカーに真っ向からコスト勝負を挑む方法である。韓国企業の生産性はいまだ低水準にあり、労働者賃金も日本の一〇～一五パーセント程度である。日本の製造業が現場から人手を要する作業をなくせばコスト格差を縮められるし、コスト優位に立つ可能性もある。つまり、完全オートメーション化や無人制御の推進、多品種少量生産のシステム構築に投資をするのだ。

すでに成功した例もある。大手ベアリング・メーカーの日本精工はＣＩＭ（コンピュータ統合生産システム）を導入し、生産から出荷までの全工程を無人化した。工作機械の山崎鉄工所[注2]も、製品の主要部品の製造システムは無人制御になっている。ファナックも生産の合理化を徹底し、設備稼働率が二〇パーセントまで下がっても利益を確保し、また円高が一ドル＝七〇円になっても競争力を維持できると胸を張る。

自動化による生産性向上は一考に値する。ベアリングなどのコモディティの場合、唯一の生き残り戦略と言えるかもしれない。ただし、いったん始めたならば方針変更は許されない。最後まで突き進むしかない。

韓国企業の賃金はきわめて低く、日本企業が完全オートメーション化できなければ勝負にならない。くわえて中国の存在だ。繊維、靴、時計バンドなどの軽工業分野では、先進工業国の約二〇パーセントという賃金水準を武器に韓国や台湾の背後に迫っている。新興工業国の通貨はドルと連動しているが、日本との賃金格差はいまだ大きい。ただし、完全オートメーション化には、全社を挙げての不退転の決意が必要である。

挟み撃ちを逃れるための第二の施策は、ドイツ企業にならって高級品市場へ進出する方法である。理論上は大変魅力的な戦略だが、日本企業には難しいだろう。それは、過去の失敗が証明している。足かせとなるのは、企業風土である。精密電子製品、たとえばＣＤプレーヤーの事例がこれを端的に示している。ＣＤの発売と同時に老若男女が熱狂し、需要は急増した。ＣＤプレーヤーを〈メルセデス〉のような、高性能かつ高価格製品にポジショニングする絶好の機会だったにもかかわらず、日本メーカーは自社に根差す文化と呪縛から逃れられずに、欧米メーカーが目論んだ価格の五分の一まで価格を下げてしまったのである。フィリップスは価格水準の維持と利益確保に努めたが、日本メーカーの攻勢の前ではなす術もなかった。

欧米企業が利益を追求したのに対し、日本企業はシェアの拡大を目指した。ひたすら市場シェアを拡大することは命取りになりかねないとはいえ、かつて低価格製品市場への参入で成功した日本の経営者たちにすれば、おなじみの手法なのだ。いままさに韓国がこれを踏襲している。しかし、目の前に迫っているのは新たな戦いであり、日本企業のポジショニングも従来とは異なる。低価格メーカーの戦略と、ハイエンドへの進出を目論む企業のそれは、まったく異なるからだ。

もう一つ、日本企業が自分で自分の首を絞めるような戦略を採用してしまう理由がある。ソニーが警戒すべきはフィリップスではなく松下電器産業である。そして、松下にとってのそれは三洋電機なのだ。国内競争の激化によって各メーカーは低価格競争にまみれ、ドイツ流の高付加価値戦略からは程遠い。

ドイツ企業の流儀を目指すならば、これまでの戦略と決別し、「わが道を進む」姿勢を貫かなければならない。ライバルに追随するような戦略はもってのほかである。日本企業にすれば難しい選択だろうが、実際、成功する企業も増えている。たとえば、時計メーカーのセイコーは、かつてカシオや香港の量産メーカーたちと値引き合戦に突入して疲弊してしまったが、ハイエンド製品で利益を回復した。また、ドイツのライバルに追随すべく、本田技研工業、トヨタ自動車、日産自動車なども高級車市場に参入し、低価格車とは別のディーラー網を構築した。

老舗オーディオ・メーカーのナカミチは、[注3]高級志向を貫き、低価格競争には見向きもしない。しかし大半の日本企業では、市場シェア主義が根強く染みついており、不用意に価格合戦に突入してしまうため、このような成功例は少ない。

以上のことからおわかりのように、日本企業にとって、韓国企業のアプローチも、ドイツ企業のそれもふさわしいとは言いがたい。たとえ採用しても、長続きしないだろう。多少事情は異なるものの、他の先進工業国も日本と同じような状況にある。日本企業固有の事情を指摘すれば、過去においても現在においても、選択肢が限られていることだ。日本企業は、韓国ともドイツとも直接対決しない戦略を早急に構築しなければならない。価格でもステータスでもない「第三の方法」は存在する。それは、顧客価値を創出するために、戦略を考え抜くことにほかならない。

ほこりをかぶったピアノの活用法を発掘する

ピアノ・メーカーのヤマハは、最高の品質を誇るピアノを製造するために猛烈な努力を重ね、ついにはグローバル市場でシェア四〇パーセントを獲得した。ところが、トップの座に上り詰めたとたん、ピアノの需要は年一〇パーセントも減り始めた。あなたがヤマハの社長だったら、どのような戦略を打つだろうか。

ピアノはモーツァルトの時代から変わりのない、完成された楽器である。世界中の家庭の居間や子ども部屋、あるいはコンサート・ホールやリハーサル室に約四〇〇〇万台のピアノがある。買い換え需要はほとんど期待できず、市場は頭打ちになっている。客観的に判断すれば、成長余力のない市場と言えよう。くわえて、韓国メーカーがお得意の低価格品を引っさげて参入している。市場シェアを維持するためとはいえ、価格競争に突入するのは賢明とは言えない。しかし、高級品を送り出したところで、もはや市場に新製品を購買する余地はなく、効果があるとは考えにくい。いったいどうすればよいのだろうか。

証券アナリストのなかには、ピアノ市場の将来性を悲観し、撤退を主張する向きもあった。しかし、ヤマハはピアノ事業を売却せず、顧客のために新たな価値を創出しようと熟考を重ねた。答えが見えない時は、このような努力が欠かせない。

経営陣は、顧客と製品が置かれた状況をつぶさに観察し、重要な視点に気づいた。世界中に四〇〇〇万台のピアノがあるが、その大半は調律もされず、ほこりをかぶっている。今後、ピアノを習おうとする人が増えるとも考えにくい。それなりに弾けるまでにも時間がかかり、多忙な現代人にその余裕はない。家庭の居間に置かれたピアノは巨大な家具と化し、音楽を奏でるどころか、邪魔なだけである。

このように楽器の役目を果たしていない状況で、いかに効果的な戦略を立案し、優れたピアノをつくったところで売れるはずがない。顧客価値を創出するならば、新品のピアノを売るのではなく、顧客の手元にあるピアノに付加価値をつける方法を考えなければならない。さて、どのようなアイデアがあるだろうか。

ヤマハは、懐かしの自動演奏ピアノに着目した。ところが、かつての代物は音が悪い。そこで日夜研究を重ね、高度なデジタル技術と光学技術を駆使して、ピアニシモからフォルテシモまで九二段階のキーの強弱や速さの識別に成功した。デジタル技術なので、本物さながらの演奏を録音・再生できる。これは三・五インチのフロッピーに収められた。このソフトを購入すれば、あたかも一流アーティストを自宅に招いたがごとく、その名演奏を自宅のピアノで堪能できる。ヤマハは先端技術を利用して、まさしく顧客に新しい価値を提供する戦略を編み出したのである。

二五〇〇ドル出せば、調律もせず放置された邪魔な家具に自動演奏ユニットを取りつけ、自宅の居間で一流ピアニストの演奏が再現できる。友人を招いてホーム・エンタテインメントの最新技術を披露するのもよかろう。またフルートが趣味の人は、ピアノが弾ける友人を呼んで、その伴奏を自動演奏ユニットにインプットする。こうすれば、いつでも伴奏つきで練習できる。カリフォルニアに住む友人があなたのお気に入りのソナタを演奏して、その音源をデータ送信してくれれば、ケンブリッジに住むあなたのPCに取り込んでディスクに落とすことができる。あとは自動演奏ユニットにセットするだけだ。

楽曲を提供するクラブ会員になれば、たとえば、カーネギー・ホールでウラジミール・ホロビッツのような巨匠が昨晩演奏した音源データを送ってもらえるため、巨匠の指使いを自宅のピアノで再現し、ゆっくり味わうことも可能である。楽しみ方は無限にありそうだ。二五〇〇ドル×四〇〇〇万台と考えれば、自動演奏ユニットの潜在市場規模は一〇〇〇億ドルと、斜陽産業にとっては魅力的なビジネスだ。しかも、これに音源データの需要が加わるのだから、可能性はさらに膨らむ。

ヤマハは八七年四月にこのプロジェクトを開始し、日本で爆発的な売上げを記録した。ピアノは過去五年間、売上げが毎年一〇パーセント減という衰退事業だったが、戦略の再構築によってみごと再生を果たした。同社は、コストの切り詰めや新製品の増強、ましてや人員整理などをいっさい行わなかった。ひたすら顧客に価値をもたらす新たな視点を求め、ついにそれを見つけたのである。

さらに、もう一つ新しい発見があった。顧客価値を生み出すチャンスを探索するプロセスには連鎖性があるということだ。一つ価値を見つけると、新たな価値が見つかる。たとえば、昨晩のカーネギー・ホールでのホロビッツの演奏を自宅で再現した顧客は、ピアノをプロの演奏家並みに調律したいと思うのではないか。これが半年ごとならば、さらなる増収が期待できる。

実際、これは膨大な収入源だった。全世界の調律市場は年間約一六億ドルと言われる有望市場である。ピアノ・メーカーも販売店もこの市場を長年見落としていた。ヤマハがここに注力すれば、失業の危機にあったピアノ工場の職人たちにも、調律師という新たなチャンスを提供できる。

ピアノ人気が復活すれば、再びピアノを習おうとする人も増えるだろう。すると、ピアノ教師、ピアノ教室、練習用ソフトなどからも、収益機会が生まれる。ピアノ産業は、ハード、ソフトの両面で大きな成長ポテンシャルを秘めていたのだった。顧客価値という視点があったからこそ、その扉は開かれたと言えよう。

ところで、地道な練習を嫌がる現代人の嗜好にはどのように対処すればよいだろうか。いまのご時世、何事もお手軽な方法が好まれる。しかし、楽器の練習はお手軽にとはいかない。ピアノ販売が低迷し続けている理由の一つがここにある。

その一方、音楽鑑賞は以前よりも人気がある。多くの人々が通学中も通勤中もイヤホンをつけて、四六時中音楽を楽しんでいる。けっして音楽への関心が低下したのではなく、何年もかけて演奏の練習をすることに興味がないだけだ。「楽器を演奏したいですか」と質問されたら、たいていの人が「やってみたい」と答えるだろう。意欲はあるのだが、もう年を取りすぎた、いまさら練習の時間を確保できないといった理由から、習得する機会を逃したと考えている。

新しいデジタル技術とサウンドチップさえあれば、ピアノを演奏できる。才能は関係ない。一五〇〇ドルの出費で電子ピアノ〈クラビノーバ〉を手に入れれば、夢に描いていた世界が実現する。自動演奏で弾き語りを楽しむ。左手のパートを自動演奏させて、指一本だけでメロディを奏でる。練習ソフトをセットすれば、押す鍵盤を教えてくれる。インストラクターの演奏があるから、メロディや和音が全部弾けなくても問題ない。

デジタル技術のおかげで、楽器演奏の敷居は低くなる。ハイテクが練習という壁を取り除いてくれるのだ。デジタル楽器市場がアコースティック市場より、はるかに高い伸びを示すのは当然であろう。

多くのピアノ・メーカーが伝統技術にこだわり、将来の発展性をみずから閉ざしている。需要が衰え、強敵が登場しても、小さくなったパイの分け前を奪い合うことに躍起になっているのだ。政府の輸入規制にすがるメーカーもある。ヤマハもアコースティック市場から撤退したわけではない。いまやアコースティック楽器と電子楽器のあらゆるカテゴリーで世界トップの座にある。同社は音楽をこよなく愛する顧客心理の理解に努め、顧客の心に響く価値を提供した。何一つ諦めず、戦略の本質に立ち返ったからにほかならない。

顧客ニーズを深耕し、既存市場に新しい芽を見出す

ヤマハのアプローチは、韓国流でもドイツ流でもない。着目すべき点は、斜陽産業の活性化に成功したことである。そして、さらに重要なのが付加価値戦略の構築である。つまり、競争相手を打ち負かすのではなく、顧客に価値を提供する方法を見出したことだ。

パーソナル・ケアやサニタリーなどのトイレタリー関連の大手メーカー、花王の例を見てみよう。同

社は毎年、皮膚、毛髪、血液ならびに血液循環などの基礎研究に売上げの四パーセントを当てている。たった四パーセントと思われるかもしれないが、ここに人件費は含まれていない。驚くべきことに、全社員六七〇〇人中、実に二八〇〇人がR&Dに従事する。

このほど花王は、日本の温泉効果を再現する新しい入浴剤を発表した。地下深部でマグマに作用して高圧熱水となった温泉は豊富な鉱物成分を含む。化学組成が同じ薬品を風呂に溶かしただけでは温泉と同じ効果は期待できないが、花王の新製品〈バブ〉は、血行を促進する点で温泉並みの効果を発揮する。〈バブ〉は大きな発泡錠剤で、風呂に一粒放り込めば、鉱物成分が湯に溶けて二酸化炭素が発泡する。

花王の戦略は、既存の入浴剤やバス・ジェルとはまったく異なる製品を開発することだった。血行促進という健康面のメリットを売りにした〈バブ〉は、既存製品とは異なる市場を制した。実際、〈バブ〉の登場で入浴剤市場は激変し、いまや〈バブ〉の独壇場である。ライバル各社は開発が遅れ、競争が起こらなかった。花王は戦わずして市場を制したのだ。

ヤマハや花王のように新しい発想をする企業にとって、戦略とは、ライバルを打ち負かすことではない。顧客ニーズを探り、自社のビジネスモデルを再点検することが出発点になっている。目標は、発掘した顧客ニーズに応える製品を開発することであり、競合他社の製品を上回る機能を追加することではない。

実際、花王は肌や毛髪のケア、あるいは血行促進に関するR&Dに多大な投資を傾ける一方、他社のトイレタリー製品にはあまり注意を払っていない。今度は毛髪に関する豊富な知識を生かして、新しいヘア・トニック〈サクセス〉の製品化に成功した。このヘアケア製品は化粧品と医薬品の中間に位置づけられ、ここでもまた直接対決するライバルは存在しない。

味の決め手を追求する

戦略の本質に立ち返るとは、顧客ニーズを考え抜き、理解することである。日本のある家電メーカーの例で説明しよう。この会社は、コーヒー・メーカーの開発にあたって、ゼネラル・エレクトリック(GE)とフィリップスの製品を比較・検討した。前者の濾過方式か、それとも後者のドリップ式か、あるいは両者より大型か小型かなどについてである。

同社のコンサルタントを務める私は、ほかに検討すべきことがあると助言した。たとえば、なぜコーヒーは飲まれるのか。つまり、コーヒーを飲む時、顧客は何を求めているのか。顧客にこれまで以上の価値を提供したいと考えるならば、まずはその点を問うべきである。その答えがわかれば、開発のコンセプトもおのずと明白になる。そして行き着いたのが、「おいしい」ということだった。私は技術者たちに、「顧客がおいしいコーヒーを楽しむために、技術者は何ができるか」と尋ねた。技術者たちは、「おいしいコーヒーがつくれるコーヒー・メーカーを開発する」と言う。つづけて、「コーヒーの味を決める要素は何か」と質問した。すると、技術者はだれ一人として答えられなかった。

こうして、「コーヒーの味の決め手」を突き止めることが課題となった。その結果、さまざまな要素がコーヒーの味を左右することが判明した。コーヒー豆はもちろん、温度、水質も重要な要素である。我々は、味と関係がありそうな全要素をリストアップした。これらの要素は、コーヒー・メーカーを設計する技術陣に戦略的創造性を与えうる。なぜなら、技術陣はあらゆるアプローチを取ることができるからだ。たとえば、コーヒー豆に着目するなら、品質や鮮度から、コーヒー豆の挽き方、粒の揃え方、コーヒー豆の投入と熱湯を注ぐタイミングまで、さまざまな工夫ができる。

調べていくと、コーヒーの味の決め手は水質であることがわかった。ところが、当時のコーヒー・メーカーは水質にはまったく無頓着で、水道水を使うのが当たり前と考えられていた。水質のほかにも、コーヒー豆の粒の揃い、豆を挽いてから熱湯を注ぐまでの時間が重要であることを突き止めた。

このような新しい視点からコーヒー・メーカーが備えるべき機能を整理すると、改善点が明らかになった。第一に脱塩素機能の内蔵であり、第二にコーヒー豆を挽くグラインダーを加えることだった。これら二つの機能をつければ、豆を投入して水を注ぐだけで、機械でもおいしいコーヒーが楽しめる。そう、理想のコーヒー・メーカーの出来上がりである。

戦略プランニングでは、まずは正しい問いと目標の設定が肝要である。一〇分でコーヒーが出来上がる製品をGEが発売したことに目が向いてしまうと、あなたは「七分でできるコーヒー・メーカーをつくれ」と技術陣の尻を叩くことになる。早くつくりたいなら、インスタント・コーヒーという方法があるという市場結果が出ることだろう。GE製の売りが省エネルギー型ならば、同様の製品開発を命じるに違いない。

従来の市場調査が問題を解決してくれるわけではない。概して、自社に都合のよい答えを導く傾向があるからだ。たとえば、「一〇分でコーヒーが淹れられる製品と七分のそれとでは、どちらを買いますか」と質問されれば、だれでも後者を選ぶ。このような質問は誤りである。重要なのは、市場に参入した時の出発点に立ち返り、自社ならではの戦略を構想することである。ライバルの打倒に血眼になっていると、顧客の真のニーズも、求められている製品も見えてこない。

一〇〇〇人を対象にアンケート調査を実施するよりも、主婦三人とたっぷり二時間かけて話すほうがよほど有意義である。自動食器洗い機への不満などを思う存分語ってもらうのだ。そのほうが、消費者が心の底から求めているものについて有益なヒントや新しいビジョンを得られる。

撤退ではなく顧客満足度を高める

次に某カメラ・メーカーの例を紹介しよう。七〇年代半ば、一眼レフ・カメラが急速に普及し、レンズ・シャッター式カメラは人気がなくなった。もっぱら、低価格のレンズ・シャッター式はアマチュア向きで、写真の出来も悪いというのが世間の評価だった。

このような傾向が強まるなか、私がコンサルティングを提供した某カメラ・メーカーでは、レンズ・シャッター式カメラ事業の全面撤退を検討し始めた。時代の風は一眼レフに吹いており、高性能一眼レフ機で勝負に出なければ、取り残されてしまうと危惧したためだ。

この時も、私は基本的な質問を投げかけた。本当に一眼レフ・カメラだけで生き残れるのか。そもそもユーザーは、何を求めて写真を撮るのだろうか。答えは明白だった。ユーザーは、よい写真を撮影したいのだ。

一眼レフであろうと何であろうと、カメラ（とフィルム）を手にしただけで満足するのではない。ユーザーは、質のよい写真を撮影することだけを心から願っている。では、なぜレンズ・シャッター式カメラではよい写真が撮れないのか。この質問に答えられる者はいなかった。

そこで我々は、ある現像所へ赴いて、一万八〇〇〇枚の写真サンプルを借りることにした。そのなかから写りの悪い写真を七パーセントほど選んで、撮影に失敗した原因を調べたところ、原因は四つに絞られた。

第一は、いわゆるピンぼけである。この問題に、技術陣は二つの方法で対応した。一メートル以上の距離がある場合は、遠景でも近景でもピントが合うプラスチック製のパンフォーカス・レンズを取りつける。また、自動的に焦点距離を調節するためにオートフォーカス機能を搭載した。第二に、光量不足である。これもストロボを内蔵することで解決した。こうすれば、フラッシュを家に忘れても困らない。第三が、レンズとフィルムの相性である。これは、フィルム・カートリッジの側面にのぞき窓をつけてフィルムの受光感度を表示し、ユーザーがシャッター・スピードを調節できるようにした。そして第四が、二重撮りである。この防止策として、オートワインダー（自動巻上機能）が開発された。

コンパクト・カメラやレンズ付きフィルムなど、レンズ・シャッター式カメラを改良するアイデアが二〇〇も出された。従来とは異なるアプローチで製品開発に取り組み、レンズ・シャッター式カメラ市場の再活性化に成功したのである。

実のところ、レンズ・シャッター式カメラの市場規模は依然、一眼レフのそれより大きい。最大の成功要因は顧客満足の追求であり、まさしく満足度の高いカメラを開発したことにある。そこには、ライバルと対決するという発想はない。顧客の視点で考えるという本来の戦略に立ち返ったことで、レンズ・シャッター式カメラ事業から撤退する理由はどこかに消えてしまったのだ。

制約条件のなかに活路を見出す

このようなプロセスには、謎めいた要素も、天才にしかわからないブラックボックスもない。問題は単純明快で、出発点もはっきりしている。もう一つ例を挙げよう。

数年前、私はある家電メーカーから、日本の家庭向け調理用家電製品についてアドバイスを求められた。キッチン用器具を研究しているメーカーだけに、コンセプトは上出来だった。ところが調査してみると、製品化を断念せざるをえないことがわかった。

調査方法は、数百軒の家庭を訪問し、台所の写真を撮ることである。二〇〇枚の写真から、台所には余分なスペースがないことが一目瞭然だった。冷蔵庫の上まで鍋釜が積み重ねられ、カウンターの上も物で埋め尽くされている。どんなに魅力的な調理器具が発売されたとしても、台所に道具を置くスペースはない。

しかし、台所を埋め尽くす製品と顧客ニーズを把握すれば、アイデアを生かす別の方法が考えられた。すでに利用されている調理器具に新しい機能を付け加えるのだ。こうすれば、新たなスペースは必要ない。たとえば、オーブンに電子レンジ機能を搭載してはどうだろう。台所の写真を見ればスペースがないことは明らかだ。このような場合、アイデアを練り直さなければならない。

頭痛薬を与えれば、頭痛はすべて解決するか

顧客ニーズに注目し、製品を徹底的に検証するアプローチは、健全な経営を実践するうえでの基本中の基本である。にもかかわらず、軽視あるいはなおざりにされている。戦略のあるべき姿から、なぜこんなにも逸脱してしまう経営者が後を絶たないのだろうか。

頭痛を例に考えてみよう。頭痛、風邪、肩こり、胃痛などの症状は一人ひとり異なる。ところが、ある製薬会社は、頭痛や胃痛などの「標準的な痛み」に効く新薬開発のプロセスを改善しようと、私にコンサルティングを依頼してきた。同社は治療分野を明確に分類し、各分野で効率よくR&Dを進めたいと考えていた。

この製薬会社は、人々が感じるさまざまな不快感について研究したことがなかった。そこで我々は、同社の社員五〇人を対象に、自分が感じた症状や体調について、毎日一時間ごとに一年間記録させた。そして、なぜこのような症状が生じたのか、効く薬はあるのかなど、あらゆる角度から研究陣と共に徹底的な分析を実施した。その結果、同社では、各種症状の八割において、それら向けの薬を製造していないことが判明した。その大半は既存の薬を組み合わせることで対応できることがわかったが、新薬や治療法の開発を考えたことさえないという分野も少なくなかった。いずれにしても、膨大な収益機会が見過ごされていたことに変わりはない。

同社は顧客ニーズ、つまり顧客が不快を感じる症状を理解せずに安易な解決策に走っていたといえる。「頭痛薬ならばアスピリンがある。これで解決だ。ということは、アスピリンよりも薬効に優れた新薬を開発すればよい」といった具合である。たしかにこれなら、「どのように痛むのか」「どこが痛いのか」「何が原因なのか」「症状の緩和ではなく、完治させるにはどうすればよいのか」といった課題と格闘するよりもずっと楽である。

このような状況を招いた原因の一つとして、心理的あるいは文化的な要因が挙げられよう。鎮痛剤のCMを国ごとに比較してみると、よくわかる。アメリカのCMは頭痛を、イギリスのそれは背中の痛みを、日本のそれは胃の痛みを訴えている。また、アメリカ人は「頭がずきずきする」と言い、日本人は「胃がもたれる」と表現する。症状とその原因を正しく理解するには、いったいどうすればよいのだろうか。

頭痛には頭痛薬を投与すればよいというのが一般的な対応だろう。ところが、このような発想がそもそも間違いなのだ。これでは、伝統楽器の製作でコスト削減に努力したり、昔ながらの石鹸に斬新な成分を加えたりと、ライバルと直接対決する戦略と五十歩百歩である。

思いつきで対応していると、顧客ニーズを深耕する努力を怠るようになる。この悪弊が、荷役能力は抜群だが前方が見えないフォークリフト、食べ残しは落とすがこびりついた卵の焦げや飯粒はそのままという食器洗い機、居間の片隅に置かれほこりをかぶったままのピアノをつくるような発想を招く。

戦略の本質に立ち返るとは、思いつきや無意味な発想といった思考の癖を厳に戒めることでもある。顧客に提供すべき価値を追求する際、安易な解決策に満足してはならない。顧客が心から求めているものは何か、この単純な質問を繰り返す。これこそ戦略的マネジメントの要諦なのだ。

【注】
(1) 現スクウェア・エニックス。
(2) 現ヤマザキマザック。
(3) 二〇〇二年、民事再生法の適用を申請したが、二〇〇六年、高級AV機器ブランドとして世界第三位に返り咲いている。

第2章

◉

戦略計画と先見性

Foresight in Strategic Planning

［1982年発表］

Foresight in Strategic Planning

The Mckinsey Quarterly, Autumn 1982.

先見力の五つの要件

起業して成功した人の話を聴くと、その意思決定が予言に近いものであることに驚かされることが多い。後になってみると、それぞれの意思決定は非常に論理的である。しかし、意思決定をする本人は、その当時あまり詳しい分析を行っているわけではない。ただ未来についていくつかの想定をし、不確実なことが多くても次々と正しい意思決定をすることに成功している。ということは、起業家は単に賭けに勝っただけなのだろうか。

とんでもない。経営の意思決定は、たとえばルーレットのような確率論とは根本的に異なるのだ。なるほどそのような意思決定では、分析に使える時間やお金は常に限られているため、不確実な要素に関して判断をしなければならないが、判断というものは合理的な推論に基づいて行うことが可能である。事実、先見力のある経営上の意思決定が一貫して成功している場合には、明確に区別できる順序を追ったパターンが存在している。具体的には、常に五つの条件を満たしていなければならない。この五段階のステップに従った起業家こそが、先見力のあるビジネスマンとして知られているのである。

①事業ドメインを明確に定義する。
②事業環境に働いている各種の力の動向を、因果関係に基づいて将来どうなるか推定し、最も可能性

の高いシナリオを論理的な仮説として、単純な言葉で簡潔に記述する。
③事業展開のうえで存在する数多くの代替案のなかから、いくつかの案を選ぶ。いったん選択したなら、人、技術、資金を、大胆にしかも積極的に集中して投入しなければならない。数少ない代替案に、より多くの資源を集中することによって、事業で競合に対していっそう大きな差をつけることができ、そのことによって成功率を高めることができる。
④全力を投入し多くのことを短期間に達成しようとするのではなく、資源の有効活用と、戦略実施のペース配分を検討する。この時、高望みしすぎないよう注意することが必要である。
⑤経営者は戦略選択の条件が有効である限り、それに沿っていかなくてはならない。しかし、もし想定していた条件が変わったなら、事業の基本的な方向をも変えてしまう用意がなくてはならない。

こうした要素をこれから順に分析し、先見性に含まれる必須構成要素が何なのかを理解し、事業に失敗したビジネスマンの多くが、なぜこれら五課目の試験のうち一つ以上で落第点を取っていたのかを考えてみよう。

事業ドメインの定義

稀少な経営資源を分散させすぎないためには、集中的に投資する事業ドメインを定め、手を広げすぎないことが必須要件となる。その場合、どのようにしてドメインを定義するかが重要なポイントとなる。ヤマハの中興の祖である川上源一氏は、自伝のなかで、戦後すぐにアメリカを旅行した際、日本にレジャー産業を発展させようと決意したと言っている。この話を知らない人が現在のヤマハの事業活動を見ると、ピアノから〈エレクトーン〉（電子オルガン）、そして音響機器へ、また、ピアノの筐体《きょうたい》から家具へと、ヤマハが水平多角化という事業展開をやみくもにしていると思えるかもしれない。

こうした事業展開はすべて、川上氏がもともと定義したレジャー産業という事業ドメインが源流であり、この定義は、ヤマハがアーチェリー、スキー用品、ボート、テニスラケット、それにレジャー施設を擁するまでに多角化した現在でも当てはまるものである。ヤマハの各事業それぞれの利益率はわからないが、川上氏の指導理念に沿った事業のすべてにおいて、ヤマハが圧倒的なシェアを有していることは、事業ドメインの定義がいかに重要かを示す証拠である。

多角化した大企業では事業ドメインは所与のものと考えられ、また取り扱われている。このことは、ハウジング、オーディオ、テレビ、電子レンジといった事業部の名称にも反映されている。テレビ事業部はテレビだけを扱い、ほかには何も関与しないことが当たり前だ。しかし、長い間まったく注目も疑問も呈されないまま、この種の名称のつけ方が放置されると、問題を生じかねない。

たとえば、テレビ音声のＦＭマルチプレックス化という問題は、家具調家電と呼ばれるテレビや音響機器のメーカーの事業部の定義に疑問を投げかけることになったという事例は興味深い。ＦＭマルチプレックスという左右異なる音声の送受信は、きわめて単純な装置であり、テレビ受像機のＦＭ音声受信を通じて、視聴者がステレオあるいは二カ国語で音声を聞くことができるようにするものだ。その受信に必要なのは、周波数変調器と共にスピーカーをもう一つセットに加えることくらいである。

しかし、典型的な消費者であれば、そうは考えない。「なぜ、テレビ用にもう一つスピーカーを買わなければいけないのか。二つスピーカーが必要だというのなら、家の居間にステレオがある。しかもFMチューナーもついているからそれを利用すればよい」というのが消費者の反応だろう。消費者には、これはどうも疑わしい無駄な二重投資を強いるものだと映るし、事実、その通りなのだ。

ところが、ほとんどのオーディオ・メーカーにはテレビ事業部がなく、典型的な家電メーカーでは、テレビ事業部とオーディオ事業部はまったくの別世界である。実際、松下、東芝、日立といった家電メーカーは、オーディオ・メーカーのイメージで競争を優位に運ぼうと、明確な目的を持ってオーディオ専門ブランドを立ち上げている（それぞれ〈テクニクス〉、〈オーレックス〉、〈ローディ〉）。簡単に言ってしまえば、ユーザーにとってオーディオ・ビジュアル・システムは余暇の一つの過ごし方なのだが、メーカーは伝統的にオーディオと映像をまったく別の事業として取り扱ってきたのである。

これこそが、全世帯がすでにFMチューナーを保有しているという事実を無視し、日本のテレビ受像機製造企業が、現行のFMラジオ放送システムとはまったく違う方式をテレビ用FMマルチプレックス技術として最終的に合意しようとしている理由である。テレビ・メーカーは、平均的な消費者を欺くという道を選んでしまった。現行のFMラジオ放送用のチューナーでテレビのステレオ音声を受信するには、一五ドル程度の部品を一つ加えるだけで済む。これは、現行テレビ受像機で新たにステレオ音声を聞くためのアダプターの一〇分の一のコストである。

マルチプレックスの問題に対して、統一的なユーザー指向の視点から取り組もうという企業がまだ現れていないために、パイオニアのような伝統的なオーディオ・メーカーには、またとない機会が生まれることになる。OEM契約によって他社からブラウン管を購入し、テレビ・モニターを総合ステレオ・

システムのコンポーネントの一つとして売り出すのである。そうすればユーザーは、ステレオでレコードやカセットテープを聴くという選択はそのままで、もしテレビ放送をステレオで聴きたいと思えば、スイッチを切り替えるだけで手持ちのステレオをテレビ画像に接続して楽しむことができる。逆に伝統的なテレビ・メーカーが、テレビ受像機を製造しない伝統的なオーディオ・メーカーを時代遅れにしてしまうという基本戦略を掲げれば、オーディオ事業に参入するまたとない好機となるかもしれない。

いずれにしても、重要なのは、オーディオ・ビジュアル・システムという新しい事業ドメインの定義である。テレビ、ラジオ、ステレオといった伝統的な定義は、機能ではなくハードウエアに基づくものである。その本来の機能とは家庭での娯楽であり、ハードウエアはその機能を果たすために設計されている。これとは対照的に、オーディオ・ビジュアル・システムには、ビデオテープ、ビデオディスク、音楽ディスク、パルス・コード変調器によるデジタル音楽テープ、それに従来のＬＰレコード・プレーヤーやカセット・プレーヤーなどが含まれることになる。

コインランドリーと洗剤の事業ドメインの定義も、もう一つ興味深い課題を提示してくれる。今日、洗剤メーカーは大勢の化学者を抱え、より多くの優れた洗剤を製造・販売することが自社の事業だと考えている。しかしよく考えてみれば、洗剤そのものを買いたいと思っている人はいない。買いたいのは、衣服の汚れを取り除く効用である。ユーザーの視点からすれば、洗剤とは洗濯のプロセスに介在してくる余計なものであり、最初に加えるがすすいで洗い流さなければならず、除去には大量の水を浪費しなければならない代物だ。ユーザーが基本的に欲しいもの、つまりユーザーの目的関数は、衣服についた汚れを取り除くことであり、洗剤を加えたり除いたりすることではない。そして、ユーザーの目的関数の主軸であること（この場合は洗うこと）に沿って自社の事業を定義しない企業は、真に顧客指向であると主張はできない。

ある企業が、事業ドメインの定義を「衣服をきれいにすること」にしたと考えてみよう。この場合、開発担当者は洗剤などの化学物質にとらわれるのではなく、自社の事業ドメインの定義に当てはまる別の方法、たとえば超音波の利用のような物理的アプローチも含んだ手段を試してみようとするに違いない。このような企業では、家電メーカーが洗剤もすすぎも不要な超音波洗濯機を発売したとしても、あわてることはないだろう。

もちろん、そうなれば化学者たちも反撃を試みる。たとえば、ただ浸けておくだけで衣服がきれいになるような洗剤を開発するなどして、今日コインランドリーにあるような洗濯機で衣類を動かしもみ洗いすることを不要にし、洗濯機といった定義があいまいな事業をふるいにかけてしまおうとするだろう。洗濯機という事業ドメインの定義は、手段に基づいており最終目的に基づいたものではないからだ。

それゆえ、先見性という能力を開発する第一歩は次の点を認識することだと言える。すなわち、長期間にわたって安定した事業を確保する唯一の方法は、事業ドメインをユーザーの目的関数に沿って定義し、それに従って市場をセグメント化するという点だ。

消費財ビジネスでは、事業ドメインを再定義する場合、消費者ニーズについての先入観をどう免れるかが課題である。産業で使われる資本財では、ユーザーの目的関数がその経済性に直結している可能性が高い。つまり、生産性の向上、合理化、緻密さなど、当該顧客の購入意思決定に最も強い影響を与える項目である。

戦略シナリオの策定

事業ドメインの定義が確定し、次に重要となるステップは、そのドメインに作用しているさまざまな力を特定し、関連する因果関係を説明しながら簡潔に要約することである。成功を収めた先見性のある起業家の長期戦略は、必ずと言ってよいほど、非常に単純かつ自然で、しかも正確に規定されている。これは、驚くには当たらない。なぜなら戦略というものは、事業環境のなかで作用しているさまざまな力に対抗して、みずからの強みを最大化する行動計画にほかならないからだ。

この戦略の定義は、プロダクト・ポートフォリオ・マネジメント（ＰＰＭ）といった高度な経営手法とも完全に軌を一にするものである。実際ＰＰＭは、戦略の意味を非常に単純なかたちで表現したものにすぎない。**図表1**「事業ポートフォリオと基本戦略」は、戦略の定義とＰＰＭの基本概念との関係を示したものである。ＰＰＭは単純なフレームワークではあるが、複雑なビジネスシステムに応用したり、大規模な多角化企業の経営に役立つツールとして使うことも可能だ。

定義された事業ドメインに作用するさまざまな力について、例を挙げよう。自動車メーカーや家電メーカーは、基本的に組立産業である。こうした業界が世界中の市場で非常に高い競争力を持っているという事実は、その後背地を形成する部品やコンポーネント業界自体に競争力があることを示している。したがって、日本の部品やコンポーネントのメーカーは、相互に大きな利益を得るかたちで、こうした

図表1◉事業ポートフォリオと基本戦略

戦略の目的とは、企業を取り巻く事業環境全体に作用しているさまざまな力が何かを理解し、それを競合に比べて最適な差別化の達成に活用することである。

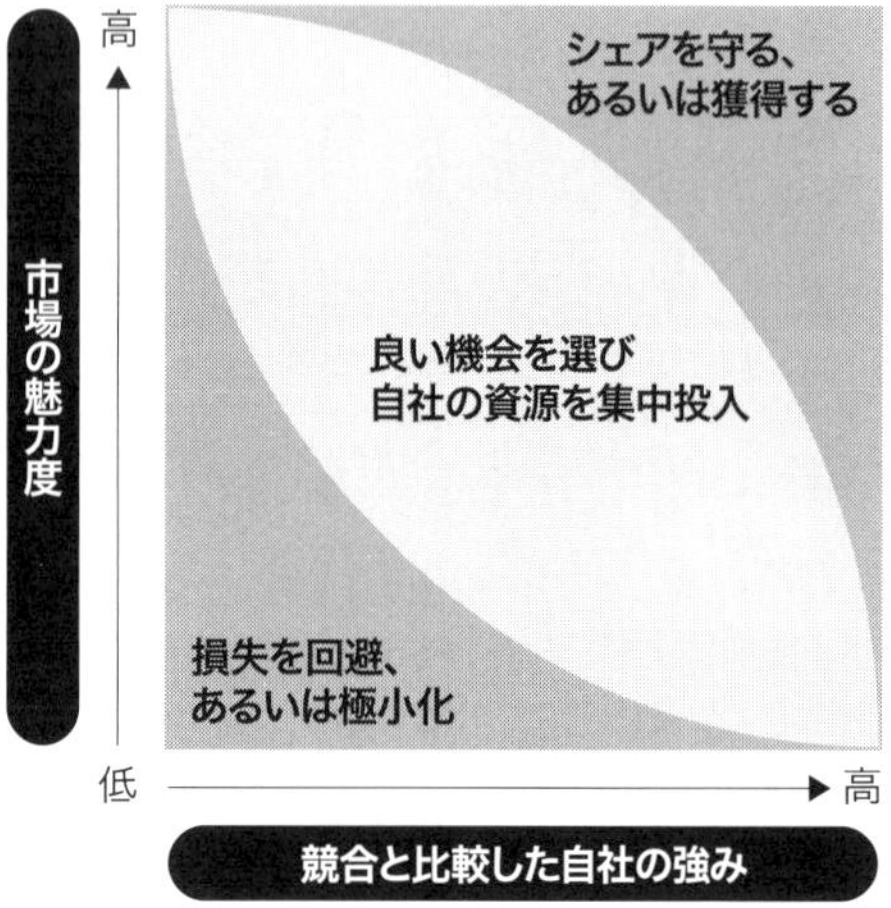

産業が比較的弱い国々（たとえば、西ヨーロッパ）の同業者と直接取引ができる。

一方、最終製品の組立メーカーが、アメリカやECに生産設備を持つかたちで直接投資しようという場合には、日本と同様な競争力のある部品供給源を慎重に確保しなければならない。

ここで再び、社会の変化が市場環境をどのように変えているのかを食品業界で考察しよう。生活の質と女性の独立意識が高まるにつれて、働く主婦の数は確実に増加している。食品メーカーにとって、これは家庭で調理済み食品や食材セットなどが好まれることを意味する。同時に、大都市通勤圏に住む若い共働きのカップルの間では、簡単に調理でき、しかも家庭料理の質を保持した高級食品（いまや購入の余裕ができている）に対する需要が増加するだろう。また、こうした製品を販売する小売店舗は、働く主婦やサラリーマンが帰宅途中に買えるように、郊外の駅の近くに立地するようになると考えられる。

日本の住宅環境が急速に改善することはないが、余暇時間と可処分所得の水準は上昇を続けるだろう。したがって、平均世帯の居住スペース自体が限られたものであることに変わりはないものの、モジュラー・ユニットとしてぴったりはまるように設計され、さまざまに組み合わせを変えられる電化製品や家具の需要が、飛躍的に伸びると予想される。

日本では中間所得層を対象とするファーストフードのチェーン店の急速な成長によって、別種の事業機会も生まれている。チェーン店は、レストラン規模の最低必要条件を設定し、用地面積にも最低限度が規定されている。日本の地価は特に都市部において、アメリカの標準と比較すると天文学的な数字である。しかし、レストラン立地としては好条件の土地でも、こうしたチェーンのレストランには小さすぎ、自販機を置くには広すぎる場合は、売りにくく比較的低価格となっている。

そこで、こうした土地を活用して、新しい形態のチェーン・レストランの事業機会が導かれる。つまり、一定の地域にある複数の店舗で出す料理をセントラル・キッチンで調理するというコンセプトに基づいたチェーンをつくれば、良好な経済性を達成できるだろう。各店舗での調理は最低限にとどめ、食事の提供に限定すれば、こうしたチェーンは低価格なミニ・スペースを有利に活用することが可能だ。

製品が比較的単純で、競合製品との完全な差別化が難しいという成熟した事業の場合に、競争優位が製品自体によって達成可能であるという前提で戦略を考えることは馬鹿げている。かなり高い水準の市場シェアや利益率の達成には、むしろ企業の持つブランドや製品イメージを改善し、流通システムを拡充するという戦略のほうが成功する可能性は高い。

また余暇施設やスポーツ施設よりも食品や外食産業のほうが成長性は高いため、肥満による健康問題を抱える人の数が次第に増加するだろう。したがって、ウエイト・コントロール製品と各種サービス(医療機器、健康食品、室内エクササイズ機器、健康ハンドブック、エクササイズ教室、それに健康相談サービスなど）を組み合わせれば、大勢の顧客を獲得できる可能性が高い。

事業機会を徹底的に探す

定義された事業ドメインに固執して計画を立てる経営者は、製品設計を改善するかコストを下げることしかしない。これは、典型的な「大企業病」である。こんなことでは、先見性のある事業の意思決定などできないし、まして世界的なヒット商品など生まれるわけがない。だが、私たちの身の回りには、何千もの事業機会が存在する。そうした機会に気づかないのは、事業環境と潜在ユーザーを新鮮な目で見る、創造的な見方ができないからなのだ。

どのような製品やサービスを提供するのかを考え抜く場合、作用している力学を見出し、真の事業機会を選び出すためのヒントをいくつか挙げよう。

定義された事業ドメインの顧客の総合経済性を分析せよ。

通常あなたが関心を持っているのは、特定の共通な目的関数を共有する顧客セグメントであるため、その経済性を理解すれば十分である。したがって、市場全体を分析する必要はない。規定したセグメントの総合経済性を完全に理解していれば、ユーザーの経済的利益を改善する機会を発見できる。

サービス産業であれば、既存のシステムには大規模な変更がないことを前提にして、あなたの提供するサービスから、ユーザーがどのような時間あるいは労力上の利便性が得られるのかを分析せよ。

サービス産業で新たなシステムを創造するには巨額の固定費投資が必要である。したがって、既存のシステムを活用しながらサービスを追加したほうが、成功確率が高くリスクも少ない。利便性を付け加えられる潜在分野、すなわち、てことして使える分野が見つかったならば、規模の経済が働くように、ごく短期間で一定のクリティカルマスを超える売上げを達成することが勝負を決める。サービスの価格が、一般消費者に受け入れられる水準となって初めて、あなたの事業を急速に拡大できる可能性が出てくるからである。いかに革新的なサービスでも、新種のアイデアやコンセプトが短期間で失敗に終わってしまう最大の原因は、初期投資の不足である。特定のサービスから得られると認識される利益を、ユーザーが喜んで支払おうとする価格水準と常に比較し、評価しなければならない。

既存のシステムが現在受け入れられている基本的な理由を理解する。その後で、その根本的な前提を疑い、変えられないかどうかを考えよ。

競合との差別化を達成する最善策の一つが、特定の事業の成功のカギを全面的に打ち出すことである。図表2「サービス事業の創造」に、新しい事業コンセプトを考え出すアプローチをサービス業に適用した事例を示した。このように、因果関係を分析して新しい事業機会を見つけようと試みる場合には、次の五つの点に特に注意を払わなければならない。

①ターゲット・セグメント、すなわちあなたが製品やサービスを提供しようとする対象顧客。

図表2◉サービス事業の創造

効率的な小規模事業者の損益分岐点よりも低い価格を設定することによって、
新しい大規模事業を展開することが可能である

新規事業	ピアノ調律	金属製品の表面復元
ターゲット市場	ピアノ所有者	全家庭
サービスの内容	電子調律器を使い調律を15分で完了	家庭にあるあらゆる金属製品表面の錆、汚れ、腐蝕を除去する 例：刃物、台所用品、自転車、電気製品
市場成立の理由	たいていの家庭にあるピアノは慢性的に調音が合っていないが、その理由は調律が高価だからである	購入後、こうした製品の手入れに注意が払われることはほとんどなく、時が経つにつれて醜く汚れてくる。持ち主は、みすぼらしく見えるものを嫌うため、購入時の姿を取り戻すことに金を支払うと考えられる
カギとなる成功要素	•訪問滞在時間の削減。移動時間の最小化 •信頼性を認知された全国組織 •定期調律契約	•注意深く計画された訪問 •コスト管理 •錆や汚れ除去の技術 •道具や化学薬品を扱う技術を持ったスタッフの確保、訓練
市場規模	調律1回15ドル/年×600万世帯＝9,000万ドル/年（調律師3,600人雇用）	1品目5ドル/2年×1,000万世帯=2,500万ドル/年（技術スタッフ1,000人雇用）

②サービス固有の特徴と、ユーザーの視点からなぜその特徴が有意義なのかという理由。
③認識されている成功のカギ。
④ターゲット・セグメントに競合の参入がどの程度容易なのか、またそれを阻止する障壁をどのようにすれば築けるのか。
⑤新事業の推定市場規模と投資金額。

グローバル・ブランドを確立した、ホンダ、セイコー、ＹＫＫなどの成功は、最も重要な因果関係を簡潔で、単純かつ論理的な記述にまとめることのできた証明である。事業戦略を短い明晰な一つのセンテンスで表すことが、新規事業を創造しようとする人には役立つ。戦略コンセプトを、核心を突いた滑らかな文章で表現できない場合は、戦略そのものに何か問題があるというシグナルなのだ。

決定的な選択をする

創造的なアイデアを事業化する戦略が組み立てられたとしても、実施プランがいくつも存在することがある。複数の実施プランを並行して進めることは、かなり魅力的に思えるかもしれないが、この誘惑には打ち勝たなければならない。成功を収めた起業家は、時間、金、人という貴重な経営資源を多くの分野に分散しすぎないように注意している。並行して進めるのではなく、カギとなる成功要素を一つずつ順番に克服していく。この原則は、革命的な技術開発を、特に限られた人材資源の下で行う場合と同じである。最重要分野にまず優先的に資本を配分することは、最終的な成功につながる黄金律である。

日本の成功企業は、事業における成功のカギのバランスの変化につれて、ある機能から別機能へと経営の焦点を移す術に長けている。それは、環境の変化や国際性や洗練性の変化に基づくものであり、それが戦略を着実に進化させる基盤となる。この逆のアプローチ、すなわち全機能分野を全市場に同時展開する企業は、経営資源を広く薄く分散させすぎてしまうために、差別化が可能な分野の強みを確立できず、元来持っていた競争力をすべて食いつぶしてしまう。

これを、今日グローバル企業と考えられているホンダやセイコーなどの戦略と比較していただきたい。両社は欧米の先進企業がすでに確立していた市場の底辺から参入した。生産技術と各製品ラインの設計のノウハウ、製造経験を蓄積してから、高級品分野に徐々に進出したのである。全製品を網羅しようとか、すべての顧客セグメントを一まとめにして売り込もうとはしなかった。他の日本企業も、類似の戦略を追求している。つまり、低価格品の分野で十分な競争力をつけ、次に中・高価格セグメントに製品ラインを拡張し、それからターゲット・セグメントのグローバル展開を拡大していったのである。

こうした戦略の最初の段階で、企業は価格競争力を達成する必要がある。ブランド認知を築くよりも、規模の経済を確保するほうが優先されるのだ。そのため、こうした企業はOEMで他社に製品を供給する役割を受け入れる用意があり、また時期尚早のうちに経営資源をマーケティングや販売のグローバル展開に浪費するよりも、社外の流通業者に依存することが多い。このようにして、製造部門での利益をできるだけ早く達成できるよう販売量を増加させ、完璧に機能しているとは言えないまでも、グローバルな競合企業として認識されるようになるのである。そして、規模の経済を達成すると、OEMサプライヤーという役割と流通業者への依存を断つようになり、やがて自社ブランドと流通サービス・システムの確立に移行していく。この段階になると、競争力のある製品とブランド認知がシナジーを生み、競合他社に対する明確な差別化がある程度可能となる。

日本企業がこの戦略を採ってきたいずれの業界も、奇妙なことに日本の主要二、三社が競い合っている。電卓ではシャープとカシオ、ステレオ機器ではテクニクス、パイオニアそれに日本ビクター、テレビ受像機ではソニー、東芝、日立、カメラではキヤノン、ニコン、コニカ、それにオリンパス、カセット・デッキではティアックと赤井電機[注1]、オートバイではホンダ、ヤマハ、鈴木自動車工業[注2]、川崎重工業[注3]、造船では三菱重工業と石川島播磨重工業[注4]と枚挙に暇がない。

海外市場に進出した場合も、世界でトップの地位を賭けて、日本企業は互いにしのぎを削るのである。そのような業界のグローバル競争の多くは日本企業同士の戦いでもあり、出遅れた欧米企業は次第に置いてきぼりをくらう。

このような業界のグローバル競争は、最終的には消滅してしまう傾向がある。なぜなら、勝ち残った日本企業の競争力は、生き残った欧米企業に比べてあまりにも強大であるため、それぞれの企業が置かれた社会政治環境が変わらない限り追いつくことができないからである。この二極化が起こるとなると、経済のブロック化は避けがたい。

ただしこれには、日本企業が工業先進諸国による自由世界の一員として平和共存を図ろうとするために競争への熱意を鈍化させないならば、という条件がつく。現在のところ、設計および生産手法、それに社会や組織の柔軟性といった点で、日本と他のＯＥＣＤ諸国では違いが大きすぎるため、合理的な貿易交渉の基本となる共通の基盤が存在しない。

現実的なペースで前進する

戦略の最も決定的な要素の一つがタイミングである。たとえ賢明な目標が掲げられ戦略が正しくても、利用可能な経営資源と保有している強みとによって、企業は常に、ある程度の束縛を受ける。成功企業というものは、そのバランスを図りつつ戦略を進めるペースをうまく配分する。一か八かで走り出しゴールに到着する前に疲労困憊してしまうよりも、一歩一歩安定して進むほうが勝利を確実に得る道であることをよくよく承知しているのだ。

背伸びをしすぎて戦い半ばで倒れた企業は、日本の産業史に数知れない。安宅産業はカナダの精油施設を買収しようとして倒産したし、三井物産はイランへのハイリスク・ハイリターンのプロジェクトによって深刻な危機に瀕している。これらの企業が取ったリスクは、まったく必要のなかったものなのである。競合他社を追い越そうと急いだあまり、無理して手を広げすぎたのだ。

技術の共通性があるからと言って事業の水平多角化を図る事例は、この原則の重要性を示してくれる。参入を目論む事業で成功するには何が必要なのかを完全に理解しない企業は、市場の支配もエンドユーザーである顧客からの支持という点も不完全である。この種の多角化における製品そのものは完璧に満足できるものなのに、市場のどのセグメントをとっても、こうした企業の製品は儲かっていない。それは、特定の市場セグメントで利益を確保するカギは、そのセグメントでの重要要素を完全にコントロールすることであると、経営陣が気づいていないからである。ターゲット・セグメントの成功のカギを手中に収めてそれを完全に使いこなすには、時間と資金の大規模な投資が必要であり、それには明快なプロセスを踏んだ戦略シナリオが不可欠である。

たとえば、参入の動きがない新たな事業機会を発見したとして、自社の資源が不足していたらどうするだろう。その場合、自社に可能な選択肢を分析し、それぞれの利点と問題点を注意深くかつ現実的に評価しなくてはならない。ここでは、急速に拡大しているオフィス・オートメーション分野のある企業が、コンピュータと用紙操作に関する技術力を持っているというだけの理由から、ワードプロセッサー事業への参入を決定したと想定してみよう。

この企業は、必要とされる要素技術と販売ネットワークを持っているが、表示部の陰極管（CRT）技術やワードプロセッシングのノウハウを保有していない。同社は、現在の強みと発見した事業機会との間のギャップを、自社開発、もしくは技術とノウハウをすでに有する企業との提携で埋めなくてはならない。この二つの案の戦略的意味合いは、製品を上市するまでに必要な時間と、この事業機会の実現に必要な全経営資源という二つの視点で違ってくる。他の事業機会を諦める可能性が高いとしても、開発技術者全員を技術的ボトルネックの除去のため投入するか、あるいは他社の技術をてこにして新製品を先陣を切って市場に投入するかという決定を迫られることになるのだ。

前者は、社内開発がうまくいかないということもありうるためハイリスクではあるのだが、大きな収益をもたらすかもしれない。一方、後者は、リスクは著しく低くなるが、同時に将来得られる利益も比較的小さなものになる可能性がある（経営陣が、この新事業の成功に全経営資源を投入する決定でもしない限りではあるが）。こうした二つの代替案の選択は、この会社がどの程度のリスクを取ることを許容するのか、時間という要素をどの程度重要ととらえているのか、の関数である。この会社が、ワードプロセッサー市場で強い競合地位の確立を目指し、スピードこそを重視するならば、時間的な優位性の得られるほうを選ぶことになるだろう。

意思決定における先見性

先見性のある人たちや起業に成功する人たちは、この種の意思決定を一貫してうまくやっている。たとえば、松下電器産業は電子技術を学ぶためにフィリップスと提携し、五〇対五〇の合弁企業を設立した。また、松下通信工業[注5]のような子会社を通じてファックス機を開発するのではなく、ファックス機メーカーを買収し松下電送とした。こうした動きは、優れた先見性を反映したものであった。このような技術のすべてが、オフィス・オートメーション・システムという一つの大きな傘の下に、最終的には入ると考えられるからである。

東京電気[注6]は、電子式キャッシュ・レジスターに移行すれば、日本のキャッシュ・レジスター市場のトップ企業になれるという千載一遇の機会に遭遇し、機械式レジスターから撤退した。そして、熟練機械工を解雇して、全社一丸となって電子式市場に参入した。経営資源の制約から、機械式と電子式の両方の製品を同時に開発・製造し続けることができなかったからである。両製品分野を並行して追求すれば、資源分散を強いられ、大きな打撃を受けかねなかった。だが、経営資源を集中したことで、同社は数年内に日本の電子式キャッシュ・レジスター市場の四〇パーセント超のシェアを獲得した。

計算機の分野で、シャープは液晶技術に集中するという戦略を徹底してきた。競合他社が製品を、液晶と発光ダイオード表示、卓上プリンター式、科学計算用など多岐に広げていくという輪郭のはっきりしない戦略を追求している間に、シャープは電卓の薄型化を追求し、新たな競争材料にしてしまった。シャープの一徹さが実を結んだのだ。一九七五年には電卓メーカーは四五社あったが、一九八二年には主力二社となった。脱落した企業は、この過程で経営資源を使い果たしてしまったのである。

経営資源を節約しているもう一つの好例がセイコーである。同社は、低コストのデジタル時計市場には進出しない。デジタル、アナログ両方のクオーツ腕時計の技術を完全に保有しているにもかかわらず、付加価値の低いデジタル腕時計市場で量の競争に巻き込まれることは避け、販売ネットワークの拡充とアナログ腕時計の高価格帯での市場地位確立に集中してきた。

カシオのような企業が全力で低価格デジタル腕時計の分野に参入した一九七九年になって、ようやくセイコーは、カシオや洪水のごとく流入してくる香港製デジタル・ウオッチへの対抗策を講じた。しかしそれは、セイコー・ブランドとしての従来の高価格設定を維持できるよう、セイコー・ブランドではなく〈アルバ〉という新ブランドによる低価格品を発売することであった。

もう一つ例を挙げると、松下は電子技術のR&Dを活発に行っているにもかかわらず、自社で製造する半導体（特にLSIとVLSI）の外販は皆無である。松下は電気通信機器事業に参入している一方で、コンピュータ事業からはすぐに撤退し、再度参入はしていない。しかし同時に、こうした市場にいつでも参入できるだけの技術開発は続けている。

今日、半導体製造に参入しても、既存の半導体メーカーとの価格競争に巻き込まれ、利益を出すことが無理ではないにせよ困難な状況になる可能性は高い。だとしても、松下のＩＣおよびＬＳＩ技術の水準は高く、電荷結合素子（ＣＣＤ）やマイクロプロセッサーの分野では業界トップレベルの能力を保持している。こうした自社製の半導体を使って、松下は高速普通紙ファックス機を開発しており、この技術力があれば、将来複写機事業にも参入できる。

保有技術をすべて組み合わせることで、松下は将来、ビデオ・カメラ、デジタル・カメラ、コピー機、ファックス機、産業用ロボット等の分野でトップ企業になりうる。各製品分野に、画像センサー、プロセッサー、ある種のアクチュエーターが使われているからだ。あえて推測すれば、産業構造がその方向に移行したなら、デジタル画像事業に打って出ることが、松下の長期戦略には要求されていると考えられる。この推測が当たっているかどうかは別としても、その時が来たなら、松下がこうした数々の市場の大半を押さえられる好位置につけていることは間違いない。これまでのところ松下がこうした事業に参入しなかったのは、経営陣がよくよく考えたうえで戦略的意思決定をしたからであろう。

同様に、世界最大の電気製品のメーカーであるＧＥは、半導体事業とコンピュータ事業から一時的に撤退した。これは、通常の経営的判断としての退却と解釈すべきではなく、そうしなければ達成できない何らかの経営目的のための手段であったと考えるべきである。多くの企業が倒産に至ったのは、長期的な成功に必要な経営資源についてよく考えず、多くの事業分野に手を広げたからである。これらの失敗が示しているのは、まったく同じ教訓である。選択力と順序立てたアプローチこそが、先見性のある意思決定を成功に導く必須前提条件なのである。

基本に忠実たれ

これまで述べてきたような先見性の条件をすべて満たしたなら、企業が高い業績を達成することは間違いない。だが、先見性があると思われた企業も、起業家であるリーダーも、成功の根本的な要因を忘れたために敗退することがある。根本要因とは、ターゲット・セグメントの設定と、そこでの成功のカギ、言い換えれば事業目的を考える基礎となったさまざまな前提である。

ディスカウント・ストアの例で考えてみよう。この企業は、利益＝（価格－コスト）×販売量という方程式に基づく戦略に従って、余計なサービスや店舗の装飾などをすべて取り去り、価格と販売数量だけに基づいて競争することにした。これが、ディスカウント業者が儲けることのできる根本である。

だが、成功し有名になると、トップの性格が次第に変わっていくことがある。大企業の役員のように振る舞うようになり、目的も変化する。虚栄心から店舗を改装したり、流行の高級品を扱ったり、顧客サービスを謳ってそれを喧伝してみたり、従業員には高い賃金と気前のよい各種手当てを与えてしまう。これらすべてがコスト増につながる。したがって、価格を上げるか利益を出すことを諦めない限り事業は成り立たない。これを忘れてしまうと、事業の存続すら危うくしてしまうのである。

部品メーカーの成功要因は、高品質の部品を低価格で最終製品メーカーに納入できる能力である。ところが部品メーカーが大企業に成長すると、下請けと見られることを嫌がるようになる。そうした意識が高じると、経験も製品をエンドユーザーに届ける販売ネットワークもないのに、製品組み立てを行い、ついには最終製品の販売を始めてしまう。

最終消費財の販売に成功するには、広い地域に分散し実像の見えにくいユーザーの一人ひとりに到達できるような販売ネットワークを築かなければならない。ところが、典型的な部品メーカーが築くそれは、最終製品メーカーの購買担当者までしか到達できない。しかも、部品メーカーの創業者は現在の顧客ニーズを注意深く分析していないだろうから、競合との差別化といっても、ユーザーの真の要求項目とは大きくかけ離れた奇妙な製品コンセプトになるのが関の山である。

消費者に最終製品を売るのに何が必要かを理解していない部品メーカーは、かつては自社の顧客であり、すでに万全の地位を築いているセット・メーカーを敵に回してしまう。その結果、自力で最終製品メーカーになろうという野望を達成するどころか、コア事業を危険にさらすことになる（同様に、産業素材メーカーも消費財事業に進出したいという致命的な誘惑にかられる）。

ファーストフードのチェーン店の利益率は、提供するメニューの種類を限定し、高い回転率を達成する能力によって決まる。ところが、ファミリー・レストランの競争圧力によって、提供メニューの品目の拡大を迫られ、その結果、食材の回転率を低下させ、利用できない食材の無駄が増えてしまう。これは、確実に失敗に至る調理手順と言ってもよいだろう。

国鉄[注7]は、その独占地位を最大限活用して、政府にバスや私鉄の規制を強要し、それによって利益率の高い路線に私鉄系企業を参入させなかった。ところがマイカーの時代が到来し、旅行客が好きな時間に好きなルートでの旅行ができるようになると、国鉄は旅客および貨物輸送の大部分を失ってしまう。しかし今日でも国鉄は、国民が移動するにはサービスが悪くてもそれに頼らざるをえなかった時代にのみ妥当であったやり方を温存している。その結果、ストライキが頻発し、運賃値上げが年中行事になってしまった。それなのに、国鉄の経営陣は、国民の税金を使って安穏な生活を続けている。

ある先進国が開発途上国へのプラント輸出（つまり、生産設備への投資である）を始める場合、長期的には、当該生産設備でつくられる製品の産業から撤退するか、生産設備の売却先への製品輸出を諦めるしかない。将来他の事業への多角化を図るのであれば、そうした投資は正当なものなのだが、そうでなければ長期的には自分の首を絞めてしまう。ところが、重工業に属するほとんどの企業が、プラント輸出の機会を鵜の目鷹の目で探しており、意識しているか否かは不明だが、この因果関係を無視している。もちろん、開発途上国がこうした最新工場の建設を完了し、輸出市場への供給能力を増加させたなら、その市場から先進国を締め出すばかりでなく、先進国のお膝元市場をも脅かす競合となるだろう。

タイヤ産業では、バイアス・コードよりも強度が高く、従来製品の二倍の耐久性を持つラジアル・タイヤへの移行によって、取り替え用タイヤの市場が徐々に縮小した。そのため、長期的にタイヤ生産への集中を減らし、何か他の事業へと多角化を図らなければならないことになる。だが世界の主要タイヤ・メーカーのほとんどが、真剣に多角化戦略を推進することもなく、現在のラジアル・タイヤ・ブームを享受している。このままでは、あの繊維産業の轍を踏み、悲惨なことになるのは確実なのに……。

製品寿命が長い造船、発電所建設など資本財メーカーは、その生産能力を設備更新市場のニーズに合致させなければならない。成長期に短期的需要のピークに合わせて生産能力を高めると、需要が緩んだ時に過剰な投資の高価なつけを払わされてしまう。実際、一九七三年のエネルギー危機に端を発した造船不況によって、日本の船主たちは運用船腹の共同削減に踏み切らざるをえなくなった。

家庭用ビデオ・レコーダーが消費者市場に浸透するにつれて、八ミリ映画用機器メーカーの売れ行きが落ちていくことは明らかである。ところが、八ミリ映画用機器メーカーは、敗者となってもインスタント八ミリフィルムや録音機能を加えるなどして、悪あがきを続けている。

成功する事業には、必ず成長要因がある。それを見失えば、成長、いや生存すらも危機にさらされるだろう。先見性を備えた起業家は、どの市場セグメントと顧客にサービスを提供しているかを一時たりとも忘れることはない。それは、どのようなメカニズムで自社が儲けを出すことができるのかを忘れないということだ。これを銘記している限り、自社の事業の根本的な存在理由の変化を告げるような、市場のいかなる微妙な変化も、敏感に感じ取ることができるのである。

【注】

(1)現コニカミノルタホールディングス。

(2)現プロ・オーディオ・ジャパン。

(3)現スズキ。

(4)現IHI。

(5)現パナソニック・コミュニケーションズ。

(6)現東芝テック。

(7)現JRグループ。

第3章

◉

事業戦略の本質

The “Strategic Triangle” and Business Unit Strategy

［1983年発表］

The "Strategic Triangle" and Business Unit Strategy

The Mckinsey Quarterly, Winter 1983.

戦略の三つのC

過去一〇年あまりの間に、かなりの数の事業戦略に関する新しいフレームワークが登場した。だが、優れた戦略プランニングはそう簡単なことではない。後になって説明することより、ゼロ・ベースから戦略を構築するほうがはるかに難しい。

戦略の定義が、包括的に適用できて、しかも実用に供するに十分な具体性を備えていることは稀であるが、優れた事業戦略を判定するための評価基準に関しては、あまり異論がない。数多くの事例を観察した結果、優れた事業戦略には、次のような三つの特徴があるとわかった。

①市場が明確に定義されている。
②企業の得意分野と市場のニーズが一致している。
③カギとなる成功要素において、競合に比べ優れた実績を発揮している。

優れた戦略を策定するには、三つの重要なプレーヤーを考慮する必要がある。英語で「C」から始まる企業（corporation）、顧客（customer）、競合（competition）という三つが戦略の三角形を形成する（図表3「戦略の三角形」を参照）。三つの要素は、それぞれが独自の目的や欲求を持つダイナミックな

図表3●戦略の三角形

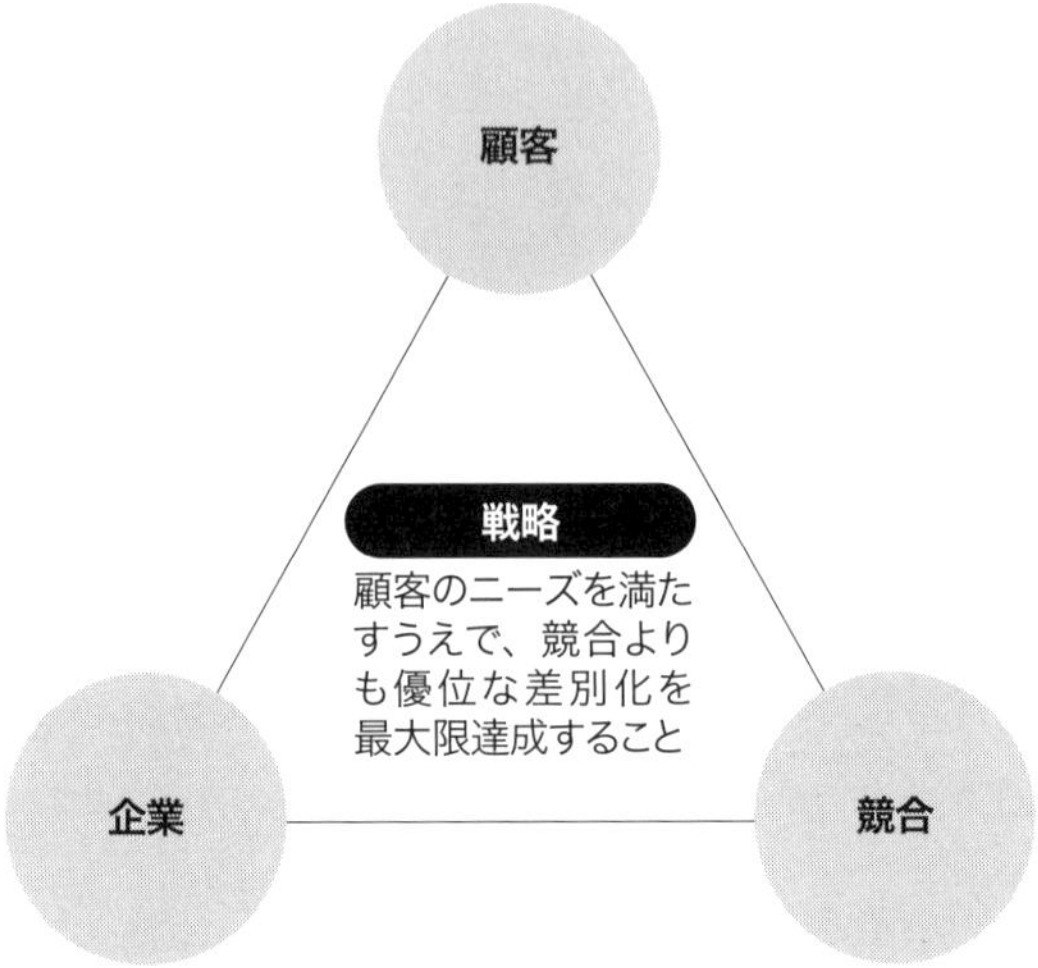
顧客
戦略
顧客のニーズを満たすうえで、競合よりも優位な差別化を最大限達成すること
企業
競合

生き物である。もし、顧客の欲しいと思うものが企業の提供する製品・サービスと合致しなければ、長期的な競争優位の維持は危うい。両者のニーズと目的が合致することで、良好な関係が維持されるのだ。しかし、どの程度合致するかは相対的なものであり、競合他社がさらによく合致するものを提供すれば、企業は次第に劣勢に立たされることになる。

言い換えれば、顧客と企業のニーズの適合は、ただ合致しているだけでなく、顧客と競合他社との適合よりも緊密かつ強固でなくてはならないということだ。顧客へのアプローチが、競合他社のそれと同等であれば、顧客は両社を区別することができず、その結果、価格競争を招きかねない。しかも価格競争は、顧客のニーズは満たすものの、企業のニーズを満たすことができない。

そこで、これらキー・プレーヤー三者に関して、戦略を次のように定義しなければならない。すなわち、戦略とは、自社の相対的な強みを顧客のニーズをより満たしうるように用いて、競合他社よりも優位な差別化を達成しようとするための、努力の結晶である。

事業戦略の策定では、各組織単位が、三者のキー・プレーヤーそれぞれに対して思いっきり自由に戦略を立てられるようにしなければならない。顧客に関しては、市場の一部ではなく市場全体を対象にした戦略が必要だ。もし事業ユニットの役割が狭く定義された場合、すなわち組織の底辺に置かれていると、市場全体を視野に入れる権限を持ちようがない。また、事業ユニットで近視眼的に見ていたのでは見落としてしまうようなものを、競合他社が顧客全体のニーズを把握できる視野から見ているとすれば、それだけで不利な条件になってしまう。たとえば、顧客がＩＣを使った複合電子部品を探しているのに、特定のスイッチしか取り扱っていなければ、その部品業者には不利となる。

自社について言えば、事業ユニットによる検討は、社内の重要機能すべてをカバーしなければならない。重要機能は、調達に始まり、設計・技術開発、製造、販売・マーケティングから流通およびアフターサービスに至る範囲が含まれる。これによって、顧客のすべてのニーズに最大限対応できる自由度が得られることになる。

とは言うものの、事業運営の単位である事業ユニットが、他の組織と資源を共有してはならないという意味ではない。優れた事業ユニット戦略を策定するには、顧客のニーズと競合に関するすべての機能的側面を検討しなければならないという意味である。現状の組織では、重要機能のすべてが事業ユニットの指揮下にあるとは限らない。だが、戦略立案の過程では、競合他社と比較した自社のすべての優位性を活用し、差別化を図るための方法を探索する必要がある。単体あるいは組み合わせによるさまざまな機能分野の強みのみが、それを可能にする。

あるエアコン・メーカーは、自社の流通サービス・システムの強化が困難であると認識していたので、修理サービスの不要な簡単には壊れない頑丈で高価なエアコン機器を開発した。技術指向の会社であったため、この開発は非常にうまくいったのだが、問題は、この新製品を売ることができなかったことだ。実際、一パーセントのシェアも確保することができなかった。理由は単純である。このエアコンは重すぎたため、通常の設置者二人組では持ち上げられず、実際に機種を選ぶ立場のエアコン設備業者が、この製品の採用を拒否したのだ。これは、事業の重要機能のすべてについて戦略的意味合いを考え抜かず、このメーカーのお気に入りの解決策、つまり、技術に安易に頼ってしまった結果であろう。

競合他社に比べてサービス・ネットワークに弱点を抱えたある複写機メーカーが、比較的サービスを必要としないコピー機を開発した。他の性能面では、このコピー機は競合他社のものとほとんど変わらないのだが、価格を他社よりも若干低く設定し、短期間でシェア増を実現した。自社の機能の弱みを認識していたために、逆に強みである技術力、製造効率、品質管理を活用して弱みを補完することに成功したのである。

戦略立案の担当者は、競合他社の全体像を視野に入れなくてはならない。もし事業ユニットが非常に狭く定義されていて、競合の事業運営のごく一面、たとえば提供製品ラインしか認識していないとすると、競合のR&D能力、他の部門との共同調達、製造、販売、サービス、また競合が参入する他の全事業を含む対象事業以外からもたらされる利益の源泉など、これら重要な戦略的要素を戦略担当者が見落としてしまうことになりかねない。

たとえば、世界的な造船不況の到来に直面し、三菱重工は、造船部門で働いていた余剰人員を、自動車、化学プラント、発電所、鍛造、金属加工など他の事業部門や子会社へと徐々に異動させることに成功した。競合他社には三菱重工のような柔軟性がなかったために、造船事業は競争力を失い赤字事業へと転落してしまった。

事業ユニットの定義

事業ユニットは、次の三つの分野を比較的自由に検討できる組織階層とすることが望ましい。

①類似の目的を持つ顧客セグメントのすべて。
②自社の重要機能のすべて。顧客の視点から見た、競合に対する有効な差別化を達成するのに必要なさまざまな機能分野の専門知識を活用できる。
③競合他社の全貌。機会さえ到来すれば、優位な地位を自社がすかさずとらえ、逆に競合が、考えもしなかった競争優位を築こうとした場合、足元をすくわれるような状況を回避できる。

事業ユニット戦略は、狭すぎたり広すぎたりと極端な定義に基づいて考えられている。たとえば、農業用トラクター・エンジンという定義では、事業ユニットの組織内の位置づけが低すぎるために問題が発生する。農家以外の顧客グループや製品応用範囲が検討できない、新しい競合が異なる事業の定義に基づく開発をして農業用トラクター市場に参入した場合に対応できない、などである。

一方、医療ケア戦略としては、事業ユニットの定義が広すぎることが挙げられよう。これでは医療用機器、サービス、病院、教育、自己の健康管理、それに社会保障までがカバーされてしまう。すると、三者のキー・プレーヤー、つまり戦略の三つのCが異なる目的と機能を持つ何十というさまざまな要素で構成されて、相互の連関を考えるマトリックスが複雑になってしまう。

事業ユニットの定義には、グレーの部分が常につきまとい、議論の余地が残るものである。したがって、戦略策定のプロセスが半分まで進み、キー・プレーヤー三者の基本的変数の概略が明確になった段階で、もともと選んでいたユニットの範囲が適切であったのかどうかを再度評価し直してみることをお勧めする。それには、次のような設問に答える必要がある。

- 顧客のニーズは、業界で明確に定義され理解されているか。顧客はニーズの違いに従ってセグメント分けされ、異なる取扱いがされているか。
- 事業ユニットは、顧客セグメントの基本的なニーズに対応する機能を備えているか。
- 競合各社は、自社とは異なる事業環境にあることによって、事業ユニットに対して不公平な優位性を築いていないか。

これらの設問に対する答えが、自社の事業ユニットの市場での競争能力に疑念を呈するものであった場合には、次のステップで事業ユニットの定義を見直し、顧客のニーズを満たし、競合に対抗できる戦略的創造性を発揮しなければならない。

顧客を主軸に据えた戦略

自由経済の下では、それぞれの顧客グループが、少しずつ異なるサービスや製品を欲しがる傾向があるために、どの市場も異質な顧客グループの集まりとなることは避けられない。そのうえ、自社がすべての顧客に、同じように有効な接触を試みることは不可能である。したがって、接触が難しい顧客と容易なそれとを区別しなくてはならない。さらに、顧客のニーズに対応し異なる顧客グループをカバーする競合他社の能力は、自社の持つ能力とは異なるものだ。これこそが、競合に対する戦略的優位性を確立するために、市場をセグメント化しなければならない理由である。顧客グループのなかにある微妙な構成こそが、差別化を確立する機会を提供してくれるのだ。

市場セグメンテーションを行うには、顧客の目的関数による切り口とカバレッジという二つの方法がある。顧客の目的関数による方法は、創造的で差別化を図りやすい市場セグメンテーションの基礎となることが多い。競合他社が明快なアプローチによってシェアを獲得しやすいセグメントの最小単位も、類似の目的関数の、たとえば同じ方法で製品を使用するような顧客グループである。

顧客の目的関数によるセグメンテーション

市場セグメンテーションでカギとなるのは、異なるサブ・グループが異なる目的を実際に追求していて、それが企業（あるいは競合）にとって、サービスや製品を差別化して提供するだけの価値を十分に持つかどうかである。年齢、人種、職業、宗教、家族の人数などの目に見える違いは、セグメンテーションの基礎にはなるかもしれないが、これらは統計上の区分として便利に使われているにすぎない。企業の市場へのアプローチに反映されうるほど、個々のセグメントが明確な目的を持っているのでない限り、グループの違いそのものだけでは不十分である。

これこそが、顧客ニーズの微妙なニュアンスの理解が重要となる理由である。購買の意思決定に関する行動パターンは、特定の顧客グループが与えられた価格水準で要求する便利さ、品質、あるいは満足感を反映する。知識の豊富な顧客には価格と品質の関係が重要であり、別の顧客には価格のみが重要となろう。ほとんどの市場には価格弾力性（価格上昇により需要が減少する傾向）が存在するため、顧客グループの規模そのものが、価格設定次第で変動することになる。

製品やサービスの価値を評価する場合、顧客は往々にして、特定の判断基準を当てはめる。その判断基準には、洗練度、自己の満足度、高級感やブランド・イメージといった抽象的なものから、性能、耐久性、維持費、快適性、下取り価格、支払い条件、交換部品の入手の容易さ、あるいは販売店やサービス施設の近さまでと実に幅広い。

経済合理性を重視する顧客は、製品の具体的な特徴の数々について利点と欠点を計算し、それに基づいて最も高い価値を与えてくれる製品を購入する。そして、長期的には、より大きな経済価値を顧客に提供する企業が、競合他社に勝る戦術を開発し、流通システムを整備する。顧客にとっての価値は、顧客ニーズによって異なるため、個別の顧客グループにどのような価値が提供されるのかという包括的な分析が、戦略的に意味のあるセグメンテーションにつながることが多い。

顧客カバレッジによるセグメンテーション

市場セグメンテーションを行うもう一つの方法は、企業自身の置かれた状況に起因するものである。たとえ顧客の大きなグループ（あるいはサブ・グループかもしれない）がまったく同じ欲求やニーズを共有していたとしても、そのグループの全員に製品を販売しサービスを提供しようとするには、企業の能力に制約があるという場合がある。そうした制約の原因としては、経営資源の限界、市場カバレッジが競合他社に比べて不十分、あるいは顧客が受け入れる価格水準で広く分散した顧客に販売するにはコストがかかりすぎる、といったことがあるだろう。顧客は価格が高すぎると思った時には、購入しないか、もっと安い代替品で済ませることが可能だ。テレビの代わりにラジオ、ボールペンの代わりに鉛筆、タクシーに乗る代わりに歩く、といった具合である。

このタイプの戦略的セグメンテーションは、マーケティング・コストの低減と市場カバレッジの拡大という、同時には達成できない要因を比べることで発見できる。マーケティング・コストには、ブランドの認知を確立するためのプロモーションのコスト、販売活動、サービス・システム、十分な納品体制を築くための在庫保有、物流、販売店や流通業者に刺激を与えるためのコミッションやマージンなどが含まれ、対象顧客にどの程度のスピードで、どの程度深く浸透させたいかで投資額が決まる。このコスト対カバレッジの関係には、収穫逓減の起点が存在しているようである。したがって、企業に必要なのは、マーケティング・コストが競合他社よりも有利になるよう、地域で区切るにせよ販売チャネルで区分するにせよ、最適な市場カバレッジを設定することである。

図表4「戦略的セグメンテーションのためのマトリックス」に示したように、経験豊富な企業では、戦略的セグメンテーションに明快なマトリックスを使って、顧客ニーズの違いによる区分（タイプ1）

図表4◉戦略的セグメンテーションのためのマトリックス

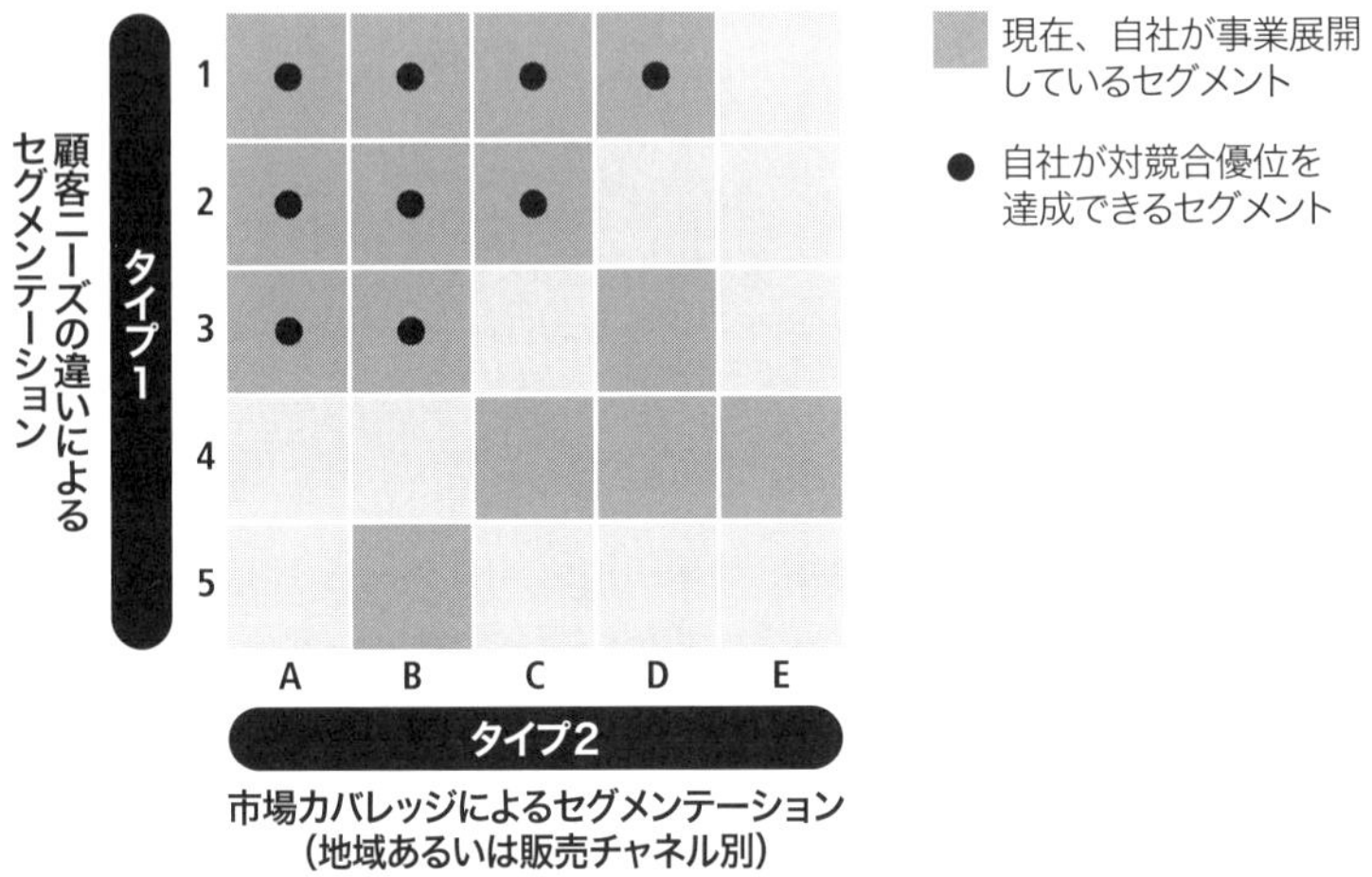

と市場カバレッジによる区分（タイプ2）とを明確に区別していることが多い。ここでの非常に重要な課題は、参入すべく選ばれたセグメント（マトリックス中の●で表されている）のそれぞれにおいて、競合他社よりも優れた製品やサービスを提供する差別化ができているのを確認することである。

再セグメンテーション

熾烈な競争市場では、競合企業群が似たようなアプローチでセグメンテーションを行っている可能性が高い。そのため戦略的なセグメンテーションも、時間の経過と共に有効性が減少する傾向がある。そうした状況では、重要顧客の小さなグループを選び、顧客が本当に求めているものを再度調査し検討することが役立つ。言い換えれば、顧客ニーズを満たすために、差別化が可能な優位性を構築できるか否かを再検証し、再度市場セグメンテーションを行うのである。

セグメンテーションには、顧客ニーズと市場カバレッジという二つのタイプがある。これに関連して、ユーザーの目的関数が時間と共に変化したり、ユーザーの構成が地域的に、あるいは人口構成上、変化したりすることによって、市場セグメントが移行していく場合がある。

ユーザーの目的関数が時間と共に変わっている場合には、従来とは異なる製品やサービスの提供を考えなくてはならない。既存の顧客よりも新たな顧客に強く訴求できる差別化製品を提供すれば、企業は市場に作用している力を引き寄せ、競合他社よりも早く成長し、しかも高い収益を上げられる。たとえば、ホンダや、フィアットほかヨーロッパの自動車メーカーが発売した小型のシティ・カーは、費用対効果の目的関数が、高速ドライブとステイタスの誇示であったものから、利便性、経済性、実用性へと変化した顧客層を狙ったものである。

人口構成の要因、販売チャネル、顧客規模などの変化により、もしユーザー構成の分布が、時間と共に変わっている場合には、経営資源の配分の変更、あるいはこの事業に投入する経営資源の絶対量の変更が適切な戦略的対応となるだろう。そうでなければ、自社の力の比較的弱い市場セグメントが成長を遂げたなら、市場シェア全体の深刻な低下という事態に陥ってしまう。

構造変化は、通常は緩慢で徐々に進行するプロセスであり、業界内部の人たちには一年間の変化としては感じ取れない。決定的なトレンドが明らかになるには数年かかり、それを経てやっとわかるという可能性が高い。したがって、かなり長期間にわたって、各市場セグメントの相対的重要性の変化を分析することが、戦略計画を立てるうえで非常に重要である。

著しい変化が起こっていたなら、次のステップは、市場に作用しているさまざまな力学を分析し、そうした力学のトレンドを将来に向けて見通して、競合他社よりも若干先の環境を確実に「読む」ことで

図表5◉業種による重要機能の違い

		業界の事例	
	成功のカギとなる機能	利益増に寄与	シェア獲得に寄与
上流	原材料の確保・調達	ウラニウム	石油
	生産設備（規模の経済）	造船 製鉄	造船 製鉄
	設計	航空機	航空機 ハイファイ機器
	生産技術	ソーダ 半導体	半導体
	応用エンジニアリング	マイクロコンピュータ	LSI マイクロプロセッサー
	販売部隊（質×量）	電子式キャッシュ・レジスター	自動車
	流通網	ビール	フィルム 家電製品
下流	アフターサービス（維持、修理）	エレベーター	商用車 例）タクシー

ある。逆に、政府の決定やエネルギー危機のような経済体制の変化により、市場の領域を規定する境界条件が急激に変わるような場合には、戦略の大転換が必要だ。それには、新しく出現した市場機会を逃さず、タイムリーに先手を打たなければならない。

企業を主軸に据えた戦略

顧客と競合の分析はしていても、業界で成功を収めるのに決定的に重要な自社の諸機能を強化していない企業は、弱い兵士を抱えた参謀の支配する軍隊のようなものである。自社の諸機能を基本に据える戦略は、顧客を基本とする戦略とは異なる。つまり、重要な機能分野で、競合他社と比較した自社の強みを最大化することを目指すものなのだ。

顧客のニーズや目的関数を理解したら、それらを最もコスト効率のよい方法で満足させるアプローチによって戦略を策定する。ところがしばらくすると、競合が嗅ぎつけ、追随してくるだろう。その場合に利益を維持するには、重要機能分野で競合よりもはるかに強い力を持たねばならない。図表5「業種による重要機能の違い」に示したように、重要機能分野は業界によって異なるのみならず、戦略目的の設定（市場シェアか利益なのか）によっても異なってくる。

たとえば、スイッチ、タイマー、リレーといったコモディティ部品市場では、市場シェアと利益の両方が、製品の品揃えに大きく左右される。最終製品の回路設計をする技術者は、できるだけ多くの製品から選択したいと考え、最も分厚いカタログに手を伸ばしがちだからだ。それゆえこの業界では、幅広い品揃えを提供するメーカーが、販売部隊が少数であっても市場シェアを占めるのだ。品揃えが少ないゆえに販売効率が悪い企業に対するこの二重の優位性が、この種の業界で企業業績が二極化しがちな理由である。

製品の品揃えが成功のカギである業界で、基本的な機能の強みとして必要とされるのは設計技術と製造の二分野である。つまり、一方では競合よりも少ない技術者で数多くの製品を開発する能力が、他方では、固定費の増加を抑えながら品種とサイズが異なる製品を生産できる優れたレイアウトの工場と、工場作業員の多様なスキルが必要なのである。

業種によっては、重要機能が極端にダイナミックで変化が激しい場合がある。たとえば、半導体製造産業の生存のカギは、一つの専門機能分野から別の分野へと急速に重点を移す能力である。R&D設備、製造技術、生産性改善、それに品質管理に常に投資を続けるのはコストがかかりすぎる。強化が必要なのは、こうした個々の機能分野そのものではない。一定の製品ライフサイクルのなかで、資金と人材と

図表6◉製品のライフサイクルに応じた人材の配置

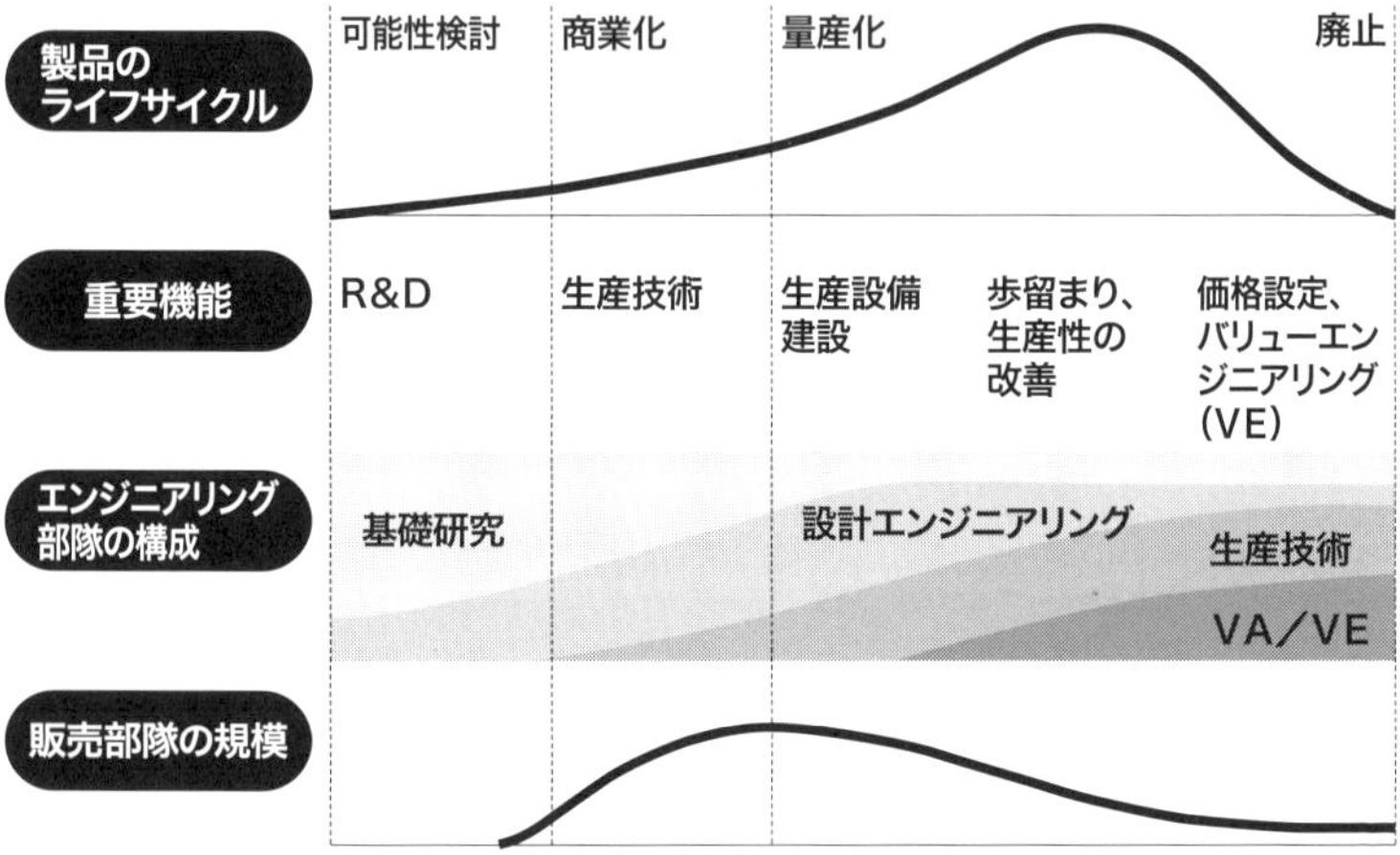

いう貴重な経営資源を、急速に変化する重要機能に応じて配置する能力なのである（図表6「製品のライフサイクルに応じた人材の配置」を参照）。

多くの日本企業の成功のカギは、機能分野の能力を順序よく改善できた点にある。一九五〇年代から六〇年代の初めにかけて、多くの日本企業が優秀な人材と資金を製造技術の改善に投入した。そうした企業の生産技術と当時の安い労働力が、日本企業の強さの源泉であった。

この段階では、R&Dや海外マーケティングへの投資は比較的小さく、それぞれ輸入技術と商社に頼っていた。その後、品質管理と製品設計の将来性へと重点分野を移し、今日では基礎研究と直接マーケティングを積極的に行っている。それぞれの段階で、日本企業は十分な利益を上げ、次の世代を担う機能分野の能力の改善に再投資することに成功したのである。図表7「日本の『勝利』戦略」は、この日本企業のアプローチを示したものである。

図表7◉日本の「勝利」戦略

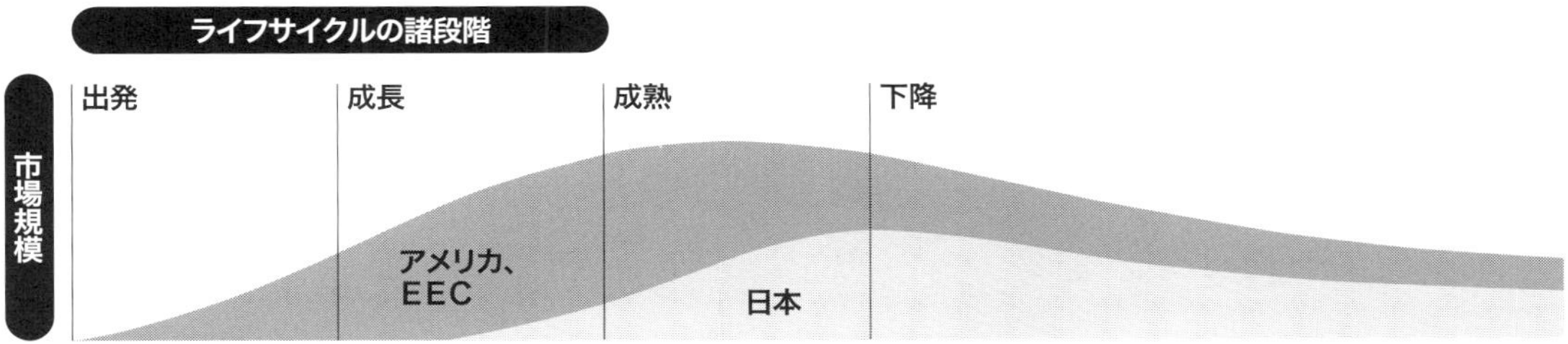

日本の基本戦略	大衆向け商品に参入	中級品、高級品に拡大	「世界で勝利」		
戦略的強調点	●市場分析 ●生産技術 ●東南アジア(実験的にアメリカ) ●商社	●規模の経済 ●世界市場 ●高級品志向 ●OEMあるいは自社ブランド	●グローバル・ブランド(2カ国以上) ●非価格競争力 ●海外生産 ●継続的技術革新(製品寿命の延長)		
代表的製品	●コンピュータ ●ガスタービン ●コンプレッサー ●建設機械 ●LSI ●カラーフィルム	●タービン、発電機 ●普通紙コピー機 ●ピアノ ●自動車 ●通信機器	●カメラ ●ステレオ機器 ●テープ・デッキ ●電卓 ●オートバイ ●腕時計 ●鉄鋼	**最盛期を過ぎたもの(NICsに移転)** ●ラジオ ●テレビ ●繊維製品 ●造船 ●合板	**新市場の創造** ●VLSI ●VTR

勝つための組織を設計する

機能戦略は、オペレーションの改善や組織のなかの技術、購買あるいはマーケティングといった特定部署の改善プロジェクトとは、明確に区別して考えなければならない。機能戦略の目的は特定部署の運営上の問題の解決ではなく、事業の成功に必要な特定機能の性能を向上させることである。そうした特定機能は、既存の部署の責任とされていることもあって、会社によっては機能戦略の策定そのものが特定部署の責任範囲とされる。だが、けっしてこれが通例というわけではない。

電卓メーカーのカシオの例を考えてみよう。カシオの競合のほとんどは、技術開発、製造、マーケティングといった伝統的な職能別組織を採用し、たとえばＩＣの独占供給を確保するための生産設備を買収するなど垂直合併を積極的に進めている。これとは対照的に、カシオは今日でも基本的に技術開発、マーケティング、組み立てを一社で行っており、生産設備や販売チャネルにほとんど投資していない。素早く新製品を出していく能力が、競合企業にないことに気づいていたカシオは、製品寿命を短くしてしまう戦略を採用している。

カシオの機能戦略では、製品の設計と開発をマーケティングに統合し、市場との接点の近くにいる社員たちが顧客の要望を分析し、即座に技術者が青写真を描くようになっている。カシオはこの能力を高めたため、自社の新製品さえもすぐに時代遅れにしてしまうほどの余裕があった。一方、この種の製品寿命は一、二年であると想定して垂直に組織されていたすべての競合は、ひどく不利な立場に追い込まれてしまった。

この事例が示唆するように、機能戦略を考える最善のアプローチとは、現行組織の分担区分をいったん無視し、その代わり、顧客と競合をすみずみまで理解し成功のカギとなる機能が何かを確認することである。そこで次なる課題は、現状組織が単独にであれ集合的にであれ、成功のカギとなる重要機能分野で、競合よりも高い能力を発揮しているかどうかである。そして、高い能力を発揮できていなければ、優位性を築くために何が必要なのかを考えなくてはならない。最終的な解決策は、場合によっては根本的な組織変更となるかもしれない。あるいは、既存の部署に新たな責任をいくつか加えたり、経営管理プロセスを大幅に改善するだけで十分かもしれない。

高いコスト効率を組み込む

機能戦略の第一の目的が、重要機能分野での優れた強みを達成することだとすれば、二番目に来るのが、最もコスト効率のよい各種機能を設計し実現することである。この目的を達成するには三つの方法が考えられる。第一の方法は、競合よりも強い決意を持ってコスト削減を行うことだ。第二が、どの注文を受けるのか、どの製品を提供するのか、あるいはどの機能を実施し何を捨てるのか、という点で競合よりも厳しい選択を進めていくことである。言い換えれば、これは自社で行うオペレーションを競争優位に与える影響の大きいものだけに限定しようというチャレンジであり、売上げの低下よりも機能を除外したことでもたらされるコスト削減効果を狙ったものである。そして第三が、社内の他の事業、あるいは他社との間で機能を共有することである。これによって、はるかに低いコストで同水準の成果達成が可能となり、競合他社が同様の仕組みを組み立てられなければ、決定的な競争優位を築くことができる。

こうした資源共有の典型的な例が「共同販売部隊」であり、主要顧客別に複数の製品やサービスを扱うアカウント・マネジャー制という販売組織である。顧客との人間関係や訪問頻度・密度のほうが、特定製品の知識よりも重要な事業では、異なる製品間あるいは事業ユニット間で販売部隊を共有するほうが販売コストの低減に効果を発揮する。もし、競合企業の販売部隊が事業ユニット別であったなら、共同販売部隊を持つ企業に対抗して、市場カバレッジを上げながら、同時に販売コストを下げるという、相反する要求を満たすことがいかに困難かを思い知らされるに違いない。

私の経験によれば、基礎となるマーケティングの副次的機能を一つあるいは複数組み合わせて共有資源とするほうが有効な場合が多い。同じことが、サービス、ファイナンス、販売促進、広告宣伝、物流についても言える。唯一の例外が、製品企画である。

マーケティング以外でも、資源を共有している例は、技術のライセンシングや共同開発というかたちでR&Dの分野にもよく見られる。技術が重要機能ではない場合や、技術の独占が不可能な場合には、ライセンスを与えることが開発コストを下げる有効な方法である。開発コストが極端に高い場合、世界市場での競争力を維持するために、国際間R&D協力が行われることもある。航空機（エアバス）、原子炉（GE、日立、ASEA、東芝による沸騰水型原子炉開発コンソーシアム）、海洋石油掘削（北海や黄海で実施）などがその好例である。

資源の共有によって特定機能のコストを著しく低下させられるが、特定の事業やセグメントに集中することで得られる優位性は失われる。個別顧客のニーズに合わせ、より手の込んだマーケティング・アプローチを提供したり、あるいは特定の地域やセグメントを選んで集中的に攻めたり、より良質な顧客サービスを提供するなどの方法で、競合がこの弱みを突くかもしれない。特に競合は、儲かるセグメントや事業だけを選んで、こうした方法を採用するかもしれない。特定の機能コストを下げようと資源共有を選択する企業には、市場と競合の分析を担当し、競合の動向を常に注意深く見守り対抗策を打つ戦略グループが必要である。

競合を主軸に据えた戦略

差別化を強化し維持するという、競合に焦点を当てた戦略プランニングでは、数多くの要因（図表8「競争優位の源泉」を参照）のどれかを活用して、市場カバレッジあるいは勝率のいずれかで、圧倒的な優位を持つことが必要である。そうした競争優位の源泉は、便利な店舗の立地、すなわち強力な流通システムから優れた製品イメージ（実体があろうとなかろうと）にまで幅広く存在する。顧客のニーズに対応する機能の能力を高めることによって差別化を強化できれば、この優位性を特定の競合に対する戦略として活用し続けることができる。

図表8◉競争優位の源泉

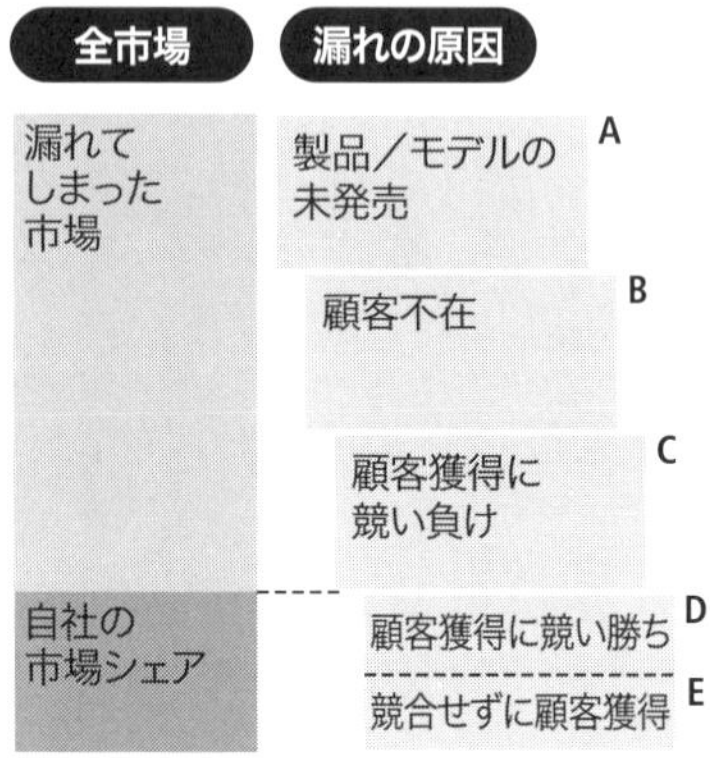

差別化の可能性のある分野	潜在的原因
製品の品揃え	●エンジニアリングの柔軟性 ●製造技術
顧客獲得努力 流通システム 販売部隊	●イメージ／評判 ●流通システムの密度 ●計画訪問のパターン
製品 販売部隊 サービス ファイナンス	●性能、価格、在庫の有無 ●訓練・研修 ●イメージ／コスト／性能 ●支払条件
人間関係	●囲い込みの手順

役立つ定義

・市場シェア＝D+E

・勝率＝ $\frac{D}{(C/D)}$

・市場カバレッジ＝C+D+E

・製品分布範囲＝B+C+D+E

・優良顧客獲得係数
＝勝率／市場シェア＝ $\frac{1}{(C/D+1)(E/D+1)}$

ソニーの場合を考えてみよう。長い間、ソニーは優れた製品イメージという優位性をアメリカで享受してきており、そのことによってソニーのカラーテレビには競合よりもずっと高い価格設定が可能となった。しかし日本では、このことが当てはまらず、ソニー製品は松下の〈パナソニック〉製品や他の家電メーカーの製品と同等の価格となっている。同じようなことがホンダの乗用車（〈シビック〉、〈アコード〉、〈プレリュード〉）についても言える。

とはいえソニーもホンダも、PRと販売促進には競合他社よりも大きな投資をしており、こうした機能を競合よりも注意深く扱ってきたのである。その結果生じたイメージの違いが価格に反映され、同等の製品性能であっても、両社は競合よりも多くの売上げを達成することができた。

スイスの腕時計産業の例に見られるように、イメージを基本とする戦略にはリスクがつきまとい、常に状況をモニターしていく必要がある。しかも文化やマスメディアの構造の違いから、イメージの差別化が国境を超えて拡張できない。しかしながら、製品性能や流通システム構築における差別化が困難な場合には、イメージのみが差別化できる優位性の唯一の源泉となる。たとえば、目隠しをして銘柄を当てるテストで消費者は、何度やってもビールの銘柄を区別できなかったが、キリンビールは六二パーセントという市場シェアを保持し、日本のビール業界を支配している。キリンはまさにこの点を利用して、積極的な広告戦略に打って出た。広告キャンペーンのテーマは、「理由はわからないが、なぜかキリンだ」であり、これが功を奏したのである。

企業は、機能の現実の強みに基づいて戦うことも可能だ。フォークリフト事業の非常に重要な要素がサービスであることに気づいたトヨタは、サービスを主戦場に選び、日本のどこにでも二時間以内にサービスカーを派遣できるという、恐るべきサービス・システムを全国に築き上げた。どちらかといえば製品と価格設定は型通りであったにもかかわらず、よいサービスに飢えていたこの市場でトヨタのシェアは上がり続けている。この重要な戦略的意思決定の結果、非常に大きな固定費が発生することとなったが、その規模があまりにも大きかったために、トヨタに及びもつかない下位企業には、この投資を負担する余裕がまったくなかったのである。

改めて指摘するまでもないが、決定的な差別化ができるというだけで優れた戦略が達成できるわけではない。戦略の与えてくれる優位性は、競合他社に対して持続的に実施されなければならない。そうして初めて、競合は差を詰めることができず、顧客獲得競争での敗者となるだろう。

優れた戦略の策定には、戦略の三つのCを常に視野に入れて考え、三者の関係を最適化する方法が必要だ。他の条件を一定とすると、戦略の三角形の力学を長期にわたって最もうまく管理できる企業が、市場シェアと利益を追求する戦いの勝者となる可能性も最も高いのである。

第4章

ボーダレス・ワールドの経営

Managing in a Borderless World

［1989年発表］

Managing in a Borderless World

HBR, May-June 1989.

近視眼的経営の罪

たいていの経営者は、近視眼的である。今日、競合の活動状況が地球規模にまで広がっているのに、経営者は自分たちがよく知っている範囲、つまり自国に最も近い顧客しかよく見ていない。こうした経営者が、実は工場や研究所を一〇カ国余りに持っており、さらに十数カ国では合弁企業を運営している。そして、世界中の各国から原材料を購入し、製品を販売しているのだ。

しかし、いざ危機的状況になると、経営者の視野は、またしても自国の顧客とその顧客を担当する営業組織に占領されてしまう。その他の人たち、そしてすべての物事が、「その他海外の」という形容詞で処理され、見えなくなってしまうのである。

この近視眼的思考は意図的なものではない。責任感のある経営者である限り、意図的に近視眼的な戦略を考えたり実施したりはしないものだ。しかし、すべての重要顧客を意識的に等距離に置いて計画を策定し、組織機構を築こうとする経営者があまりに少ないことも事実である。貿易統計がどのような数字を示していようと、自国市場に焦点が当てられ、海外市場は軽視されがちだ。

グローバルな事業の運営には、どの市場も純粋に等距離に置いて見ることが必要になる。しかし、いかに強い意志を持って始めたとしても、そうした視点を身につけることは難しく、維持することはさらに難しいことは経営者にもわかっている。さほど前のことではないが、ある日本の資本財の大メーカーのCEOが、自社製品を販売している国内卸売業者の社長の葬儀に出席するため、いくつかの重要な会議をキャンセルしたことがある。そこで、日本より販売量の大きいベルギーの卸売業者の社長が死去したら同じことをしましたか、と私が尋ねると、それはノーですね、という答えが返ってきた。おそらく本社からの指示で、ヨーロッパでベルギーを担当する管理職からお悔やみ状を送るのが関の山だろう。

たしかに日本の伝統では、こうした場合、CEOみずからが出席することが礼儀として期待されている。だが、日本の伝統だからといって済ませるわけには行きませんよ、と私は指摘した。突き詰めれば、このCEOはグローバル組織の長であり、単に日本国内の組織を見るだけの長ではない。彼が葬儀に参列したことで等距離の原則を破ることになり、同じ卸売業者であっても、どの国にあるかによって序列があることを広く知らしめる結果となった。つまり、彼のしたことは、間違ったシグナルを送り、間違った価値観を裏づけることになってしまったのだ。視野が狭いと、それ相応の結果がつきまとう。

等距離であることの第一の要件は、不慣れでぎこちない感じがするかもしれないが、何よりも先にグローバルに見ること、そしてグローバルに考えることである。たとえばホンダは、日本、北米、ヨーロッパというトライアドの三地域に製造本部を置いているが、経営陣は自社の組織が日本事業と海外事業に分かれていると考えないし、そうした行動も取らない。実際、ホンダで使われる用語に「海外」という言葉は存在しないのだ。それは、すべての重要顧客を等距離に置いて見ているからである。またカシオでは、経営陣がそれぞれの主要市場から直接に情報を集め、そのうえで月に一度集まり、グローバル製品の開発計画を練り直す。

企業が近視眼的になることを避け、克服するのに、唯一最善の方法というものはない。等距離の視点はさまざまな形態で持つことができる。経営者がそれをどう実践し、どう達成するにせよ、グローバルに物事を見て考えるという価値観を築くことが、今日のグローバル経済に加わるため支払わなければならない必要最低限の入場料なのである。

国境のない地図

世界の「政治地図」を見ると、国と国との境界線はかつてなかったほど明確である。しかし、金融活動や産業活動の現実の流れを示す競合地図のうえでは、こうした国境のほとんどが消滅してしまった。これまでに国境を侵食してきたのは、絶え間なくしかもどんどん加速している情報の流れである。そうした情報は、以前は政府が独占保有し、自分の都合に合わせて料理し、自分の考えた形態で配信してきた。世界中でいま何が起きているのかという知識を、各国の政府が独占できていたおかげで、政府は国民の目を欺き、或わし、あるいは操ることができたのである。リアルタイムに近い速さで真の事実を把握していたのは、政府のみであったからだ。

もちろん今日では、どこにいようと世界中からだれでも簡単に情報を得ることが可能となり、その傾向は急速に進展している。世界中の人々が、他の国々ではどのような洋服が流行しているのか、どのスポーツに人気があるのか、どのようなライフスタイルが時流に乗っているかといったことを、居ながらにして知ることができる。そのため、たとえば日本では、政府首脳が国民を世界先進国の水準以下の住宅環境に置いておくことはもはや難しくなっている。私たち国民が、世界中の人々の暮らしぶりを直接知るようになったからである。

まず私たちは、海外旅行をするようになった。事実、一九八〇年代後半では年間一〇〇〇万人を超える日本人が海外旅行に出かけている。一九八八年の一年間に、日本の全新婚カップルの九〇パーセント近くが、新婚旅行を海外で過ごした。さもなければ私たちは、自宅の居間にいながらCNNの放送をテレビで見て、アメリカで何が起こっているのかを即時に知ることができる。こうした事実を無視することはできない。

日本政府は、工場や事務所を数多く建設してきたが、余暇をのんびりと過ごし、レクリエーションを楽しみたいという若い人たちのニーズを満たしてはこなかったことをいま重く受け止めている。ということは、二〇〇〇年の歴史上初めて、日本人が政府の言いなりにならず、国民に対して政府は何をすべきかを発言するようになったということだ。少数のエリート役人だけがすべての情報を把握してきたこれまでの時代には、こんなことは考えられなかった。

従来の世界中の情報の流れには、意図的にあるいは意図せずにつくり出された極端な非効率が存在していた。だが、新しいテクノロジーによって、こうした非効率が除去されると同時に、上意下達により発信された情報を修正するアービトラージ（裁定）の機会が生まれてきた。昔であれば政府は国民を犠牲にしても政府自身や特定の強力な利益集団のための政策を実施することができたが、もし国民が関連するすべての情報を入手できるようになれば、そうした政策はけっして支持されることはないだろう。

たとえば、失業が増えると社会不安を引き起こす懸念があるとして、その気になれば政府は脆弱な産業を保護することができた。ところが、いまではそれが難しくなってきている。ますます多くの国民が国際人となり、自分自身の情報源を持っているからだ。そうした保護政策の代償として自分の負担がどう増えるのかが、国民にはわかっているのである。

アメリカからのタバコの輸入を政府が許可したため国内の農家が圧迫されるとして、韓国では学生たちがアメリカ大使館の前でデモを繰り返している。だがこの現象は、一人当たりの年間GNPが五〇〇〇ドル近辺にあり、政府が情報の流れをコントロールして、まだ国民の目を欺くことができる場合に起こることである。そして、一人当たりの年間GNPが一万ドルに上がってくると、政府は立ち行かなくなる。

一九八九年時点の日本の一人当たりGNP二万六〇〇〇ドルの水準ともなると、状況は本格的に変わってくる。世界中のどこで生産されたのかには関係なく、最もよいものを最も安く買いたいと国民が考えるようになる。日本では、アメリカから牛肉やオレンジを輸入しているが、国民はだれもがそれを素晴らしいことだと考えている。

しかし、一〇年前であれば、アメリカ大使館に石を投げていたのは日本の学生だっただろう。かつて日本の指導者たちは、アメリカやオーストラリアの牛肉は脂肪が少なく固すぎて噛めないとよく語っていた。だが、私たち日本国民はすでにそうした国々に旅行したことがあり、現地の肉が安くしかも美味しいことをみずからの経験として知っているのである。

この情報の流れを通じて、私たちはすでにグローバル市民になっており、私たちに物を売りたいと考える企業もまた、グローバル市民にならなければならない。白黒テレビ受像機は、ヨーロッパや日本でテレビ視聴者数が同等水準に追いつく十数年も前に、アメリカのほぼ全家庭に広く普及していた。カラーテレビの場合には、この遅れが日本では五、六年、そしてヨーロッパではさらに二、三年かかった。ビデオ・レコーダーの場合には、この差はわずか三、四年となったのだが、この場合はヨーロッパと日本が先行した。当時アメリカでは、ビデオ・レコーダーよりもケーブルテレビに人気があったため、追随する結果となったのだ。

音楽CDの家庭普及率の差は、わずか一年で同等となっている。そして現在、ヨーロッパ全土でミュージックTVが衛星放送で見られるようになり、普及の時間差はまったくなくなってしまった。新しい音楽、スタイル、ファッションが、アメリカの若者たちに届くのとほぼ同時に、ヨーロッパの若者たちにも届いている。私たち世界中のだれもが、同じ情報を共有しているのである。

それだけではない。私たちは共通の言語を使って情報を共有するようになった。一〇年前、私がイタリアのミラノにあるボッコーニ大学で学生たちに講演した時には、大半の学生が通訳を介して私の話を聴いていた。ところが昨年行った講演では、学生たちが直接英語で私の話を聴き、英語で質問してきたのである（おまけに学生たちは、私の言葉に反応し笑うべきところで笑ってくれた。別に、私のジョークがこの一〇年でうまくなったわけではないのに）。これは、重大な変化だ。ECの本格統合の目標である一九九二年に向けた準備が、政治よりもはるかに早く言語において起こっている。

私たちはいまや国籍の違いを超えて話すことができるし、互いを理解できる。政府といえども私たちを引き止めることはできない。「グローバル市民」という言葉はもう、未来学者の使う単なる聞こえのよい語彙ではなくなってしまった。つまり、具体的に測定できるGNPや貿易額の変化と同じように、どこをとっても確固たる現実となったのである。これが、いま実現しつつある変化なのだ。

同じことが、企業についても言える。たとえば製薬業界では、薬剤の発見、選別、治験といった最も重要な活動は、現在、世界のトップ企業の間では事実上まったく同じである。研究者が別の会社の研究所に転職したとしても、次の日から仕事をするのにとまどうこともなければ問題にぶつかることもない。

研究者が次の職場で目にするのは、これまで使い慣れたなじみの機器であり、それも同じメーカー製のものなのである。

こうした状況にあるのは製薬業界ばかりではない。たとえばたいていの人は、韓国企業が二五六KのNMOS DRAMといった最先端の半導体チップを製造できるようになるまでには、非常に長い時間がかかると考えていた。だが、そうではなかった。韓国勢は、わずか数年のうちに、他のトライアド企業に追いつき最先端のチップを製造するようになった。

少し前、日本の半導体製造業界で語られるジョークに「金曜特急」という言葉があった。日本の西南に位置する九州は、半導体製造工場が集まっていることから「シリコンアイランド」と呼ばれており、韓国から一〇〇キロあまりしか離れていない。このシリコンアイランドにある半導体メーカー各社で働く技術者たちが、金曜日の夜遅く出発する韓国行きの便に毎週飛び乗っていたのである。

彼らは、週末だけ韓国の半導体メーカーで働くといういわば副業をしていた。もちろん、これは日本企業では違法行為であり、技術者の雇用契約違反に該当する。だとしても、非常に大勢が韓国行き最終便に乗っていたため、技術者たちは飛行機の中では表立って挨拶をしたり、互いに面識があることを示したりしないようにする、という暗黙のルールが生まれた。しかし、もしそれまでに、半導体関連の製造機器、製造方法、ソフトウエア、ワークステーションといったものが、先進国全体を通じてほぼ共通になっていなかったとしたら、こうした技術者の週末出張は意味がなかったに違いない。

先進諸国であればどの国でもよいのだが、資本財メーカーの工場を訪問してみると、どこに行っても同じ溶接機、同じロボット、同じ工作機械を目にするだろう。情報が比較的自由に流れる場合、旧来の国境は関係がなくなる。グローバルなニーズの指し示す先は、グローバル製品である。情報の流れがどこにでも存在しているために、ボーダレス・ワールドの要件に合致させることのできる戦略や組織をどのようにつくり上げればよいのかを学ぶことが、経営者にとってかえって難しくなってしまった。

グローバル製品とは何か

あなたが大きな自動車メーカーのCEOで、今後数年間の製品計画を見直しているところだと想像していただきたい。市場データによると、トライアドの市場で明確に異なるそれぞれのセグメントごとに別々の車を設計したとすると、五〇近い異なるモデルを開発しなければならない、という結果が出ている。しかし、あなたの会社には、それだけの数のモデルを設計するに十分なグローバル水準の技術者がいない。また才能ある経営陣も不足していれば、資金も足りない。

さらに困ったことに、あなたの抱える数々の問題を解決してくれるような、グローバル共通モデルなど存在しない。アメリカ、ヨーロッパ、日本は、それぞれかなり異なる市場であり、ニーズや嗜好の組み合わせもかなり異なっている。悪いことに、世界的に事業を展開する企業の長として、あなたはトライアドのどの市場も放棄してしまうわけにはいかない。あなたの会社はそれぞれの市場にとどまり、事業を続けなければならない。そしてそれには、第一級のヒット商品が必要だ。さて、あなたならどうするだろうか。

あなたが日産自動車のCEOであれば、まずトライアド三地域の市場を順に見て、圧倒的に強いニーズのある項目を確認する。たとえばイギリスでは、税制上の理由から企業の業務用大量購入需要に適した車の開発が必須である。アメリカでは、スポーティな〈フェアレディZ〉モデルと四輪駆動の家庭用ワゴンが必要だ。こうしたカテゴリーに含まれる一つひとつのモデルを、日産の久米豊社長は「リードカントリー」モデルと呼んでいる。これは、各国市場において明確で突出した主要ニーズに合わせて設計された製品というわけである。

主要国市場に合わせたリードカントリー・モデル数種を記載したリストが完成し、あなたの手元に届いたなら、次はリストのモデルのなかにマイナーチェンジを加えれば現地でも販売に適しているものがないかと、トライアドのリードカントリー・モデルとは別の市場の責任者に尋ねるのである。この場合、リードカントリー・モデルがあくまでスタート地点となることを忘れてはならない。

久米社長はこう語っている。「このような考え方をすることで、当社はグローバル市場をカバーする基本モデルの数を半分に減らすことができ、同時に当社の売上げの八〇パーセントを、特定の国の市場に向けて設計した車で占めることができるようになりました。でも、残りの二〇パーセントの売上げを失わないよう、それぞれの国のトップには、現地セグメントのニーズに合わせた手直しをして販売できる一連の追加モデルを供給しています」。

久米社長はまた、次のようにも話してくれた。「このアプローチのおかげで、大規模中核市場のそれぞれに絞り込んで当社の資源を投入できるようになり、同時に他の市場の好みに合わせた追加仕様変更の数々を提供できるようになりました。当社の技術者には、『アメリカ人になれ』『ヨーロッパ人になれ』、あるいは『日本人になれ』と指示しています。もし日本人が、たまたまアメリカ市場向けに設計した車を気に入ってくれたなら、それはそれで有り難いことです。低コストで得られる追加売上げは悪いこと

ではありません から。しかし、私たちがいちばん気をつけなくてはならないことは、全員を中途半端に喜ばそうとして、結局だれも喜んでくれなかった、という罠にはまるのを避けることなのです」。

もし日産が、このアプローチではなく、日本で技術者と設計者のコア・チームを編成し、世界中で普遍的に売れるような車、すなわちグローバル・カーだけを設計せよと命じていたならどういう結果になっただろうか。チームが答えを出すには、世界各国の嗜好をすべて足し合わせ、国の数で割る以外にはなかったはずだ。つまり、大まかな平均を取ることによって、すべての市場を通じた最適化を図るしかなかっただろう。

しかし、問題が好み、特に美的嗜好となると、消費者は平均値を嫌う。消費者は自分の好きな物が欲しいのであり、数学的に得られた妥協を嫌うのである。久米社長は、この点を特に強調していた。「当社の〈マキシマ〉、〈二四〇ＳＸ〉、〈パスファインダー〉[注]は、すべてアメリカ市場向けに設計されたモデルです。こうしたモデルがアメリカで成功していることは、当社のアプローチが正しかったことを証明しています」。

私は高校の物理で「減算混合」を学んだことを思い出した。赤、青、黄色という三原色の絵の具を混ぜ合わせると黒になるという現象である。もしヨーロッパの事業部が消費者は緑を欲しがっていると言えば、緑を与えればよい。もし日本事業部が「赤が欲しい」と言えば、赤を与えればよい。すべての色を混ぜ合わせた色などだれも欲しがらない。たとえば、色を創り出す技術の共通点を見つけそれを活用することには、もちろん意味がある。だが、現地の顧客に最も近いところにいる現地のマネジャーが、色を選べるようにすべきである。

製品戦略という点に関して言えば、ボーダレス・ワールドの経営とは、平均値を取って経営することではない。すべての嗜好を全世界にアピールする、漠然としたひと塊に合体させることではない。さらに、事業のグローバル展開が魅力的であるからといって、現地市場に合わせ製品を手直しする責任がなくなるわけでもない。グローバル製品という考え方は魅力があるかもしれないが、それは間違っている。真実は、もう少し微妙なものなのだ。

トライアドの三つの主要地域のニーズや嗜好が著しく異なっているとはいっても、嗜好項目の多くを共有する市場セグメントが、それぞれの市場に規模こそ違え存在している場合がある。たとえばヘアケア市場の例をとると、日本のヘアケア製品メーカー各社は、細くて柔らかい金髪や栗色の髪よりも、固くて太い黒っぽい髪について深い知識を持っている。その結果、たとえばシャンプーといった製品のアメリカ市場で、日本企業がいくつかのセグメントでシェア獲得に成功している。しかし、だからといってそうした製品が、アメリカ市場の販売量の大きい主要セグメントに攻勢をかけるものだとは位置づけていない。

自動車の例に戻ると、アメリカで非常に人気の高い〈フェアレディZ〉モデルが欲しいという日本人ユーザーが、少数ながら存在することが確認されている。結構な話だ。最もよく売れる時期で比較すると、日産は〈フェアレディZ〉モデルをアメリカで月間五〇〇〇台販売するのに対し、日本ではわずか五〇〇台である。この五〇〇台はもちろん販売額を増やし、現地ディーラーに豊富な品揃えをますます感じさせるという意味で、うれしい追加である。だが、この車はそうした販売車種の品揃えのなかで基幹モデルとはならないし、なりえない。

リア・アクスル（後部車軸）は日本製、ブレーキ・システムはイタリア製、駆動系はアメリカ製といった世界中の顧客を興奮させる「モンタージュ写真」のようなグローバル・カーなどない。有名な美人コンテストを報道する記事で、タブロイド新聞がよく使う手法を思い出していただきたい。コンテストに出場した美女全員の顔から最も美しい部分を取り出し、この人の鼻、あの人の口、もう一人の額という具合に組み合わせて合成写真をつくる手法である。皮肉なことに、出来上がった写真は魅力的な顔になったことがない。何か奇妙でしっくり来ず、これといった個性に欠けるのである。しかし、美人コンテストの審査員にしても車を買う人にしても、たとえばそれがヨーロッパであれば、ヨーロッパの基準に慣れているにもかかわらず、日本的あるいはラテンアメリカ的な特徴に特別な魅力を感じる人が必ずいる。この点でも、各種違う個性が揃っていればいるほど、よいことなのだ。

しかしながら、『ハーバード・ビジネス・レビュー』誌の編集長、セオドア・レビットが論じるような種類の、グローバル製品によるグローバリゼーションは、ある種の製品群にとっては非常に意味がある。奇妙なことに、その最も明白な事例の一つが、カメラ、時計、電卓のような電池で駆動される製品である。こうした製品はすべて、日本に勝ち目がある。すなわち日本の電子機器メーカーが圧倒的な力を発揮している産業分野なのだ。なぜ、こうした製品がトライアドのどこででも成功を収めているのだろうか。

その答えの一つは、積極的なコスト削減とグローバルな「規模の経済」に基づく安い価格である。しかし、もう一つ重要なことは、実はトライアド中の主要市場に存在している先導的な消費者セグメントの好みを深く理解し、それを設計全般に反映していることだ。過去一〇年間で行われてきた定期的なモデル・チェンジを使って、こうした製品の持つ「ファッション性」という側面を消費者に浸透させ、それによる選択基準が購入決定のかなりの部分を占めるまでに、消費者を手なずけてきたのである。

ところが、同じ電子機器メーカーであっても別種の製品については、まったく異なるアプローチを採用している。たとえば、ステレオ音響機器メーカーでは、美的デザインや製品コンセプトを地域によって変えている。ヨーロッパ人は、戸棚に目立たずに置ける小型で高性能な機器を好む傾向がある。一方、アメリカ人は、居間や書斎の床から古代の神殿の柱のようにそそり立つ大型のスピーカーを好む。台所で使う電化製品のような白物家電でグローバルに成功を収めている企業は、個別のユーザーとの密接な交流に焦点を当てている。一方、設置工事の必要な機器（たとえば、エアコンやエレベーターが挙げられる）で繁栄してきた企業は、設計者、技術者、それに労働組合とのやりとりに焦点を置いている。繰り返して言えば、グローバル製品へのアプローチはさまざまである。

こうしたグローバル製品群のなかの、もう一つの重要な製品群が、ファッション性が高く高額な価格設定をされたブランド品である。〈グッチ〉のハンドバッグは世界中で売られているが、国は変わっても品物は変わらない。その売り方やマーケティングも、事実上同じやり方だ。〈グッチ〉の製品は、一貫した好みと選好基準を共有する高額所得者という市場セグメントにアピールするものである。高額所得者対象という定義からすれば当然ながら、アメリカでもヨーロッパでも日本でも、だれもがこのセグメントに属しているわけではない。

しかし、このセグメントに属する人たちにとっては、自分たちの好みの共通点が多くなることで、トライアドを横断するグローバルな高額所得層の一員となる資格が得られることになる。〈ロールスロイス〉や〈メルセデス〉といった最高級乗用車についても、そうした同様なセグメントが存在する。そうした車の設計には、世界中の買い手を対象にして共通の設計が可能であり、またそうすべきなのだ。しかし、日産、トヨタ、ホンダといったメーカーでは、この方法は取れない。真にグローバル製品と呼べるものは数少なく、ごく稀にしか存在しないのである。

インサイダー化の壁

私のグローバル製品の定義が、不必要に狭すぎるのではないか、高額所得層向けブランド品にはぴたりと当てはまらない製品が数多くあるではないか、と反論する人がいるかもしれない。その例として挙げられるのは、〈コカ・コーラ〉や〈リーバイス〉のジーンズなどである。しかし詳しく調べてみると、こうした例がまったく違う種類のものであることが判明する。〈コカ・コーラ〉で考えてみよう。

この製品が各国でトップ・ブランドの地位を確立するまでには、現地に完全なインフラと需要を定着させるための土台を築き上げねばならなかった。各国市場への参入の成否は、最初から保証されたものではなかった。消費者の嗜好が獲得できるかどうかも、最初から保証されていたわけではない。日本で長い間好まれてきた炭酸飲料は、いわゆるサイダーであった。〈グッチ〉のハンドバッグのように、消費者需要が〈コカ・コーラ〉を市場へと引き込む、すなわち「プル」の力が働いたわけではない。コカ・コーラは需要の存在しない市場に製品を押し出す、つまり販売・宣伝という「プッシュ」の力を発揮するインフラを確立しなければならなかった。同社がきちんと下調べをして、しかもそれを非常にうまくこなしたので、今日ではどの市場でも〈コカ・コーラ〉が望まれるブランドとなったのである。

しかし、同社が現在の地位に到達したのは、〈グッチ〉とはまったく異なるルートをたどった結果である。つまり、重要市場の一つひとつに、自国と同じビジネスシステムをそっくりそのまま、長い時間をかけてつくり上げていったのである。

〈グッチ〉のような製品の場合、世界中に届く迅速な情報の流れによって、高額所得層に世界中どこでも同じような一定の需要が喚起される。だが、製品間の違いの少ないコモディティでは、企業が熱心に製品を市場に押し込んだ場合にのみ需要は拡大する。もし〈コカ・コーラ〉のような製品で需要を確立しようとするなら、少しずつ消費者の嗜好を築いていかなければならない。

この二種類のグローバル製品を区別する最善の方法としては、自分がデューティフリー・ショップを冷やかしているところを想像してみることだろう。そこでは、あなたは砂漠の中のオアシスにいるようなものだ。国境の存在によりつくられた参入障壁は存在しない。陳列棚には世界中から届いた品々が並んでおり、好きな物を買うことができる。さて、あなたが手を伸ばすのはどの製品だろう。新しく買った〈コカ・コーラ〉の六缶パックを持って、飛行機のタラップを登るだろうか。まず、そんなことはしないだろう。では、〈グッチ〉のバッグならどうだろう。もちろんそれだ。ある意味デューティフリー・ショップは、真のボーダレス・ワールドを垣間見せてくれる、映画の予告編のようなものである。

世界中から届くイメージや情報によって形成された、顧客の買いたいという要望、すなわち「プル」の力が製品選択を決定する。あなたが買いたいと思うのは、デザイナー・ブランドのバッグであり、ノーブランド製品の三倍の値段のついた韓国製の〈リーボック〉のスニーカーだ。そして、あなたのような消費者は、トライアド地域のどの片隅にも存在しているのである。

〈グッチ〉や〈リーボック〉を購入するという選択は、つまるところ、ファッションに関する選択である。そして、ファッション関連の選択を形づくる情報は、コモディティ製品の選択を形づくる情報とは本質的に異なる。あなたが世界のどこかの〈セブン-イレブン〉に入ってコーラの瓶を探す場合、どの商品を手に取るかは、どの棚のどの場所に置かれているかとか、価格、あるいはその時に店内で行われている販促キャンペーンに左右される。言い換えれば、あなたの好みは、コーラ飲料メーカーがその国に築いた完璧なビジネスシステムの発揮する、さまざまな効果によって形づくられている。

さて、ここで確認しておきたいのは、ビジネスシステムの質は、別の国で開発されたスキルを活用する能力に、ある程度依存しているということだ。たとえば、マーケティングの技量やコーラ原液の生産に関わる規模の経済など、他の国の事業運営とのシナジーをうまく活用する能力である。とはいっても、消費者としての選択は、そうした機能的分野の強みのすべてを、企業が国という特定市場にどれだけ振り向けられるかにかかっている。つまり、企業が特定の現地市場で、どの程度本格的なインサイダーになっているかによって、消費者の選択が決まるということなのだ。

比較的高価格で購入頻度の低いファッション製品では、インサイダー化はそれほど問題とならない。しかし、価格が低く購入頻度の高いコモディティ製品の場合には、各種の機能分野のスキルをインサイダー化することが最も重要である。この後者の製品カテゴリーについては、自国のビジネスシステムをそっくりそのまま主要市場のそれぞれに再構築しない限り、世界中で成功を収めることはできないと言っても過言ではない。

コカ・コーラは、日本の清涼飲料市場で七〇パーセントのシェアを持っている。その理由は、同社が時間をかけて、特にルートセールス販売部隊とフランチャイズによる自販機の設置といった、現地機能をすべて築き強化するための投資を継続して行ってきたからである。空き瓶を回収し中身の入った新しい瓶と取り替えるのは、結局のところ、コカ・コーラのバンやトラックであり、卸業者や流通配送業者のトラックではない。

コカ・コーラが初めて日本に上陸した時には、この種の商品の何層にもわたる複雑な流通システムを理解していなかった。そこで、日本中に散らばるボトラーの現地資本を活用し、アメリカで大きな成功を収めた販売部隊を日本でも構築したのである。このやり方は、事業開始当初の多額の固定費投資とはなったが、この投資は十分回収でき、大きな見返りを生むことにつながった。コカ・コーラは、日本国内のシェア争いのゲームの定義を変えてしまったのである。しかも、それをアトランタの本社という遠い地から行ったのではなく、各機能の強みを意図的に「インサイダー化」して達成した。

たとえば、販売部隊を構築して本格的なインサイダーとなると、コカ・コーラがもともと持っていた清涼飲料ばかりでなく、フルーツ・ジュース、スポーツ・ドリンク、ビタミン・ドリンク、缶コーヒーなどの製品を同じ流通チャネルに流すことができた。つまり、売りたいと思うものは何でも販売できるのだ。国内海外を問わずコカ・コーラの競合にとっては、何百万ドルもの広告費は、砂漠にまいた数滴の水のようなものである。それだけしかやっていないとしたら、何の花も咲かないことだろう。自社自身の明確な「インサイダー」としての強みを築くことがない限り、花を咲かせることは難しい。

グローバルな事業展開での成功要因が、各国市場で機能上の強みを築くことだとすると、各市場で明確に定義された競合を相手に、国内競争ゲームを勝ち抜かねばならないことになる。もし市場がトップクラスの販売部隊を要求しているなら、それを持たなければ勝てない。もし競争相手がディーラー支援プログラムを始めたなら、それを凌駕しなければならない。競合と同じことをより上手に実行することが正しく、また必要とされる。とはいえ、こうした国内競争ゲームの定義を塗り替え、自社を優位に展開させる機会というものが、現実に存在している。

インサイダーとしての強固な地位の構築に失敗する企業の多くは、コカ・コーラ型の戦略とグッチ型の戦略を混同してしまっているようだ。ブランド品の製造メーカーの経営者が、日本市場は自社製品を閉め出していると声高に語ることがある。もっと不可解なことに、明らかに自社製品のほうが世界中のどの競合製品よりも優れているのに、日本の消費者はなぜ自社製品を買おうとしないのかわからないと叫ぶ。こういう経営者は、日本の流通の仕組みや消費者を理解する努力をしないで、日本市場の何かが間違っていると、頭から決めつけてしまっているのである。彼らは自社の工場や事務所、あるいは日本訪問に時間を割かず、ワシントン詣でに時間を費やしているのである。

もちろん全員がそうだというわけではない。有名ブランド企業のなかにも、日本でよく知られ、またよく売れている消費財を持つ企業は数多い。コカ・コーラを筆頭に、ネスレ、シック、ウエラ、ヴィックス、スコット、デルモンテ、クラフト、キャンベル、ユニリーバ、トワイニング、ケロッグ、ボーデン、ラグー、オスカーマイヤー、ハーシーなど、ほかにも数え切れないくらいだ。これらのブランド名は、日本の家庭で日常的に使われており、よく知られている。こうした企業のすべてが、すでにインサイダーとなっているのである。

産業用製品のメーカーがインサイダーとなる場合には、異なる種類の課題にぶつかることが多い。こうした製品の選ばれる基準が性能特性であることが多いため、もしその製品がコスト削減や生産性の向上をもたらすものであれば、世界中のどこででも受け入れられる可能性が高い。しかし、そうは言っても、こうした機器は真空中で動かされるわけではない。つまり、エンジニアリング、販売、設置、ファイナンス、サービスなど幅広い機能をインサイダー化できるまで、成功を手中に収めることを待たされるかもしれない。したがって、こうした機能の重要性が高ければ高いほど、すでにこうした機能を保有し運営している現地企業との提携が有意義であることが多い。

金融サービスには、独自の特徴がある。金融商品のグローバル化は、機関投資家レベルではすでに起こっているものの、個人投資家を対象とするリテール・レベルではまだまだの状態だ。とはいうものの、現在では数多くのリテール商品が海外で生まれており、そこに集まった資金の多くは国境を超えて投資されている。実際、外国為替、株式市場などの取引により、金融商品は正当なグローバル商品の地位を獲得している。

こう見てみると、〈グッチ〉のバッグのような高級ファッション製品とは明確に異なるこのようなカテゴリーのすべてにおいて、主要市場でインサイダーになることがグローバルな成功への道である。たしかに、最高級品に関する好みや選好は、トライアド中を通じて共通になってきてはいる。だが、他の多くの分野では、グローバル製品を創り出すということは、それぞれの重要市場で、顧客ニーズとビジネスシステムの必要条件を理解し、それに対応する能力を築くことである。

本社のメンタリティ

理にかなったいかなる指標で測ってみても、コカ・コーラの日本における経験は幸福なものであったと言える。しかし、同社のたどったインサイダー化への道のように、自国のビジネスシステムを模して新たな国の市場にそのまま再構築しようとすると、それによって問題が解決できるどころか、より多くの問題を抱える結果につながる可能性が高い。本社の経営陣というものは、概して一つのやり方での成功体験しか知らないため、新たに生じる市場機会ごとに、そのやり方を踏襲するよう強要する傾向がある。もちろん、時にはそれがうまくいくだろうし、まさにそれが正解ということもあるだろう。だが、自国で成功したアプローチのたった一つの経験を条件反射的にグローバル化しようとすると、結果として道を踏み外してしまう可能性が高い。

たとえば、製薬業界では、コカ・コーラ流のアプローチでは成功はおぼつかないだろう。海外からの参入企業が、日本の薬品流通システムに適応する方法を見つけ出さなければならないからだ。日本の医師たちが、アメリカ流の販売部隊を受け入れず、好意的な反応を示さないのである。日本では製薬会社の販売員は、たとえば医師から医学関係の記事のコピーをちょっととってくれないか、と頼まれたなら、すぐに喜んでやらなくてはならない。でもへちまもないのだ。

このように、インサイダー化に伴う共通した問題の一つが、自国でのアプローチをそのまま持ち込むことである。もう一つの問題は、新しい市場に参入した事業が収益を上げ始めたとたんに、本社に起こる事態である。そうなると、たいていの企業では本社のだれもが新市場に関心を持ち、注目し始める。なぜ物事がうまく回るようになったのかを本当に理解しないまま、本社の経営陣は、それが日本にせよどこにせよ強い関心を持ち始めるのである。

そして、本社のすべての職能分野の担当者が、介入したくてたまらなくなる。本社の重鎮たちは、自分たちも関わったほうがよいと考え、現地の活動をすべてモニターし、報告書をタイムリーに出すよう求め、現地出張を繰り返す。いまや全社的に見て重要な地位を占めるようになった現地事業に、だれもが発言権を持とうとするのである。現地にちょっとした問題でも起ころうものなら、現地経営陣にそのまま対応を任せようとはだれも思わない。万事望み通りにしようといらだつ独裁者たちを乗せた社用ジェット機が、本社と現地を往復することになる。

こうした事態になると、その先に何が起こるかが、私たちにはよくわかっている。かつては人もうらやむような業績を日本で上げていた化粧品会社が、本社経営陣の交替を経験したことがあった。その結果、徐々に重要度を増してきていた日本事業は、それまでの成功を可能にしてきた自治体制を維持できなくなってしまった。やる気十分の担当者がアメリカから何度も出張してきて、日本の各部門長の首をすげ替えてしまい、たまたまその大変な役割を押しつけられてしまった不運な現地担当者たちは、本社から届く短いメモや電話で矢のように降り注ぐ難題への対応に追いまくられた。

現地と本社の関係は対立的なものとなり、収益は下降し、それに伴い本社からの介入がいっそう多くなって、ついには現地事業全体が分解してしまった。やる気過剰で、しかも気をもむことも過剰な本社経営陣は、日本市場で何がうまくいき、何がだめなのかを辛抱強く学ぼうとしなかったのである。本社で行われているこの会社のいつも通りの流儀で管理しようとして、結局、非常に収益性の高い事業を破壊してしまったのだ。

これは、飽きるほど見慣れたパターンである。現地のトップが、目まぐるしいほど、日本人から外国人に、また日本人に、そして次は外国人に、とすげ替えられる。これは、けっして実現することのない理想的な「現地経営担当者」を見つけようと、本社が熱病に冒されたように探索を続けるからなのだ。粘りと忍耐こそが、現地で長期的に成功するためのカギである。そんなことはだれでもわかっているはずなのだが、どの国の出身者であれ現地の経営を担当する者が、取引先、従業員、それに顧客との良好な関係を築き上げるまでにかかる数年間を、本社だけが待てないのである。待てたとしても、今度は現地経営陣が「日本化」しすぎて本社の利益を代弁できないと本社は見てしまう。現地経営陣はもう「うちの仲間」ではない、というわけだ。しかし、もし現地経営陣が日本化しなければ、現地で受け入れられることはなかったに違いない。

この本社のメンタリティの問題は、単に心構えの悪さや誤解に基づいた熱意に起因するものではない。もしそうしたことが原因であれば、直すのはそう難しくはないのに、残念なことである。そうではなく、企業をがっちりと枠にはめているシステム、組織機構、行動パターンによって、この問題は生まれ、しかもますます増長している。

たとえば、配当率の水準は国によって異なるが、投資した事業が日本にある場合、低配当あるいは配当ゼロ、ドイツなら中程度、そしてアメリカなら高配当といった状況を、大概のグローバル企業は受け入れがたいと考える。本社が願うことは、すべての事業活動から一定水準の収益が確保されることであり、業績達成を測る社内のベンチマークもこの考えを反映したものだ。

だが、これではトラブルが起こるのは時間の問題だ。進出したばかりの日本事業に、本社が年間投資収益率一五パーセントを求めるようであれば、短期間のうちに本社と日本事業との関係は悪化してしまう。コカ・コーラやＩＢＭのような日本で高業績を収める企業は、従来持っていた自分たちの期待値の修正をいとわず、そして長期間をかけて定着したのである。

さもなければ、たとえばトップが財務諸表ばかりに過剰に依存する場合にも、グローバルな事業展開の意義は簡単に見失われてしまう。自国以外の活動の成果の実態を、財務諸表が覆い隠してしまうことはよくあることだからだ。親会社主導で使われている経理システムや報告制度がそのまま使い続けられているということは、実は多くの経営者が、グローバル競争に中途半端な決意しかしていないことを証明している。真の姿を映す連結財務諸表は、いまなお例外的な存在であり、標準にはなっていない。経営者たちは、グローバルな経営について多くを語るかもしれないが、それは口先だけのことなのだ。そうした話は聞こえがよく、ビジネス紙誌に称賛記事を書く気にさせるかもしれないが、困難な状況に陥ったとたん、それが単なる話の種にすぎなかったことが判明する。

では何が実際に起こっているのかを詳細に見てみよう。たとえば、松下や東芝のような事業部制を採っている日本企業が、ある機器の製造工場をテネシー州に建設することを決定した。このようなケースでは、製造を担当する自国の事業部長が苦境に立たされる。社長は事業部長に、できるだけ早期にテネシー工場を稼働させるように指示する。しかし、この工場がフル稼働すれば、自分の担当する事業の業績が報告書のうえでは悪化して見えることが事業部長にはわかっている。少なくとも、これまで日本からの輸出で賄ってきたアメリカの売上げへの貢献ができなくなってしまう。いまやそれらは、テネシー工場から出すのだから。社長には、工場建設を支援せよと指示されているのだが、協力してうまくいけばいくほど自分の首を絞めることになるのを、事業部長は恐れているのである。

こんなことは馬鹿げている。なぜ会社のシステムを変えないのだろう。テネシー工場をこの事業部長の直接指揮下に置き、この機器の製造活動の全体を部門として統合すればよいではないか。だがこれは、言うは易く行うは難しである。たいていの企業の財務システムは、連結は本社で行われ、事業部では行わない。それが、伝統的な企業の慣習なのである。しかも、古代ギリシャのホメロスの時代から変わらないことなのだが、参謀というものは、昔ながらの手順は変えないでおくほうがよいという理由をいくつでも思いつき並べ立てる。

かくしてシステムは変わらず、その結果、事業部長はわざとぐずぐずするようになる。テネシー工場がフル稼働するようになると、自分の業績が悪くなって人員削減が必要となり、過剰設備の心配をしなければならないことが目に見えているからだ。もともとこの事業部長が工場建設を提案し実施にこぎつけたのだという功績を、いったいだれが思い出そうとするだろう。さらに重要な点として、彼の担当する日本国内の数字がひどく悪くなったとしても、だれが気にかけてくれるだろうか。

グローバル事業を運営するということは、グローバルに考えグローバルに行動しなければならない、つまり、共同事業に逆行するような自己中心的なシステムには異議を唱えよ、ということだ。例に挙げた機器メーカーが、事業部レベルでの財務連結へと方針転換したとしよう。連結はもちろん効果があるのだが、それでも問題は始まったばかりなのだ。

機器を扱う姉妹事業部であるアメリカ市場の販売を担当する現地経営陣は、テネシー工場を別の業者としてしか見ないし、それも面倒な業者だと見なすことさえ考えられる。工場は立ち上がったばかりで、まだ完全に信頼できるとは言えないからだ。彼らの取りそうな態度とは、新工場を問題視して、できることなら無視し、高品質で納期が保証されている日本の工場から買い続けようとすることだ。彼らには、新工場を軌道に乗せる支援をするとか、長期的な資本投資を計画するという気がまったくない。技術支援や設計援助その他を提供しようともしない。彼らにとって、この工場はかなり魅力に欠ける、取るに足りない生産設備でしかないのだ。

もし、新しい工場長を事業部長の傘下に置いて、この問題を解決しようとしても、振り出しに戻るだけである。だが何もしなければ、この工場は苦闘を続けるしかない。ここで必要なことは、それぞれの貢献を二重に計上するシステムである。そうすれば、アメリカ市場の販売担当経営陣と日本にいる事業部長の双方に、新工場を軌道に乗せようという強い動機が芽生えるはずである。だが、この方法は、各種のシステムとはぶつかり合うものであり、確立されたシステムを変えることは非常に難しい。もし、グローバルに活動しようという決意がそれほど強いものでなければ、グローバル化を進めるのに必要な大きな痛みを伴う努力をしようとはしないものだからである。

通常、こうした起業家精神に満ちた意思決定に至ることはきわめて稀である。だからこそ、グローバルに最も成功を収めているホンダ、ソニー、松下、キヤノンといった日本企業が、少なくとも一〇年間は創業者の指導の下にあったこともうなずける。創業者であれば、現状に引き戻そうとする官僚的な事なかれ主義にも打ち勝つような決断が下せるし、組織間の壁も打ち壊すことができる。

実際には、組織やシステムをがらりと変えてしまうような変革を決断すると、数々の問題が目立つようになってしまうことから、思い切った決断がさらに困難となる。グローバル・システムの問題が最初に目に留まるのは、通常、現地特有の症状としてである。グローバルな問題の数々は、真の原因の存在する場所に姿を現してくれることは稀なのである。

問題に直面したCEOが、進出した日本事業はうまくいっていない、広告宣伝の投資は期待した効果を生んでいないと言うかもしれない。自分たちが抱える問題の根本原因は、実は本社にあるのに、日本で効果的な営業をするのに何が必要なのかを本社が表面的にしか理解していない、とは言わない。自分たちの財務報告システムの設計に問題があること、数々の新市場で参入当初にすべき長期投資を本社が渋ったために派生した問題であること、また、本社業務のなかでも最も重要な役割をなおざりにしていたことにもいっさい触れない。現地組織にいる優秀な人材の育成という重要な役割についても、少なくとも前向きではなさそうだ。本社の経営陣は、問題の数々を現地サイドのものであると判断し、その責任を負わせようとするのである。

グローバルに考える

経営陣は本社やみずからの責任をなかなか認めようとはしない。グローバルな問題に現地特有の症状がある場合には、さらに遅れる。状況の改善には、全システム、各種スキル、組織機構全体をゼロ・ベースで見直すことが必要であると判明した場合には、トップの取り組みはいっそう遅くなる。つまり、グローバルに行動するというトップの宣言は、達成には程遠く、少しでも動きがあれば驚きである。本社のメンタリティにこそ、近視眼的経営が具体的に最もよく表れるのであり、グローバルに展開する各国市場を真に等距離に置いて見る視点を達成するうえでは、これが最大の敵である。

グローバル事業の揺籃期、ハーバード・ビジネススクールのレイモンド・バーノン教授などの専門家たちは、グローバル化の「国連モデル」を提唱した。事業の多角化とトライアド各地域への拡大を目指すなら、進出先の各国に親会社のクローンをつくるべきだという考えである。うまくいけば、クローンのような現地子会社で構成されるミニ国連を創り出し、中央で支配力を持ち続ける親会社に、各国子会社から利益が還元されることになるという。

ところが、成功するグローバル企業というものは、進出する国数は少なくとも現地市場には深く浸透していることがわかってきた。一九八〇年代初頭に、この国連モデルが競合に焦点を当てたグローバル手法に道を譲ったのはそのためだ。この競合戦略モデルの論理に従えば、ヨーロッパの医療機器メーカーは、アメリカでGEを相手に戦わなければならないことになる。そうすれば、GEがヨーロッパに進出して自国に攻撃を仕掛けても防御できるからだ。だが、今日グローバル化を促す圧力となっているのは、多角化や競合によるものではなく、むしろ顧客のニーズや嗜好である。顧客のニーズがすでにグローバル化しており、それを満たそうとする固定費も急速に上昇してしまった。だからこそ、グローバル化が必要なのである。

この新しいボーダレス・ワールドで効果的な経営をするとは、新たな投資先となる場所の発見に焦点を当て、キャッシュフローというピラミッドを各地に築くことではない。また、競合の本拠である自国市場で先制攻撃を仕掛けることでもない。さらに、新たに「植民地」となった領地に、自国のビジネスシステムを模したものをむやみに再構築することでもない。

そうではなく、顧客に価値を届けることに最大限の注意を払い、顧客がだれであり何を欲しているのかを見定めるために、等距離の視点を身につけることなのである。何にも増して必要なのは、自分の顧客を明確に見据えることなのだ。顧客こそ、そして顧客のみが、グローバルな思考を導く正当な理由を与えてくれるからである。

【注】
日本名〈テラノ〉。

第5章

◉

トライアド戦略

Becoming a Triad Power : The New Global Corporation

［1985年発表］

Becoming a Triad Power : The New Global Corporation

The Mckinsey Quarterly, Spring 1985.
Reprinted by permission of Ohmae's book *Triad Power*, published by The Free Press.

事業環境の激変

　三つの大きな市場地域である日米欧が、今日の多国籍企業の世界を支配している。日本とアメリカの国民総生産を合計すると、自由主義諸国の三〇パーセントを占めるに至っているのだ。そして、イギリス、西ドイツ、フランス、イタリアというヨーロッパの上位四カ国のGNPをこれに加えると、それは四五パーセントに達する。日米欧のトライアドに住む顧客が、世界のコンピュータと家電製品の総販売量の八五パーセントを購入している。また、日本、アメリカ、西ドイツの三カ国だけで、数値制御（NC）工作機械市場の七〇パーセントを占めているのである。

　トライアド諸国は、どの国も類似の問題を抱えている。成熟経済、社会保障費用の増加、高齢化、熟練労働力の稀少化、急速に変化する技術、研究開発コストの増加などである。トライアド市場もまた、ますます似てきた。最近まで、資本財と呼ばれる製造機械には、その製造国の生産現場の特徴が反映していたものである。ところがいまでは、トライアドで最もよく売れている工場で使われる機械は、見た目がほぼ同じになったばかりでなく、それを操作する人に求められるスキルも同一になってきている。

　トライアドには、ニーズも好みも似た消費者が六億人いるのである。〈グッチ〉のバッグ、ソニーの〈ウォークマン〉、それにマクドナルドの金色のアーチのマークは、東京でもロンドンでもパリやニューヨークでも街角に見ることができる。セイコー、ソニー、キヤノン、松下、カシオ、ホンダといった企業では、グローバル市場に向けた製品開発が今日では日常化しており、各地域の好みに応じた変更はごくわずかしか加えていない。

こうしたことすべてに起因して、多国籍企業にとって以前であれば考えも及ばなかったような結果がもたらされている。簡単に言ってしまえば、一九六〇年代に事業運営のために設計されたグローバル企業の組織構造は、もはや時代遅れなのだ。

第二次大戦後、アメリカの多国籍企業は、どの他国企業にも負けない先進テクノロジーと競争力を享受し、ラテンアメリカ、アジア、ヨーロッパを股にかけていた。一九四五年から一九六五年の期間には、二八〇〇余りのアメリカ企業が一万件の海外直接投資を行っており、それは主に、技術の優位性(IBM、テキサス・インスツルメンツ、ゼロックス)、ユニークな製品(ジレット、ケロッグ)、あるいはアメリカ産業での主導的地位(ゼネラルモーターズ、ITT)を利用することを狙ったものであった。

今日のグローバル企業の多くは、いまでも伝統的な業種区分に沿って構成されている。だが、そうした企業を取り巻く世界は、劇的な変化を遂げている。次のような点を考えてみていただきたい。

- 労働コストの低い場所に生産拠点を立地するというグローバル企業モデルは、いまでも流行している。だが、その経済的優位性を長期間維持することはできない。たとえば、最も競争力のある日本企業は東南アジアから撤退し、代わりに資本集約的なロボットや機械に投資している。
- アメリカの多国籍企業に好まれる戦略は、独自技術を開発してそれを国内市場で生かし、その後海外市場に活用するというものであった。今日では、これまでよりもはるかに高いコストをかけた新技術開発製品をそのようにゆっくりと販売していく時間がなくなっている。多くの競合企業が似たような技術スキルを備え、技術を独占し維持することがほぼ不可能になっているからだ。しかも、新技術がグローバルに波及するのにかかる時間が、何年ではなく何カ月の単位となってしまった。

- トライアド市場では、教育、所得、ライフスタイル、願望などの点で似通った、新種の消費者が出現している。この六億人の消費者は、基本的に同じ需要パターンを示し、マーケティングを考えるうえでは同じように取り扱うことが可能だ。これらのトライアド住民はみな最適価格の最良製品を欲しがっており、それがどの国の製品であろうと気にしない。
- 同時にOECD各国では保護主義の圧力が高まり、経済的ナショナリズムがブロック経済へ向かう傾向を煽っている。

資本集約的なオペレーション

オートメーション、ロボット、マシニング・センター、NC工作機械によって、生産性は過去一〇年間に大きく改善した。こうした機器によって、伝統的な組立工程の労働比率は半分になり、製造プロセスの切り替えが簡単になって、工場立地の自由度がはるかに高くなった。マイクロプロセッサーの進歩により、コンピュータの演算能力コストは急速に低下している。コンピュータ支援による設計・製造(CAD/CAM)システムが出現した結果、イノベーションが進行している。

主要な生産コストが、労働力から資本財に移行したことによる競争力への波及効果は、すでに自動車産業で明らかだ。年間一三〇〇万台を超える自動車を生産するのに、日本の自動車産業全体（自動車メーカー、部品メーカーおよび自動車下請け業界）ではわずか六七万人の労働力を雇用しているにすぎない。これはアメリカ最大の自動車メーカーたった一社が、世界中で雇用している人数よりも少ない。過去一〇年間に、トヨタは年間生産台数を三・五倍伸ばし、一九八五年現在、年間三三〇万台となっているが、この間に製造にかかる労働力・時間を削減した結果、雇用数は四万五〇〇〇人を維持している。日産の生産性も同等であり、グローバルな競合企業のおよそ二倍である。こうした日本企業は、伝統的には労働集約的であった自動車産業を、資本集約的な事業へと変えてしまったのである。

家電業界でも同様だ。どの家電製品をとっても、過去五年間で組み立てに必要な労働力は半分になり、総コストに占める直接労働コストの比率は、平均五パーセントにまで低下した。同様に半導体産業も、たった五年前には変動費主体の、いわば労働集約型事業だったのに、固定費主体の資本集約型事業となってしまった。化学、繊維、製鉄といった連続操業による装置産業では、この傾向がさらに進んでいる。こうした産業では、自動制御システムによって生産性と競争力が改善される。日本の製鉄業のトップ二社である新日本製鐵と日本鋼管の労働コスト[注1]は総コストの一〇パーセント前後である。

労働集約型から資本集約型への移行は、低開発国の低賃金労働に抱く幻想を打ち砕く。以前であれば、企業は変動費を下げるために労働コストの低い国に生産拠点を構えたものである。第三世界の平均労働コストは、いまでも先進国の三分の一だが、直接労働コストが総製造コストの一〇パーセントを切ると、輸送コストと保険料の増加で利益は帳消しとなる。たとえば、カラーテレビを東南アジアからカリフォルニアに輸送するコストで見ると、関税と保険料を含めた輸送コストは船積み価格（ＦＯＢ）の一三パーセントに上り、低労働コストから得られるコスト削減に相当する一〇パーセントを上回ってしまう。

経済性に基づく選択の結果として、通常、生産設備の立地は製品が販売される市場、あるいは重要な部品が入手できる場所が有利となる。製品寿命が短い産業にも、同じことが当てはまる。金型、ジグ、特殊工具、それに部品を常に変更しなければならないため、技術開発の中心から離れた場所に生産設備を立地すると非常に不便になるからである。

高いスキルの労働力や現地管理職の不足が相まって、こうした要素のために、開発途上国に生産設備を立地することの魅力が減少してきている。最近になって日本の半導体メーカーが直接学んだことは、実はカラーテレビ・メーカーや繊維産業が、かつて発見していたことであった。つまり、安く未経験の労働力には訓練が必要であり、いったん訓練され経験を積めば、労働力が安いままであるはずはない、ということなのである。

事業構造の変化

自動化されてきている業界の経営者が、労働力から資本へのこの移行の持つ意味合いを認識していなければ、マージンの激しい減少に直面することになる。工場を自動化することはインフレに対して有効な策なのだが、それは売上げが低下し賃金が上昇する場合、総製造コストに占める労働コストの比率の上昇が避けられないからである。工場自動化はまた、不況への抵抗力をも強めてくれる。山崎鉄工所（工作機械）やファナック（NC工作機械）といった高度に自動化を進めた日本企業では、生産能力の一〇パーセントでの操業でも立ち行くと言われている。トヨタのような他の業種のメーカーも、七〇パーセントの操業率でも赤字にならないと主張している。

しかし、労働集約型から資本集約型生産への移行のもたらす影響は、これにはとどまらない。大規模な初期投資と継続的な生産プロセス革新に伴うコスト増を吸収するのに要求される規模の経済を達成するには、市場に深くしかも短期間で浸透することが必要となる。半導体産業や工作機械産業では、日本あるいはアメリカのような、国として大きな市場規模であっても、グローバル級の自動化工場を支えるには小さすぎるのである。

同時に、製品を市場の需要にぴったりと合わせ、競合からの圧力に対応するには、顧客の近くにいることがかつてないほど重要になっている。常に製品のイノベーションを図り、主要市場に堅固に確立された流通チャネルを持つことが、最も重要だ。製品が競争にさらされ、事実上のコモディティになり、どの参入企業にもコスト削減の機会が同等にある状況では、優れた販売ネットワークこそが生き残りのカギとなる。エンドユーザーに、最も低いコストで差別化されない製品を大量に販売できるからだ。

R&Dと国内販売力の強化

科学の各分野間や各産業間、それに各産業と各種サービスの間の相互交流は、これまで存在していた各業種の経済力のパターンをあいまいにしてきている。ハイテク産業におけるイノベーションと、それを商品化するペースが非常に速くなってきているために、技術の優位性が、事実上一夜にして侵されてしまうということが起こっている。

今日、ハイテク産業の前衛と呼ばれる五つの業種（電子、データプロセッシング、通信、ファインケミカル、製薬）が、OECD諸国のGNPの六パーセント以上を占めており、OECDの一九七五年から一九八〇年の間の経済成長の一六パーセント超を占めるほど躍進している。同じハイテク五業種の平均成長は、鉄鋼、自動車、有機化学、繊維、非鉄金属、パルプ・紙という中程度のテクノロジー六業種に比べて、売上げで一・四九倍、労働生産性は二・八倍、そして利益では二・七五倍を達成している。この二つの産業グループの売上高純利益率を比較した**図表9**「高収益のハイテク産業」に示したように、コモディティとなった旧来産業で利益を出すことは、非常に難しくなっている。

図表10「自由主義諸国に占めるトライアドの生産と消費」が示唆しているように、一九八〇年代の富の生成に決定的な役割を果たす産業は、すべて日米欧に集中している。世界中の生産と消費の八〇パーセント、それに特許出願の八五パーセントもまた、このトライアドに集中している。

新技術の開発費と商品化のコストが上昇し続けているために、企業は三つの方向に動き始め、統合あるいは提携によって利益を獲得しようとしている。それは、①顧客との接点を管理するため「下流へ向かって」、②新技術を獲得し、高価な原材料の入手先を確保するため「上流へ向かって」、そして、③新市場を創造してそこから利益を得る目的で、補完的な技術を他社と共有するため「水平方向へ向かって」、という三つの方向への展開である。

上流、下流という二つの方向性は明解だ。グローバル競争が熾烈になるにつれて、固定費の管理、特にR&Dと流通コストの低減が、富の形成には決定的に重要となる。R&Dの固定費、特に画期的な技

図表9◉高収益のハイテク産業

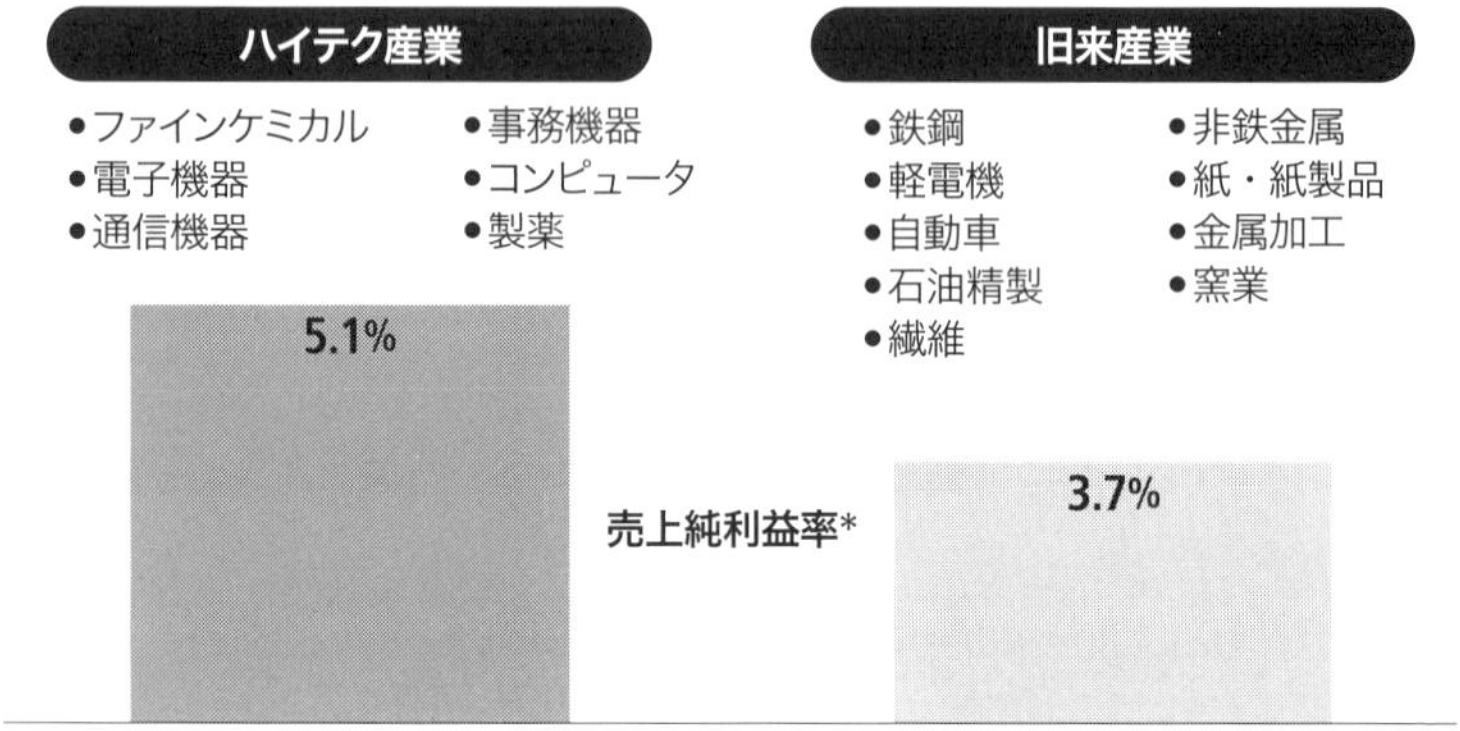

ハイテク産業
•ファインケミカル
•電子機器
•通信機器
•事務機器
•コンピュータ
•製薬
5.1%
売上純利益率*
旧来産業
•鉄鋼
•軽電機
•自動車
•石油精製
•繊維
•非鉄金属
•紙・紙製品
•金属加工
•窯業
3.7%

＊世界の主要企業合計で、1980 年と 1981 年の加重平均。
出典：『世界企業の分析–国際比較』通産省刊、1982 年。

図表10◉自由主義諸国に占めるトライアドの生産と消費

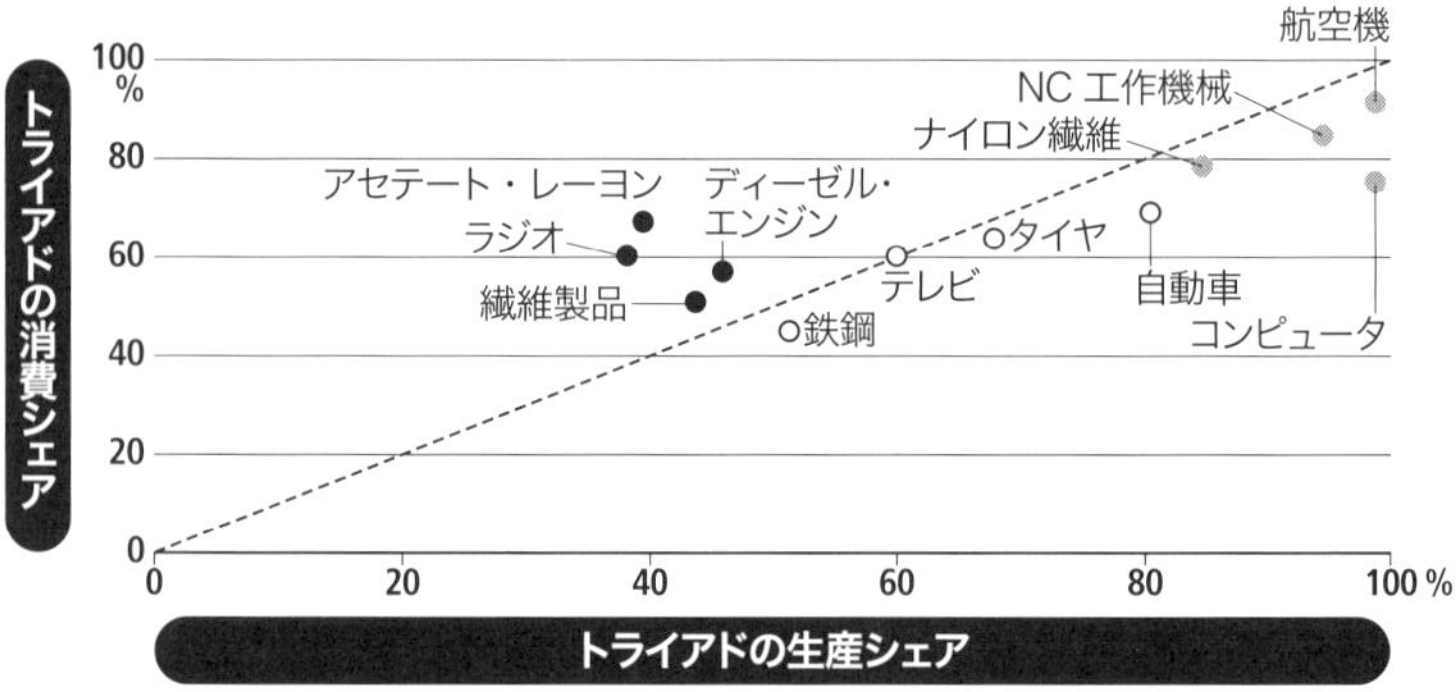

平均付加価値	技術水準	資本
● 32%	高	高
○ 27%	中	高ー中
● 19%	低	中ー低

術の開発コストが高くなりすぎたために、グローバルな販売可能性を最大限にしかも急速に追求しなくてはならない。しかし、それには重要な全市場に、深く浸透する能力が必要となる。

ＩＢＭ、ゼロックス、コダックといったグローバル企業を除くと、自国市場と同程度のシェアを海外市場でも獲得できる販売ネットワークを持つ企業はほとんど存在しない。一九八五年現在、トヨタと日産は日本でそれぞれ三八パーセントと二八パーセントのシェアを保持しているが、両社を足し合わせたシェアは、ＥＣでは五パーセント、アメリカでは一二パーセントにすぎない。ソニーでさえ、アメリカの家庭用テレビ市場で八パーセントのシェアしかなく、日本での一九パーセントを大きく下回っている。

ここから導かれる戦略方向は、Ｒ＆Ｄと国内販売ネットワークの強化である。ユニークな技術を開発したなら、それをトライアドの他の二地域の同様な企業にクロス・ライセンスすることができる。そうすれば、海外市場に深く浸透することも可能となり、マーケティングに伴うリスクを軽減できるだけではなく、相手企業から見返りに魅力的な新技術を得て、それを自国市場に販売展開できるのである。クロス・ライセンスによって、技術から得られる潜在利益は通常二倍から三倍となり、海外から得られた製品や技術を扱うことによって、国内流通にかかる固定費への限界利益を最大化することが可能となる。

●グローバル・アライアンスを築く

さて、第三の方向性、水平展開はどうだろうか。今日のハイテク産業では、メモリチップ、イメージ・

センサーから、レーザー発光素子、モデム、光通信装置、分割マルチプレックス（同一の電話線で音声とデータを同時に送る）技術に至るまでの幅広い重要技術分野をすべて一社で支配することはできない。その結果、オフィス・オートメーション、ロボット、あるいは家電製品分野で競争しようという企業は、いくつかの社内R&Dプロジェクトに集中し、同時に超鋭敏なコントロール・タワー機能を社内に開発して、外部から入手できる技術を入念に調べ、継続してモニターしなければならない。この新しいゲームで完全に敗者となってしまうリスクを避けるためには、調達から設計、製造、販売、サービスに至るビジネスシステムの全分野に関して補完的な企業を、国内外を通じて探し交流を深めることが望ましい。

国境を超えた構造変化は、いまやどこでも見ることができる。コンピュータと通信という、利益を上げる可能性のある事業のパイの分け前を争おうとする企業があらゆる方向から集まっている。その一例が、日本のNTTとアメリカのIBMという、通信とコンピュータ分野の巨大企業同士による保有技術特許の相互交換である。ヨーロッパでは、アメリカのAT&Tが、フィリップスとオリベッティの支援を得て、IBMのコンピュータ事業を侵食している。そして日本のオフィス・オートメーション機器市場に参入しているアメリカ企業群には、コンピュータの伝統企業およびコンパチブル・コンピュータ企業の全社、伝統的オフィス機器メーカー（たとえばゼロックスやヒューレット・パッカード）、ワングを筆頭とする多数のワープロ事業者たち、それに一、二のパソコン・メーカーまでもが含まれている。

日本の主要オフィス・オートメーション数社は、来るべきグローバルな支配をめぐる戦いに備え、競合企業とのアライアンスを通じて武装を進めている。日立の先進技術を手に入れようとしているバロウズは、富士通の高速ファックスをすでに手中に収めており、NECからのライセンスによる光学文字読み取り技術による製品を製造している。東芝のファックス機は、アメリカではピットニー・ボウズとアーデン・グループの子会社であるテレオートグラフが販売し、ヨーロッパではITTが販売している。

多様な日本の競合企業と巨大なヨーロッパのコンピュータおよび総合通信企業は、すでにそれぞれが異なるコアとなる強みと経済基盤を持っている。これら日欧企業は、アメリカのオフィス・オートメーション市場に新規参入した、より厳密に定義されたアメリカ企業との交流を深めており、この産業の構造全体が大変革を遂げているさなかであると言えよう。

一方では、熱いシェア争いになることが確実な市場で、生存に必要な数量を稼ぐために、主要なグローバル企業のほとんどがトライアド以外の市場も開拓している。日本のメーカーはアジアにオフィス・オートメーション製品の売り込みを図り、アメリカとヨーロッパのメーカーは、ラテンアメリカに橋頭堡を築こうと狙っている。そしてどの企業も、重要機能部品や、キーボード、ディスク・ドライブ、モニター用表示管、プリンターなどのサブアセンブリーを調達するために、購入担当者を東アジアに置いている。

加速する時間軸

急速な技術拡散のスピードは、それ自体がユニークであり、かつ重要な現象である。一九四七年にベル研究所により開発されたトランジスタの基礎研究には、一〇年以上がかかった。それが商品として市場に出たのは四年後であり、コンピュータに組み込まれるようになるまで、さらに六年がかかった。ところが、一九五八年にテキサス・インスツルメンツの開発したICが実用商品として市販されるまでには、三年しかかからなかったのである。

ここで過去一〇年間の、半導体における主要テーマの開発期間の加速化を見てみよう（図表11「トライアド諸国間の技術先行期間」を参照）。アメリカでRAM（ランダム・アクセス・メモリー）の集積密度が四Kから一六Kビットに移行するのに二年かかっている。その後八カ月も経たないうちに、日本のメーカーはアメリカに追いついた。次にアメリカが一六Kから三二Kに移行するのにまた二年がかかっているが、その三カ月後には日本が追いついた。一九七八年には、日本の富士通がアメリカの半導体メーカーより三カ月早く六四Kのマイクロチップを発表した。そして一九八三年、日本勢が二五六KのNMOS DRAMのサンプル出荷を始め、一九八四年初めには商業ベースでの生産を始めている。アメリカの半導体メーカーは、平均して日本勢の約一年後を走っている。

コンピュータの展開もほとんど同じである。IBMがモデル七〇一を発表したのは一九五二年だったが、競合が追いついたのはその四年後であった。IBMは強力なモデル三〇八Xを発表した一九八〇年までには、競合と直接正面からぶつかることになった。技術の拡散スピードが非常に速くなったために、技術を長い期間独占することはできないのである。

これについては、三つの戦略的意味合いがある。第一は、技術的先進企業といえども、トップ企業になったからといって安穏としているわけにはいかなくなったことだ。第二は、後追い製品を持った二番手、三番手の企業であっても、先行企業からシェアを奪う力を持ちうるかもしれない点である。第三は、先進技術を使った差別化製品の開発コストが非常に高くなったために、先行企業が巨額の初期投資を回収するには、全世界に同時に新製品を売らなくてはならなくなったことだ。まず国内市場を開拓してか

第5章 トライアド戦略

図表11●トライアド諸国間の技術先行期間

IC

年	モデル／製品名
1947	トランジスタ
1961	IC
1970	1K RAM
1973	4K
1975	16K
1978	64K
1983	256K

日本に対するアメリカの先行・追随期間（年）

- 1947: 5
- 1961: 2
- 1970: 1.5
- 1973: 8カ月
- 1975: 10カ月
- 1978: 3カ月
- 1983: 1.0

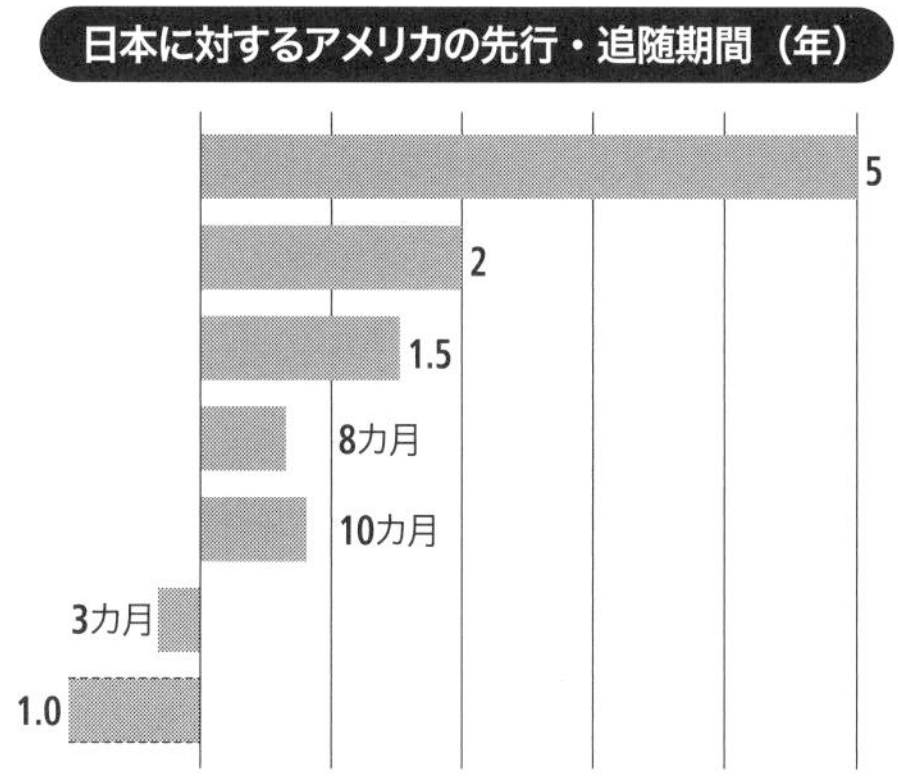

コンピュータ

年	世代	該当モデル
1952	I	IBM701
1959	II	IBM1401
1964	III	IBM360
1970	III 1/2	IBM370
1977	III 1/2	IBM303X
1979	IV 3/4	IBM4300
1980	IV 3/4	IBM308X

日本に対するアメリカの先行期間（年）＊

- 1952: 4
- 1959: 3
- 1964: 1.5
- 1970: 1.2
- 1977: 1.0
- 1979: 5カ月
- 1980: 0

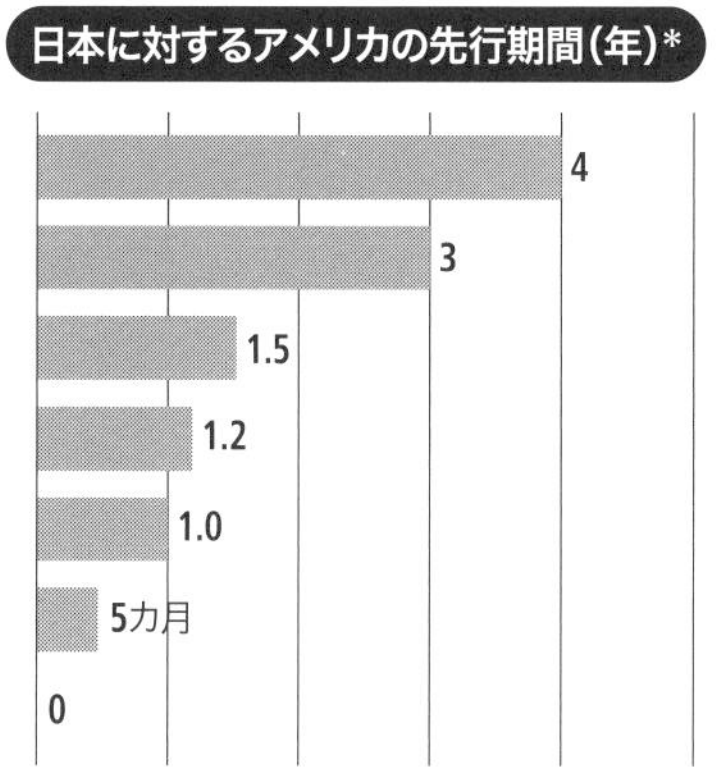

＊アメリカの開発完了時期と日本が追いついた時期との間にかかった期間。

出典：日立製作所と松下電器産業によるデータ（岡本康雄著）、
　　　『コンピュートピア』（1981年4月号）、『マネジメント』（1979年10月号）。

ら海外に進出しようとする企業は、海外市場にすでに地歩を固め、自分の取った領地を死守しようとする競合企業によって、完全に行く手を阻まれることになるだろう。

グローバル製品のユーザー群

製造品が資本財か消費財かにかかわらず、メーカーがグローバル市場におけるトライアドの重要性を無視してしまうと、自社の行く末を危うくしてしまいかねない。かつて資本財はその製造国の工業文化を明確に反映していた。西ドイツの機械は、職人技に対する国民の強い好みを反映しており、アメリカ製の機器は、原材料をふんだんに使用している、といった傾向が存在したのである。ところが今日では、世界でいちばんよく売れている工場用機械に、こうした特徴的な「技巧」の要素は見られない。外観も似たものになり、使う側に要求されるスキルの水準も同じようなものとなってしまった。

それよりももっと目立つのは、トライアドの住人である消費者が、急速に似てきたことである。濃紺のスーツを着て、〈リーガル〉の靴を履き、〈セリーヌ〉のネクタイを締め、〈マーククロス〉の鞄のなかには薄型のカシオの電卓を入れており、昼食には近くの寿司バーに行き、通勤にはトヨタの〈セリカ〉に乗っているという典型的なニューヨークのビジネスマンが、たとえデュッセルドルフや東京の街角を歩いていたとしても、だれも振り向いて見たりしないだろう。デンマーク、ドイツ、日本、それにカリフォルニアの若者は、ケチャップ、ジーンズ、ギターと共に育ち、〈アバ〉〈リーバイス〉〈アルページュ〉

といった世界中で流行している商品を崇拝している。トライアド諸国では、いわゆるジェネレーション・ギャップと呼ばれる世代間の違いのほうが、国と国との好みの違いよりもはるかに大きい。

文化のパターンの原因でありまた結果でもあるトライアドの消費パターンは、かなりの部分が教育に根差したものだ。多くの人々がテクノロジーの使い方を学ぶにつれて、人々の間の違いがなくなってきた。したがって、テクノロジーで何が達成できるかを学べば学ぶほど、ライフスタイルの違いはなくなる傾向があるのだ。テレビがほぼどの家庭にも浸透したことが、この傾向を加速している。

トライアドの消費者の需要や生活パターンに見られる、類似性や共通性の背後にある大きな力が、その購買力である。一人当たりの可処分所得で比較すると、トライアド住民の購買力は、低開発国（LDCs）や、新興工業国（NICs）の住民の購買力の一〇倍以上である（図表12「トライアドの共通点と世界共通ユーザー」を参照）。トライアドの一世帯当たりのテレビ普及率は九四パーセントを超えるのに比べ、NICsではおよそ六〇パーセント、LDCsでは二〇パーセント以下である。日米両国の消費者の三分の一は、高校以上の学歴を持っているが、NICsでは人口の一五パーセント、そしてLDCsではさらに少ない。トライアドの購買力、学歴、また、テレビと新聞すべてが彼らを一体化し、他の世界との違いを生み出している。

トライアド住民の需要パターンを均質にしているもう一つの要素が、技術インフラの類似性である。たとえば、トライアド世帯の五〇パーセント以上には電話があり、ファックス、テレックスや、デジタル・データの発信・処理機器の接続が可能である。また、人口当たりの医師の数が多ければ、医薬品や医療用電子機器に対する需要が喚起される。高速道路網の発達は、ラジアル・タイヤやスポーツ・カーといった、高度の技術に基づく高付加価値製品の普及を促す。

図表12●トライアドの共通点と世界共通ユーザー

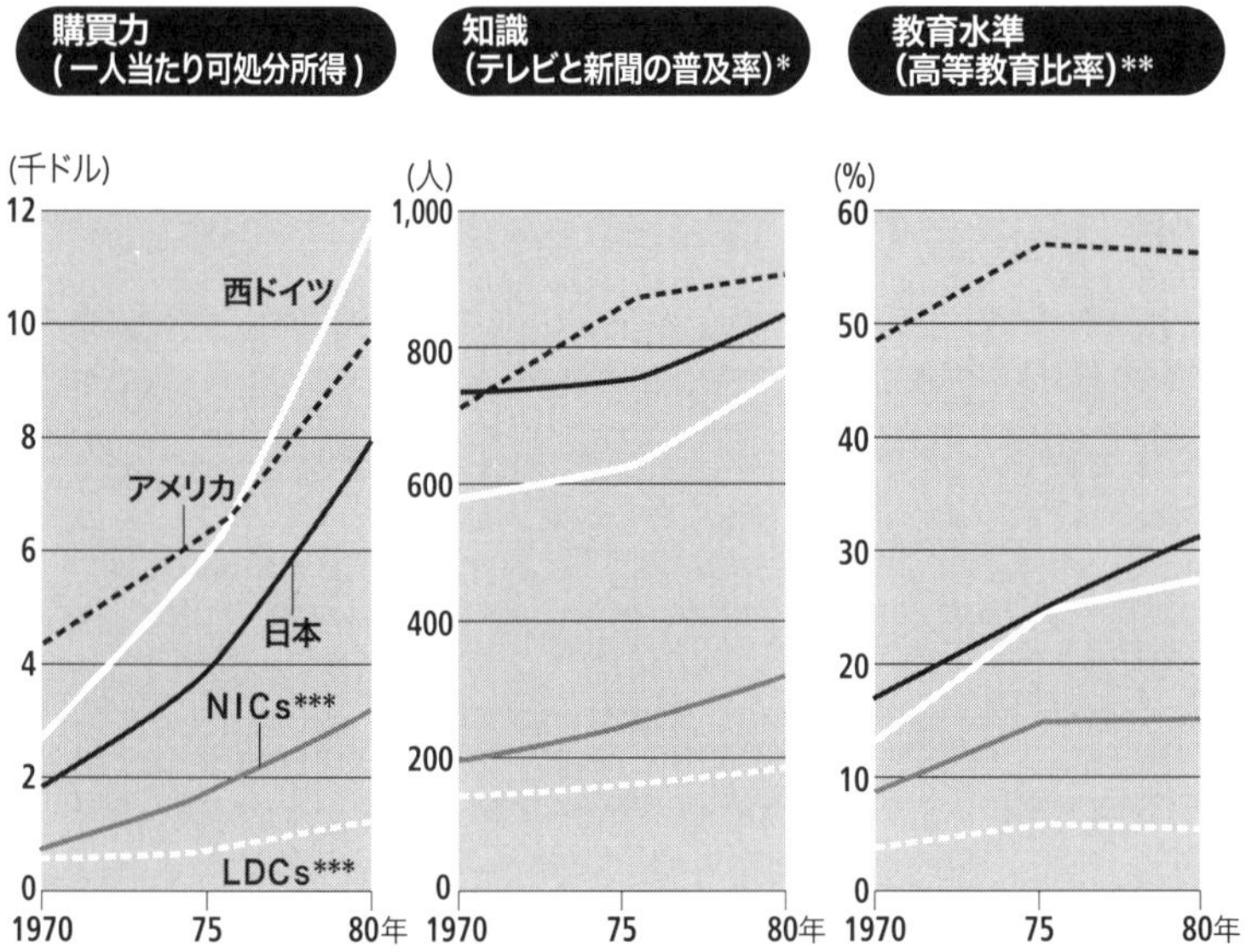

*メディア普及率＝千人当たりテレビ受像機数＋千人当たり新聞発行部数

**高等教育比率＝大学あるいは同等教育機関学生数 / 20–24歳人口(日本については18–22歳人口)

***NICsおよびLDCsについては、1979年実績。

出典：『国連統計年報』(国連) 1981年、1979年、『国際統計年報』(総理府) 1983年、1981年、『ユネスコ統計年報』(ユネスコ) 1983年。

図表13◉共通性を活用した戦略の策定

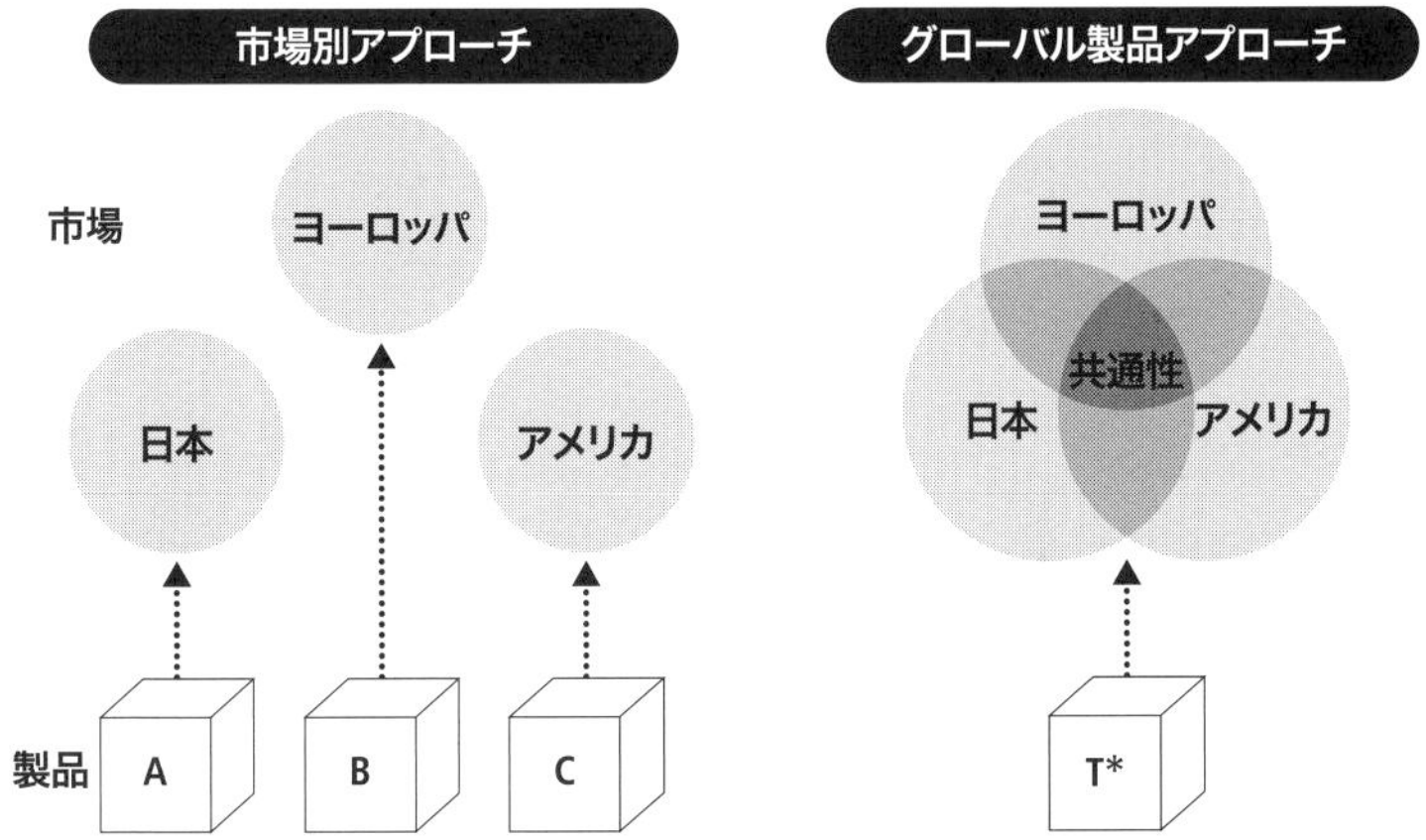

＊6億人のトライアド住人。

こうした類似点に気づけば、グローバル製品を設計することが可能となる（図表13「共通性を活用した戦略の策定」を参照）。トライアド諸国のライフスタイルの共通化が進むということは、グローバル製品を最初に開発し発売する企業こそが、世界中の消費者に受け入れられ、競争に勝つ可能性が高いことを意味している。セイコー、ソニー、キヤノン、松下、カシオ、ホンダといった企業では、グローバルな視点から製品開発をすることが、いまでは当たり前のことになっている。こうした企業の製品設計担当者は、年の半分近くは海外に行き、顧客や現地のディーラーと直接対話をしている。そして海外出張から戻ると、直接自分の個人的印象に基づいてグローバル製品を設計し、合成するのである。

消費者と資本財ユーザーが、日米欧に集中しているというこの事実が、グローバルなハイテク戦争の引き金であったと考えられる。トライアドこそが、主戦場なのである。

ネオ保護主義

一九八〇年代初頭、自由主義諸国のほとんどが深刻な不況に陥った。失業率が高くなった結果、購買力が低下し、それが自動車、消費財、建設といった業界の落ち込みへとつながり、さらにこれらの業界に依存している鉄鋼業、部品業界へと不況が拡大していった。そして、各国政府が、貿易障壁という短期的な景気浮揚策を支持する政治的圧力に抗し切れなくなったのである。一部の国では、全輸入品目に輸入割当や関税が設定され、また別の国では特定国からの特定品目の輸入制限が行われた。

その結果、ある企業にとってシェア増加が重要と位置づけられる一国の市場でインサイダーと認知されなければ、その国の市場への門戸が閉ざされてしまう事態になってしまった。アウトサイダーとして輸出しているのでは常に基盤が脆弱だが、インサイダーとなれば安定した地位が築ける。たとえば、アメリカで日本製カラーテレビの輸入に対する反対の声が高くなった時、サンディエゴに大規模な工場を保有していたソニーは、そのおかげで輸入割当枠の適用や輸入課徴金訴訟を免れ、他の日本のカラーテレビ・メーカーに対して敵意が向けられるなかで、なんとかその矛先を避けることができたのである。

もちろん、政府による規制や各メディアのトップ見出しは、必ずしも一般大衆の態度を反映したものではない。牛肉やオレンジの輸入割当に関する日米交渉で、日本政府は強硬な立場をとるかもしれないが、だからと言って日本の消費者が、アメリカのオレンジや牛肉を買わなくなるわけではない。そして、輸入割当があるにもかかわらず、アメリカの人たちは日本製のカラーテレビや自動車を好んでいる。

まったく単純なことだが、世界中の消費者は、世界のどこから来たものでも最高の製品を、最も安い価格で買いたいのである。これが、国際貿易の増加の理由であり、だからこそ、貿易摩擦や国家間の財の流れを人工的に妨げる障壁も増加するのである。そしてこれが、グローバル企業が事実上のインサイダーという地位を確立することがなぜそれほど重要なのか、という理由である。

逆説的なのだが、こうした先進国市場の細分化は、トライアドの住人が同質な購入者グループとして出現しつつあることと同時に起こっており、しかもその度合いがさらに強くなっている。現実主義者である事業戦略家として、こうした二つの相反する現象に対応するには、トライアドを見る視点を身につけると共に、主要市場で自社のインサイダー化を加速しなければならない。

トライアド・インサイダーへの道

すでに見てきたように、日米欧のトライアドこそが主要市場の集まっている地域である。競合の脅威が出現するのも、トライアドからである。新技術が生まれてくるのもトライアドだ。そして、競争が激しくなるにつれて、保護主義に対する予防措置が最も必要になるのもこの地域である。したがって、トライアドという市場とそこから生まれる新技術を活用し、新しく出てくる競合に備えるには、どの多国籍企業も、日米欧の三つの地域で真のインサイダーになることを追求しなければならない。

新しい市場に、早い時期から参入していることは、明らかに優位である。東京電気が初めての電子キャッシュ・レジスターを発売し、ナショナル・キャッシュ・レジスター（NCR）の日本での市場シェアを侵食し始めた時、NCRの日本子会社は、この動きに対応し電気機械式から電子式の技術に切り替えることができ、アメリカ本国でNCRの市場シェアが脅かされる前にその芽を摘むことができた。ゼロックスは、日本で傑出した存在となっていたため、日本の複写機メーカーが低価格の小型機をアメリカ市場に導入しようとする動きを察知できた。テキサス・インスツルメンツは、他のアメリカ企業が日本の半導体メーカーの侵入に対する戦いに苦労していた間に、六四Kメモリチップを日本で素早く製造することができた。こうした企業はいずれも、日本でのインサイダーという地位によって、競合状況の変化にいち早く対応することができたのである。

トライアドの各地域に本国と同程度の市場シェアと企業活動能力を確保でき、しかも弱みのない企業は、大きな力を発揮するトライアド・パワーとなれる可能性が高い。本国と同程度の市場シェアを獲得するということは、ユニークかつ多様な製品で投資を回収できることを保証する要件である。弱みがないということは、突然海外から競合が参入したり、国内競合が海外企業と手を組むといった、予想外のリスクも回避できるという意味である。こうした二つの条件を満たすことのできない企業は、やがて業績低下の悪循環に陥り、市場の主要セグメントを諦め、競合が目をつけない比較的穏やかなニッチ市場に集中するようになる。そして活動を国内市場に限定してコスト削減と人員削減を繰り返し、ついにはグローバル市場における有力企業という地位を失ってしまうのだ。

トライアド・パワーの最も重要な利点は、この悪循環を止めることだけではなく、もっと積極的で攻撃的な戦略を追求することにある。トライアドの消費者の基本的願望を知ることから、企業はグローバル製品を開発・販売できる。あるいは、競争力のある基本的製品の特徴や外観を各地の好みに合わせて調整できる。そうすれば、六億人の顧客に販売を同時に開始できることになるのだ。

自社のものにせよパートナーのものにせよ、トライアドの三地域のそれぞれに強力な販売部隊を持てば、企業は比較的短期間に市場に浸透し、地元企業や他のグローバル企業に先手を打って、初期投資を回収する高い利益を実現する。すると、実現した利益を使って、さらに高度な施設やR&Dに再投資して、競争力を一段と強化できる。現地企業のどこかが、売れる可能性の高い新製品を開発した場合、トライアド・パワー企業であればそれを素早くコピーし、その現地競合が他のトライアド二地域に進出する機会を封じることもできる。このようにして生み出された利益を使って、トライアド・パワー企業は、新製品を開発した企業のお膝元の市場での直接対決に気楽に参戦できることになる。その時、その現地競合にはトライアド・パワーに反撃する資金が必要になるのだが、開発費と新製品発売の立ち上げにかかるコストの回収には、国内販売からの利益だけでは到底間に合わない。

トライアドの顧客と競合を真のインサイダーとして知っている利点は、このように明白である。それゆえ企業にとっての課題は、トライアド・パワーになるべきか否かではなく、どうやってなるかである。

トライアド・インサイダーの三つのツール

有力なトライアド・インサイダーとなるには、単独で、あるいは組み合わせて「三つのツール」を使うことである。三つのツールとは、完全所有子会社、ジョイント・ベンチャー、そしてコンソーシアムの形成である。

完全所有子会社

これは、多国籍企業が伝統的に使ってきた手法であり、詳細な説明は必要ないだろう。だが、トライアドを考えるという意味で、成功裡に実施するには次の三点に注意する必要がある。第一に、国レベルよりも地域レベルの組織機構を確立し、経営資源の共有を図ること。第二に、本社は主としてコントロール役を演じるのではなく、むしろトライアドの主要地域間の戦略を調整する潤滑油的役割に徹すべきである。そして第三に、トライアドの地域それぞれ、さらにトライアド以外の地域で企業が大規模な事業活動をしているところがあればそこにも、同等な「市民権」を与えなければならない（この状態を「四面体」モデルと呼ぶ）。

たとえば、一九八一年に組織変更を行ったドイツの巨大化学企業ＢＡＳＦは、一部に地域別組織を残してはいるが、戦略的重要性の高い国についてはそれぞれ別個の扱いをしている。ＢＡＳＦのアメリカ、日本、ブラジル（ＢＡＳＦにとって重要な「後背地」である）の子会社のトップは、本社経営陣の管轄下に置かれ、それぞれ個別に経営指針が練られ適用されている。この種の組織機構は、多国籍企業にとって現実的なモデルの一つとなるだろう。

戦略的な重要性から見て、日本は他のアジア諸国と大きく異なるにもかかわらず、日本を国際事業部のなかの極東部、あるいは太平洋地域事業部の管轄下に置く多国籍企業が多い。これでは、日本の事業経営者は、ＣＥＯの五段階下に位置づけられてしまい、極端な場合には、文字通りデンバーのような地方都市の営業部長より下の職位となる。日本企業もまた、生産企画部の副部長をアメリカ事業のトップに送り込むといったかたちで、同じような過ちを犯している。これでは、多国籍企業がトライアド・パワーとして成功する見込みがあったとしても、あっという間に台無しにしてしまうだろう。

ジョイント・ベンチャー

ジョイント・ベンチャーの多くは、管理、研究開発にせよ、あるいはマーケティングにせよ、パートナー双方の強い機能の利点を活用し、弱い機能を互いに補完する目的で始まる。松下とＩＢＭによる、小型コンピュータ分野での合弁事業計画が発表されたが、これは、それぞれの企業が相手の強い機能で補完し合うことによる、経営資源共有の好例である。これはまた、トライアドのなかの二地域の最大企業といえども、独力で電子機器事業を戦い、勝つことができないことをも証明している。

ハネウエルが五〇パーセント、安田グループが一六・五パーセント、その残りの株式が東京証券取引所で取引されている山武ハネウエル[注2]は成長を遂げ、日本のプロセス制御・計測機器市場で第二位の地位を獲得している。この合弁事業に、ハネウエルは必要な技術を注入し、日本側のパートナーは、安定した経営陣チームを送り込んでいる。

山武ハネウエル、キャタピラー三菱、住友スリーエム、富士ゼロックスといった日米企業による合弁事業は、いずれも各業界で上位三位以内に入っている。最近まで、ウエスチングハウスのインフィルコ事業部の一〇〇パーセント保有であった荏原インフィルコ[注3]は、日本の水処理産業の最大手である。この企業の業務の九〇パーセント以上が、海外企業を排除することで悪名高い公共部門向けであることを考えると、これは二重の驚きである。

シュルンベルジェとミシュランというフランス企業は、どちらもアメリカで業界上位である。そしてフランスのもう一つのグローバル企業エール・リキードは、東京証券取引所に上場しているテイサン[注4]の六四・二パーセントを保有している。

フィリップスは、松下との電子部品分野での合弁事業を長期間にわたって成功させている。同様にキャタピラーは、三菱重工との合弁によって、どちらかと言えば保守的な日本の土木機械市場で継続的に事業を発展させている。GEと日立が五〇対五〇の出資でフィラデルフィアに設立した、ガス高圧電力遮断機メーカー、ハイ・ボルテージ・インダストリーズ(HVI)は、電力会社向けのGEの強力な共有セールス部隊と、日立の優れたガス拡散技術とを結びつけている。

しかし合弁事業では、パートナー同士の食い違いが原因となって解消される例があまりにも多い。合弁事業が株式保有を伴う法的存在であるために、利益(あるいは損失)をどのように分け合い、将来に備えてどこに、どのように再投資を行うのかをパートナー同士は正式に決定しなければならない。パートナー間に経営理念の一致がない限り、投資や資源配分に関する意見の食い違いから、共通であるはずの目標が揺らぐことになる。それゆえ合弁事業を成功に導くには、更地に工場を建設するのと同じくらいの苦しみと努力が必要であることを、パートナー双方が最初から理解していなければならない。結婚と同じように、双方による多くの努力が長期間必要であり、それによって環境、双方の要望、そして双方の相対的な強みに変化が生じてくる場合もある。

しかし、結婚とは違うのは、資本参加に関するさまざまな法的契約書によって、合弁事業が拘束されるという点である。パートナー双方が、いらだちの原因や意見の食い違いを徹底的に話し合う代わりに、相手方が一方的に、こうした法的文書に違反したという指摘合戦を始めてしまうケースをよく見る。また、重要事項の決定が、パートナーそれぞれの株式持ち分の比率に基づいた票決によって行われることも多く、これがしばしば問題を生じさせる。私の経験上、多数決が賢明な判断をもたらすことは稀であり、まず起業家的な思い切った意思決定を支持することはない。それよりも、重要事項の決定について多数決で票決をしなければならないようでは、合弁事業はすでに破綻したも同然であろう。

そもそも、あらゆる状況と紛争の可能性とその対策に関して詳細を詰めるために、世界最高の弁護士たちを雇う必要があるようであれば、その会社には、合弁事業を行う健全な基盤が存在していないことになる。双方の企業が「自然に」一致することなど稀有である。合弁事業から得られる果実の収穫のことを考え始める前に、パートナー同士はまず非常に注意深く計画を立て、双方が多くを与え合うことが必要なのである。

端的に言えば、ジョイント・ベンチャーは、法的契約という人工的な手段によって二つの異なる企業文化を融合させねばならないため、困難となる可能性がある。現実的で起業家的な事業運営とは基本的に相容れない、所有やコントロールという問題が絡んでくるからである。契約に頼ることなく合弁の精神を維持する心構えが企業に完全にできていない限り、長期的な健全性は疑わしいものとなる。

合弁によって、「トライアド・パワー」を目指す企業には、次のような単純な指針に従うことをお勧めしたい。

- 合弁企業双方のトップ経営陣のなかに、少なくとも一人は支援者がいることを確認せよ。支援者は、合弁には意義があり、自社のためになると確信しなければならない。
- 支援者は、少なくとも一〇年間は合弁事業の責任者でいなければならない。

- 積極的な交流を行い、トップ・マネジメント、事業管理者、そして一般従業員レベルで両社の人々が直接会ってコミュニケーションを図る場を頻繁に設けよ。
- 何よりも大切なのは、コントロールではなくコミュニケーションであることを銘記せよ。

組織機構という面では、合弁事業を現行の事業部に対してどのように位置づけるのかを明確に規定しておく必要がある。多くの合弁事業が、経営陣とそのスタッフという数人によって設立され、現行の本社機能や事業部門との関係や位置づけがあいまいであることが多い。全社からの協力、すなわち資源の再配分が行われなければ、合弁事業は継子扱いの存在となってしまう。

コンソーシアム

伝統的な多国籍企業は、各市場に参入する場合、何でも自前でやろうとしてきた。しかし今日では、世界中で競争していくのに必要なスキルや経営資源が、あまりにも膨大なものとなってしまったために、多国籍企業といえどももはや単独では立ち行かなくなってしまった。ごく少数の例外を除けば、グローバルな、特に国境や文化の壁を超えた事業展開に成功するには、会社対会社の関係を築き、それを拡大していける自己の能力に依存しなければならない。

トライアドの主要市場に自力で浸透する、すなわち自社に確立された企業文化を現地に適応させ、トライアドの他地域にインサイダーとしての地位を築く際、いくつもの困難に直面するとなると、それぞれの重要地域ですでに真のインサイダーである企業群とコンソーシアムを形成することによって得られる戦略的利益は明らかであろう。そうしたコンソーシアムが形成されたなら、メンバー企業それぞれが、即時に膨大な数の潜在顧客に到達できる。そして、手ごわいが儲かる可能性も高いすべてのトライアド市場に関して、購買、製造、マーケティング、販売・流通、人事、財務といった事業運営のさまざまな側面について必要な情報が得られる。

最近のコンソーシアムの傾向は、開発リスクを避けるため、経営資源を共有し製品を交換する方向に進んでいる。つまり、地理的に近い競合と協力するのではなく、遠隔地の競合同士が、R&Dや製造といった機能を融合したり共有したりするようになっている。たとえば、ブリティッシュ・レイランドが、中型のホンダの乗用車をイギリスで生産し、一方、日産自動車はフォルクスワーゲンの〈サンタナ〉を日本で生産している。

今日、自動車、半導体、鉄鋼といった重要業界で、数多くの緩やかなコンソーシアムの例が見られる。その理論的根拠は、生き残りのため、あるいは自分の本拠である地域での事業拡大のために、自社に欠けている機能を補完する目的で、トライアドの他の地域にパートナーを求めていることである。こうしたコンソーシアムは、典型的にはR&D、製造、技術といった上流機能を共有あるいは交換し、最先端の競合と肩を並べていられるようにするために形成される。時には、重要機能を共有することで可能となるシナジー効果による利益を得るために、特定の製品カテゴリーを交換することもある。だが、コンソーシアムへの参加企業が、特定の機能をすべて明け渡してしまうことはない。

かつては熾烈な競争の代名詞であったような業界で、こうした協力の形態がますます人気を得るようになっている。たとえば、アメリカの大手化学会社の上級副社長が来日し、シナジー効果の期待される分野を探索するため、日本の化学会社をいくつか訪問した。驚いたことに、訪問した日本企業の半分以上が、さまざまな分野で経営資源を共有することに強い興味を示したとのことである。グローバル企業

図表14◉コンソーシアムのパートナー選定

の多くが、今日では、破壊的な貿易戦争でトライアドの競合企業を追い落とすよりも、彼らと協力関係を結びたいと考えているのである。

しかしながらトライアドの同じ地域内の競合との、コンソーシアムによるアライアンスは避けるべきだろう。遠くの敵は真の友となりうるが、近くの従兄弟は敵になりうるからである(図表14「コンソーシアムのパートナー選定」を参照)。一九六〇年代に行われた、ヨーロッパにおける国境を超えた合併劇は、同業者のつながりを意識したものであったが、そのほとんどが破綻してしまった。企業同士の距離が近すぎたために、パートナーとして協力し合うことができず、喧嘩別れしてしまったのである。

コンソーシアムを形成するうえで、最重要となる基本原則が、固定費への限界利益を最大化することである。もしR&Dが高くなりすぎたなら、たとえ地域によっては自社にある程度の販売能力があるとしても、コンソーシアムのメンバーにライセンスを与えて、自社のR&Dから生まれる製品が、確実に全世界に販売されるようにしなければならない。もしあなたが、稼働率一〇〇パーセントなら低コストで運営できる最先端の生産設備を持っていたとすれば、強力な販売・流通ネットワークを擁する会社とならどことでも提携し、相手先ブランドであろうと自社ブランドであろうと、その会社を通じて製品を売ることを考えるべきである。もしあなたが、よく訓練された販売部隊あるいは流通チャネルを持っているが、自社の研究所からは十分な数の新製品が出てこないという状況ならば、他社の魅力的な製品を輸入することを考えるべきなのだ。ほとんどの製品分野では、製造段階よりも流通段階のほうが、付加価値が大きいからである。

こうした手段はすべて、グローバルな規模で活用可能な代替案を使って、固定費に対する限界利益を最大化することを目的としている。この例で言いたいのは、これまであなたが使ってきた「近所の買い物エリア」を超えて、限界利益の源泉や貢献してくれる人を探索する範囲を広げよ、ということである。探索のためには、グローバルに飛び出すことだ。従来競ってきたライバルがグローバル市場への進出を図るならば、それに対抗する唯一の道は、あなたもグローバルに進出することである。ただし、それにはライバルよりもうまくやらなければならない。

コンソーシアムの持つ組織的意味合いは複雑である。従来の競合企業との協力関係というものは、えてして中間管理職――彼らは、自分はだれにも負けないほど有能だとトップ・マネジメントに示すことに強い関心を持ってきた――に歓迎されるものではない。したがって、コンソーシアム実現への必須ステップは、まずコンソーシアムの意図を説明する社内コミュニケーション・キャンペーンを成功させることである。パートナー間でいくつかの階層の役員同士の人間関係を築くことと、強力な交渉担当責任者をトップに据えることも、決定的に重要である。当初は大変な熱意で始められたコンソーシアムが、その熱意を維持する手段を組み込まなかったために、その後失敗に終わる例があまりにも多い。

たいていの企業は、一方で自分たちの過ちを寛大に許しながら、他方では自分の取引しているパートナーの間違いを厳しく責める傾向がある。コンソーシアムにおいては、会社と会社の建設的な関係を維持するために、成熟と外交能力が必要なのである。

コンソーシアムに参加しようという企業は、次の二つの点を銘記しなければならない。

- 慎重かつ懐疑的で相手との距離を置いた便宜上のアライアンスではなく、参加するパートナー全員の間に、たとえ当初からではないとしても究極的には、前向き、積極的かつ戦略的な絆が生まれることを目指さなければならない。
- コンソーシアムのメンバー企業とのコミュニケーションや、特に重要事項の合意において、摩擦の発生を最小限にするために、自社のビジネスシステムや用語を徐々に調整していく覚悟がなくてはならない。パートナー間の意思疎通が、常に、そして管理階層のどのレベルでもスムーズに行われることが、トライアド・コンソーシアムが長期にわたって成功を継続するための要件である。

真のトライアド・パワーを目指す

各地域でのインサイダーの地位が、完全所有子会社、あるいはジョイント・ベンチャーやコンソーシアムによるアライアンスなど、どのような方法によって得られたにせよ、真のトライアド・パワーとなった企業には共通する明確な特徴がある。

①トライアドの各地域に、経営システムが確立されている。
②企業としてのすべての機能（戦略的に意義がある場合には、本社や他の地域が補助的な支援をしていることもある）を各地域に持ち、現地の状況に完全に対応できる。
③各地域の経営陣は、現地国や各地域の顧客と競合を完全に理解している。
④各地域の事業は、たいてい海外で訓練を受けた地元出身の人材によって、継続的に運営されている。
⑤各地域では迅速かつ自律的な意思決定が行われ、しかも企業全体の動きと完全に一致している（本社は十分に報告を得ているが、現地の経営にはめったに介入しない）。
⑥たとえ困難な時期があろうとも、重要市場における持久力を強く持ち、市場の変化によってもたらされる各種の問題に対して創造的な解決策を出す能力がある。
⑦社内の、また関係各社および本社との定常的かつ積極的なコミュニケーションが、電話、直接訪問、長期的な人材交換を通じて行われている。
⑧欠点や過ちに対して、「私にはコントロールできないことだった」と言い訳をする習慣を許さない。
⑨事業運営を行う地域社会に、強力な存在感と重要性を示している。
⑩本社は、経営資源を配分する、社内外の意思疎通を円滑にする、戦略的思考能力を高める、という三つの役割を同時に果たしている。

経営資源を配分する本社の役割は、完全所有子会社の場合には自明のことである。くわえて、トライアドのインサイダーの地位を獲得するには、たとえジョイント・ベンチャーやコンソーシアムを採用したとしても、企業には、多額の資金や大勢の人材をパートナーとの共同事業に配分する用意がなくてはならない。その場合、完全所有子会社よりも経営資源は少なくて済むとはいえ、経営資源の配分をまったく行わないという目的に使ってはならない。たとえ技術提携の場合であっても、双方が人材交流や共同実験をいとわず、また「ナイス・トライ」を数多く重ねる準備がなければ、実は結ばない。

同様に、本社はまた、世界中から結果が出てくるのを座して待つのではなく、あらゆる機会をとらえて、コンソーシアムやジョイント・ベンチャーの戦略実現を促進し、円滑にする役割を果たさなければならない。最後に掲げた、本社の最も重要な役割が、戦略思考の感度を上げることである。たとえば、あなたの会社の事業がオフィス・オートメーション産業に属するものであれば、カリフォルニアか日本にいて、事業の息吹を感じていなければならない。もし、半導体メーカーであれば、アメリカのマイクロチップの巨大流通業者、ハミルトン・アブネット、あるいは日本のシリコンアイランドと呼ばれる九州を訪れ、半導体産業の鼓動を感じなくてはならない。こうした場所は、高感度地帯、つまりトレンドの変化を最初に感じ取れる場所であり、インサイダーであれば、海外にいる競合にはるかに先駆けて市場からのシグナルを拾える場所なのだ。だからこそ、トライアドから来て日本のインサイダーとなった企業は、日本のミシン・メーカーが電動タイプライターに進出した、あるいは、住友電工や古河電工といった銅線メーカーが光ファイバーの製造に進出したといった、わずかな徴候を最初に感じることができたのである。

真のトライアド・インサイダーとなった企業であれば、自社の他の地域のトライアド・パートナーに代わって、こうした高感度地帯から戦略エッセンスを抽出することができる。本社は、刺激を与えて戦略的感度を向上させる役割を果たし、トライアドの全地域とその周辺の副次的市場に、事業機会を発見し死角をなくすことによって企業の富を極大化する。つまり本社は、重要な情報を一つの地域で得たなら、他の地域で先手を打ち、競合の機会をつぶしてしまうのである。また本社が、消費者の願望の構造変化の兆しに常に注意を払うことで、新製品や新サービスを考え出すことができる。真のトライアド本社は、国内外の競合企業の油断に乗じて、ダイナミックな新しいパートナー企業を見つけ、提携するのである。

挑むべき課題と機会

これまでの最大限二億人の顧客を対象としていた戦略や組織機構の枠組みは、トライアドという六億人の人口を抱える新しくダイナミックな市場では時代遅れとなってしまった。そこでは消費者も顧客企業も、基本的ニーズにおいて同質化が加速しているからである。

ユーザーの特徴や要件の共通化が、ますます進んでいるというこの事実が、グローバル企業にとって、トライアドのすべての地域に事業を展開し、運営するにはどうすればよいのかを見つけようとする強い動機となっている。しかし、世界各地で画一的なアプローチと単一のビジネスシステムを使ったのでは、消費者であれ顧客企業であれ、一度に顧客をつかまえようとしても、とてもできるものではない。

地域により異なるビジネス慣習、それに販売・流通、人事、生産、エンジニアリングなど現地インフラの違いに加え、保護主義という政治圧力が結びついており、その結果、主要トライアド地域のそれぞれで、真のインサイダーという地位を確立することがグローバル企業には必要となっている。そしてそれに成功するには、自社の戦略、伝統的企業文化や価値観をも変えることを受け入れ、これまでとは著しく異なった化学組成と血液型を持った、まったく新しいグローバルな存在へと自己変身する必要がある。その変身した新しい存在こそが、トライアド・パワーなのだ。

【注】
(1) 現JFEホールディングス。NKKと川崎製鉄の経営統合により設立。
(2) 現山武。
(3) 現在原製作所。
(4) 現日本エア・リキード。

第6章

グローバル・アライアンス戦略

The Global Logic of Strategic Alliances

［1989年発表］

The Global Logic of Strategic Alliances

HBR, Mar.-Apr. 1989.

アライアンスの意義

国家が昔から知っていたことを、企業はやっといまになって学び始めた。それは、危険な敵でいっぱいの複雑で先の読めない世界では、一人で進まないほうが賢明だということだ。広い戦線をカバーしなくてはならない大国の伝統的な戦略行動は、自国の利害と一致する国々と共通の大義を打ち立てることである。そうすることを恥じる必要はまったくない。国家間の同盟協約、すなわちアライアンスを結ぶことは、有能な外交戦略家であれば、打ち手の一つとして必ず持っていなければならない選択肢だ。今日の競合環境では、企業経営者にもこのことが当てはまる。

しかし経営者が、真の戦略的アライアンスを試みるペースは遅々たるものだ。もちろん、合弁事業はあちらこちらで行われているし、長期の契約関係もある。だが、同盟協約を固めることとなると非常に稀である。真のアライアンスは、経済主体である企業の根本的な独立性に妥協や譲歩を強いるものであり、経営者はそのことを嫌う。経営者にとって経営とは、つまるところ全面的なコントロールを意味している。ところが、アライアンスはコントロールを共有することだ。それゆえ、二律背反の選択を迫られることになるのである。

安定した競合環境であれば、コントロールを失うことに対するアレルギーがあるからといって、不利になることはほとんどない。だが、急速に市場と産業のグローバル化が進展する変化の多い世界では、そうではない。現在の世界では、消費者の嗜好が同じ方向に集中し、テクノロジーは急速に広まり、固定費は上昇し、保護主義が高まりを見せている。

一歩進めて断言しよう。グローバル化にアライアンスは必須であり、戦略の要件である。簡単ではないことだが、これは変えようのない事実なのだ。好むと好まざるとにかかわらず、グローバル化の名の下に起こる展開によって、アライアンス、すなわち企業間の同盟協約が必要となる。それなのに、なぜこれほどにも多くの企業が、アライアンスを試みることをためらい、アライアンスが機能するために長期間かけて学習するのを嫌がるのだろうか。

嫌がりながら実行したり、早期にアライアンスを解消したりするのは、ある程度は恐怖感からきている。この恐怖感とは、アライアンスが、実は「トロイの木馬」であると将来判明し、アライアンスの相手がライバルとなって、自国市場に簡単に参入するのを許してしまうことになるのではないかというものだ。同時に、自社が海外市場に参入する場合、アライアンスは便利ですぐに実行できるとはいえ卑怯な手段である、という先入観も存在する。こうした態度が基本にあるために、経営者は些細な変化にも驚き、性急になりがちなのである。

同盟による長期的な戦略的価値を理解しない限り、先の読めないグローバル化に対応していくうえで、アライアンスが安価で楽な方法ではないと判明した時には、思い通りにいかないことから欲求不満を募らせることになる。もし、過大な期待を相手側に持つと、物事が計画通りに運ばない場合、それをすぐに相手のせいにしてしまうことになる。経営者の忍耐力のなさによって、自社の海外子会社に対するよりもはるかに厳しい対応につながる可能性が高い。

簡便さを期待してしまうと、強固な競争優位を築くことは途方もなく大変な作業だというのに、それに耐えることがまずできない。しかも、多大な海外先行投資を「しなくても済んだ」ことを忘れてしまう。そうした記憶や忍耐力を忘れ去れば、経営者の恐れる最悪の事態へと物事が急速に進展してしまうだろう。つまり、相手側が幸福と感じられず不満を募らせ、アライアンスを解消し、ライバルとして自力でこちらの市場に参入してくるのである。

アライアンスは、物事を簡便にしてくれるツールではない。グローバル環境に置かれた顧客にサービスを提供するうえで、事業の成否を決定づけるものだ。たとえば、イギリスの製薬会社であるグラクソは、事業を展開する各国に、ビジネスシステムを確立することを望んではいなかった。特に、最高水準のR&Dにコストがかかるとすれば、日本とアメリカの全病院をカバーする巨大な販売およびサービスのネットワークを築くべきか、またそれはどうすれば可能なのかの答えが見つからなかった。そこでグラクソは、日本の第一級の製薬会社をパートナーとして提携することに決め、双方の保有する最高の薬品を交換した。そして、ヨーロッパの販売ネットワーク構築に経営資源を集中させ、そこでの売上げ増を図ることにしたのである。この種の価値の創造や実現こそが、アライアンスによって可能となるものなのだ。

日米欧のトライアドで事業展開している企業のなかで、すべての顧客に、最高水準の価値を、すべて独力で常に提供できるところはほとんどない。それを可能とするには、パートナー、すなわち同盟関係の構築が必要なのである。経営者が、こうした状況を恨めしく思うこともあるだろうが、深層心理では、アライアンスの必要性を理解しているはずである。そうでないなら、理解すべきなのである。

なぜアライアンスが必要であり、それが一時の熱狂や流行ではないことを理解するには、なぜグローバル化のなかで、アライアンスが顧客指向の価値を実現するツールとして必須であるかをまず理解しなければならない。

顧客ニーズの〝カリフォルニア化〟

消費者のニーズや嗜好が一点集中型であるという最も重要で明解な事実から、まず説明しよう。国籍がどこであれ、トライアドに住む消費者は、急速に同じ情報を受け取るようになり、同じようなライフスタイル、同じような製品を求めている。トライアドの全住人が、世の中に存在する最高の製品を、可能な限り安い価格で手に入れたいと考えているのだ。言ってみれば、だれもがカリフォルニアに住み、そこで買い物をしたいと考えているのである。

経済的ナショナリズムというものは、選挙キャンペーン期間中に盛り上がり、立法府の行動や特定の利益集団の要求内容に悪影響を与えるものである。しかし、個人の一人ひとりが、現実に自分の財布を開けて何を買うのかを考えて購入というかたちで「投票」に臨む場合、つまり、トライアドのどこであれ店の中に一歩入った状況では、ナショナリズムを主張する演説や中傷、罵のことなどはすっかり忘れてしまう。あなたが〈ウォーターマン〉や〈モンブラン〉の万年筆を使い、旅行に〈ルイ・ヴィトン〉のスーツケースを持って行くのは、自国の世論のせいだろうか。もちろんそうではない。日米欧いずれの地域に住んでいようとまったく関係がない。あなたがそうしたペンやスーツケースを買うのは、その製品があなたの求める価値を満たすものだからなのだ。

買い物をしてレジで支払う時には、買った製品の原産国や自分の住んでいる国のことなど気にしないはずだ。自国の失業者数や貿易赤字のことなど思いつきもしない。製品がどこでつくられたものなのかも気にしない。〈リーボック〉〈アディダス〉などのヨーロッパのスニーカーが実は韓国や台湾で製造されていること、〈ロシニョール〉というフランスのスキーがスペインで製造されていることなど、あなたにはまったく関係ない。あなたが気にするのは、製品の品質、価格、デザイン、価値、そして消費者であるあなたにとっての魅力なのである。

これとまったく同じことが、産業用製品の顧客についても当てはまる。ＩＢＭのコンピュータや東芝のノート型パソコンの市場は、国境で分けて定義されるのではなく、どこの国の居住者であるかにも関係なく、製品に内在するユーザーにとっての魅力で決まってくる。しかも、業界誌、見本市、電子データベースが普及するにつれて、世界共通の製品情報に世界中のユーザーが定期的に接触するようになっている。

半導体チップのメーカーが、ニコンのステッパーを購入するのは、それが最高の機械だからであり、日本製だからではない。トラルファァーの産業用ロボットを各種メーカーが買うのも同じ理由からであり、それがノルウェー製であったからではない。同じことが、アメリカのデビルビス製のロボットについても言える。世界中の企業が、ＩＢＭのＭＲＰやＣＩＭシステムを使い、生産にかかる時間を短縮し、仕掛かり在庫を減らしている。また最近の生産方式に対応する必要性から、世界中の企業が日本でつくられているファナックの数値制御（ＮＣ）工作機械を使っている。事実、世界中のＮＣ工作機械市場は、この一社が支配している。ちなみに同社の日本国内シェアは七〇パーセント、世界シェアは五〇パーセントである。これは、偶然でもなければ流行の結果でもない。こうしたNC工作機械は実際に価値を生み出し、だれもがそのことを知っているからである。こうした製品の国籍は、事実上消滅したと言ってもよいだろう。

テクノロジーの拡散

今日つくられている製品があまりにも多くの重要技術に依存しているため、大半の企業では、そうした技術の全分野で最先端の水準を維持することができなくなっている。IBMのパソコンを爆発的ヒットへと導いたビジネス用表計算ソフトである〈1－2－3〉は、もちろんIBM製ではない。これは、ロータス・ディベロップメントが創出し、開発したものだ。普及しやすい価格に設定されたIBMパソコンのほとんどの部品もまた、他社から購入したものである。もしすべてを内製化する方針のままだったなら、IBMがあのように短期間でパソコンを開発することはできなかった。事実、IBMのパソコン事業が見事な業績を達成したカギは、「開発プロジェクトとは、複数の社外ベンダーを管理するプロセスである」とするアプローチを採用したことである。

ロータスがアプリケーション・ソフトを提供し、マイクロソフトがインテルのマイクロプロセッサー上で動くオペレーティング・システムを書いたのだ。もちろん、ロータス、マイクロソフト、インテルは、ＩＢＭに対しての独占販売とはしたくない。当然のことだが、こうしたベンダー企業はできるだけ幅広い顧客に自社製品を売りたいと考える。ＩＢＭが社外ベンダー群に依存せざるをえないのと同様に、各ベンダーも幅広い顧客層に販売しなくてはならないのである。必然的な結果として、テクノロジーは急速に拡散した。どの会社も、自社だけですべてのことを同時にはできない。一九三〇年代から一九四〇年代にかけてゼネラルモーターズ（ＧＭ）がやったように、すべての関連技術を社内にとどめおくことはできなくなっている。つまり、すべての重要技術を世界中の競合企業の手に渡らないようにすることは、もうだれにもできないのである。

自社の専有技術を使って他社ブランド製品を製造する（ＯＥＭ）企業でさえも、テクノロジーの拡散という事態を避けることはできない。たとえばＮＥＣが自社のメインフレーム・コンピュータ用に最先端技術によるメモリチップを開発したとすると、自社で使用する数量の五倍のチップを他の競合コンピュータ・メーカーに販売できる。そうすれば、現金が手に入り、コストが下げられ、保有技術の開発をよりいっそう洗練させるのに必要な経験が得られる。さらに、自社製品に関する正確で質の高い情報も入手できる。社内ユーザーよりも社外の顧客のほうが、厳しい評価や意見を出してくるからだ。世界で第一級のメーカーになるには、世界中の顧客に、最新にして最高の技術を提供しなくてはならないのである。

テクノロジーが、ただちにだれの手にも入るようになると、時間こそがグローバル戦略の成否を決する重要要素となる。長い間占有され続けるものなど存在しないし、一者がすべてを支配できるものでもない。かくして、グローバルに事業展開するということは、パートナーとの共同事業を意味し、そのことがさらなる技術の拡散を意味することになる。

固定費の重要性

顧客ニーズの一点集中は、容赦ない技術の拡散と相まって、経営者がどう舵を切るべきかを考えるロジックを変えてしまった。昔であれば、経営者は自社のビジネスシステムの重要部分のすべてにおいて優位性を確立し、持続可能な競争優位を構築しようとした。可能な場所には参入障壁を創り出し、できるだけ長期間市場シェアを確保して、自社独自の専門能力や再現不可能な知的資産のすべてをもって競合から隔てる高い壁を支えるのが常だった。どんな業種であれ、ゲームに勝つためのルールは、ただ競合を叩き潰せばよかった。少しでも優位性を見出せば、自社固有のスキルや知識をかなり強化することができた。そうなると、競合に対して築いてきた防護壁をさらに強化し、支えてくれるものとして活用できたのである。

ところが、グローバル化の生み出した種々の力によって、このロジックは逆転されてしまう。トライアドの顧客の価値観に根差したニーズを、すべて自力で満たすことは不可能なのだ。他社の技術やスキルを活用しなければできないうえ、自社の固有技術でさえも自社内に長期間とどめておくことはできない。優れた技術を保有することはもちろん重要だが、それだけでは市場で成功を収められる十分な保証とはならない。どこから入手した技術にせよ、顧客のニーズに合致することがカギなのだ。どのような壁を立てようと、十分な高さにはならない。いかに固くドアを閉めたところで、閉じたままではいられない。そして、どの道を選ぼうと、安く上げることはできないのである。

グローバル市場で戦うには、莫大な固定費を負うか、ともかく支払う方法を見つけ出さなければならない。もはや変動費によるゲームなどしている場合ではない。固定費の償却に力を貸してくれるパートナーを見つけ、固定費を回収するための最善策を練るのに協力してもらわなければならない。

この教訓を証明する例は数多くある。オートメーションによって生産に占める労働比率はきわめて低くなり、製造は急速に固定費で構成される活動となってしまった。そして、画期的なアイデアを開発し、市場に販売できる具体的な製品にするコストが急上昇したために、R&Dもまた固定費となってしまった。たとえば製薬業界で、有効な新薬の開発に五〇〇〇万ドル以上かかるということは、R&Dがもはや変動費によるゲームだとは言えないことを示している。しかも、自社の主要市場では販売を行っていない他の製薬会社から、新薬をライセンシングによって、つまり変動費として入手することに頼るわけにもいかない。それには、自社で開発し、特許を保有する薬を交換条件として提供しなくてはならないからだ。

グローバル化に伴い、自社が属する業界の主要企業はすべて、競合企業になっているか、あるいはもうすぐなるはずだ。そうした競合企業（あるいは自社）が、特定の技術を共有したがるかどうかは、事前には判断できない。パートナーは必要なのだが、同時に自社の社員と研究所も必要である。これもまた固定費なのだ。

ブランドの構築と維持でもまた、固定費化が見られる。多くの製品に関して、ブランドの認知がある一定水準より下がってしまうと、ブランド名には何の価値もなくなってしまう。たとえば、ある会社がコピー機を買おうとした場合、担当者は自分のよく知るブランドの上から順に二、三のメーカーに電話をかけるはずだ。あなたの会社がその二、三社のなかに入っていなければ、そもそも売り込む機会さえ得られない。顧客によく知ってもらうには、そのポジションを維持していなければならない。そして、それを保つには、相応の負担が必要である。

あなたの会社の製品が、消費者からの強力な支持、すなわち「プル」によって売れるのであれば、ブランド・プロモーションのコストを節約するのは無意味である。少しばかりの節約をしたところで、「プル」から得られる利益を実現するには不十分だからだ。中途半端な投資と認知では、ノーブランドよりも始末が悪い。製品の種類によっては、ブランド認知の向上に費やすコストを販売部隊のコミッション改善に使うほうがましかもしれない。製品の販売・宣伝という「プッシュ」の力を発揮するからである。もしブランド品の競争に加わりたいのであれば、そのための固定費の水準を、競合他社が追随しにくい金額に引き上げなくてはならない。

過去一〇年間に、販売ならびに流通ネットワークに関しても、固定費化が進むという類似の動きが起こっている。たしかに、販売量に応じたマージンを卸売業者に支払うという変動費ゲームを試みるのも一考だ。だが、それには自社の販売部隊が教育訓練やマニュアルなどの支援をしなくてはならない。そして、こうしたものもすべてが固定費なのである。

これらコストの一部は、自力で変動費化することが可能である。たとえば、生産を開発途上国に移し、低コストの労働力を求めることもできるのだが、昨今ではこの方法ではあまり大きな効果を期待できない。以前であれば、自社のコンピュータ・システムや経営情報システムを、タイム・シェアリングに移行することで変動費化が可能であった。しかし、その経験から学んだことは、自社固有のニーズを満たし、競争優位を確保できるような自社専用システムが欲しいとなると、タイム・シェアリングを使うことはできないということだ。したがって今日では、自前のＩＴシステムもまた、固定費なのである。

もちろん長期的に考えれば、こうした固定費はすべて、投資水準（資本支出）の調整を通じて変動費化される。だが、短期的には固定費であることに変わりはない。そして、限界利益を確保し固定費の回収水準を引き上げる必要性から、一つの明確な方向が導かれる。すなわち、アライアンスによって、パートナーと固定費の負担を分け合うのである。

このことは、ほんの一五年いや一〇年前の競合の世界からすれば、根本的な変化である。したがって、そこには経営行動を考えるうえで、まったく新しいロジックが要求されるのだ。変動費中心の環境では、経営者の主眼は、原材料費、賃金、労働時間を減らして利益を上げることであった。しかし、固定費中心の環境では、固定費の回収に当てられる限界利益を最大化することに主眼を移さなければならない。つまり、売上げを拡大するのである。

この新しいロジックによって経営者は、これまでよりもはるかに大きい市場規模をカバーして、固定費が回収されるよう強いられる。ということは、グローバル化に駆り立てられる度合いがいっそう強まるということだ。そして、経営者は戦略の見直しを迫られる。こうした固定費項目の数々を回収するため、限界利益を最大化する方法を探し求めるようになるからである。さらに、このロジックによって、限界利益を基本とするグローバル戦略を可能にすると同時に、その環境を整えてくれる同盟構築、すなわちアライアンスが絶対要件となるのである。

現実的には、もし自社の海外販売部隊に投資する必要がなければ投資するな、という意味である。もしあなたがアメリカで製薬会社を経営していて、日本で売れそうなよい薬を持っているのに日本に販売チャネルがない場合、やはりよい薬を持っているのにあなたの国に販売チャネルがないという日本の製薬会社を探せばよい。そうすれば、あなたの会社の固定費である販売チャネルを通じて、二つのよい薬を売ることができて二倍の利益を上げられる。これは、その新しい日本のパートナーについても同様である。こうすれば、巨額の費用を二重に投資する必要もないし、競合と接近戦をする必要もない。パートナー同士が協力し合い、お互いの固定費に対する限界利益を最大化できるのだ。

　固定費の回収に貢献する限界利益を最大化することは、自然にできることではない。伝統や誇りが邪魔をして、企業は何においても自社がベストとなりたがり、しかも自社だけでそれを達成したがるものだ。しかし、そうした孤高の姿勢をとっている余裕はもうない。工作機械市場の例を考察してみよう。ドイツのある工作機械メーカーが、注文仕様のセグメントで明らかに優れているなら、高度の自動化を果たした森精機製作所や山崎鉄工所といった日本のメーカーは、なぜこうした注文仕様セグメントに同じく取り組まないのだろう。ドイツのメーカーと提携し、このセグメントの世界市場を席巻させればよいではないか。自社のほうがうまく、あるいはもっと安くつくれる共通部品があれば、それをドイツのメーカーに供給すればよい。双方の製品とビジネスシステムを分解して細かく見直し、顧客には最大の価値を届けながら、両社の固定費に対する限界利益を最大化できるようなアライアンスを組み立ててはどうだろう。

　なぜ、こういうことしないのだろうか。それは、会社第一主義《カンパニーイズム》が邪魔をするからだ。また、競合に注目した戦略アプローチも一因である。事業のグローバル化に何が必要なのか、アライアンスが固定費にどのような貢献をするかが理解されていないことも原因だ。経営者たるもの、こうした障害に打ち勝たなくてはならない。しかも、偶然を待っていたのでは、打ち勝つことはできないのである。

株式所有の危険性

グローバル・アライアンスだけが、固定費への限界利益を急激に伸ばすうえで唯一有効なメカニズムなのではない。強力なブランドがあれば、扱う新製品を追加して、いつでもその傘下に入れることができる。また、日本とヨーロッパに非常にコストのかかる流通システムをすでに築いているのなら、これまでよりもいっそう注意して管理することもできる。くわえて、外国企業を買収するという可能性も常に存在する。しかしながら、経験から言えば、経営者は真剣に、しかも早期に、アライアンスを検討しなければならない。不完全な選択肢しか存在しない現実の世界では、アライアンスこそが最も速い、リスクが最も少ない、しかも利益が最も高いグローバル化への道であることが多い。

自社だけでブランドを拡張し、流通システムを築くことは可能だ。十分な時間と金と運があれば、何でも自社だけでできるだろう。だが、この三つは常に足りないものである。特に、あなたにはまず時間が不足しており、トライアドで一つずつ新しい市場地位を確立していく余裕はない。階段状に滝が落ちていくような「カスケード型」モデルによる海外展開はもはや有効ではない。今日、競合他社に地位を確立させたくないのであれば、世界中の主要市場に同時に参入していなければならない。グローバル化は待ってくれない。アライアンスは必要なツールであり、それもいますぐに必要なのだ。ただし、それは旧来の伝統的なものであってはならない。

過去、国際的な事業拡大には、自社のみで進出するか、他社を買収するか、合弁企業をつくるかが共通のアプローチであった。現在、後二者のアプローチには、株式保有に関連した懸念がついて回るようになった。資本主義の古典的なツールである株式が絡んでくると、企業支配や投資収益率の心配をしなくてはならない。投資した資金を早く回収したい、あるいは手元の株式からの配当が欲しいという圧力が存在するからだ。

これは条件反射である。アナリストたちは、経営者に期待する。ビジネス紙誌、他の同僚役員たち、それに株主にしてもそうだ。売上げの改善や長期戦略のもたらす利益について経営者が語る時には、この人たちは穏やかにうなずいてくれる。だが、みんなが本当に欲しがっているのは、投資収益率のグラフがいますぐ過去最高水準を更新することなのだ。

配当が自分のポケットに入るのは嬉しい、ということにだれも反論しない。もちろん、みんな嬉しいのである。だが、みんなのポケットに配当を入れなければならないという圧力が、経営者の当初の目標を台無しにするかもしれない。固定費に対する限界利益を最大化し、グローバル市場で成功裡に競争力を発揮することが目標に含まれている場合、特にそうである。

また、全体をコントロールできれば成功の可能性が高まる、という間違った通俗概念を、経営者は克服しなければならない。長年にわたり合弁事業をうまく運営してきた多くの企業が、文字通り株式と契約によってその事業の買収に移行するやいなや、事態が急変することがよくある。当然、細部は個別のケースによって異なるものの、混乱や失望へと地すべりを起こしていくプロセスは、ここに挙げるある化学会社の多国籍合弁事業を解体させるに至ったような典型的な議論と共に始まるのが常である。

新たな親会社　「君たちは意思決定の期限を守ったことがない」
旧パートナー　「意思決定が早ければよいというものではないでしょう。全員の意見が一致することが重要なのです」
新たな親会社　「それなら、卸売業者たちには、当社製品は世界最高だと言えばいい。くわえて、この国以外では世界中でよく売れていることも忘れずに伝えてくれたまえ」
旧パートナー　「でも、卸売業者たちは、あなたの会社の製品はまずまずの出来で、絶賛するほどのものではないと不満を言っているのです。もっと悪いことに、製品は地元顧客のニーズに合わせて改造されていないし、顧客の美的感覚にも合わないのです」
新たな親会社　「ばかばかしい。世界中のどこでも、客が買うのは製品の物理的性能だ。性能ではうちの製品にかなうものはない」
旧パートナー　「多分そうなのでしょう。でも、卸売業者からの報告では、あなたの会社の製品はパッケージが雑で、表面に傷がついていることが多いと苦情が寄せられています」
新たな親会社　「でもそれは、性能には何の影響もない」
旧パートナー　「それなら、そのことを卸売業者に話していただきたい。卸売業者には、あなたの言う性能の差などわかりません。そもそも、性能では売り込めないと言っています。だから卸売業者はパッケージの美しさに頼らざるをえないわけですし、その点であなたの製品は弱いのです。だから、価格を下げなくてはいけないのです」
新たな親会社　「冗談じゃない。当社は、ライバルより少なくとも五パーセントは高い価格設定なのに欧米で成功したのだ。もし、日本で当社の製品が売れないなら、それはあなたのせいだ。当社製品に対して懐疑的のようだが、あなたたちは努力も知識も足りない。それが売れない理由じゃないのかね。それに、あなたの親会社は、合弁事業グループに威張りちらす年寄りの無能な連中を管理職として送り込み続けているぞ。優秀な人間はたまにしか出向させない。本音のところは、我々の関係を完全に断ち切って、当社製品の模倣品を自分たちでつくるつもりじゃないのかね」

旧パートナー「そうですか。もし、そのようにお考えなら、合弁を続ける意味はなさそうですね」

新たな親会社「あなたのほうから言い出していただいてよかったですよ。そちらの合弁企業の五〇パーセントの株式を買い取り、当社自身で経営することにしましょう」

旧パートナー「ではご幸運を。ところで、『威張りちらす無能な年寄り連中』を合弁企業から引き上げてしまったら、おたくの会社には日本語が話せる管理職が何人いるのですか」

新たな親会社「一人もいませんよ。でもご心配なく。ヘッドハンターに頼んで、猛スピードで採用を始めますから」

これでは大失敗するのを待つようなものだ。いや、大失敗に突き進んでいるようなものだ。しかし、合弁事業がうまくいっていた時には、パートナー双方、そして特に中間管理職たちが、この設定で事業がうまくいくように最大限の努力をしていたのである。一〇〇パーセント支配という暗雲が立ち込めると、すべてが変わってしまったのだ。企業の株式を買うことはできるが、社員の心、やる気や熱意を買うことはできない。また、代わりの人材も簡単に雇えるものではない。異なる経営環境の国では、カギとなるプロフェッショナル・サービス、たとえば経営コンサルタントや法律サービスなどが、簡単に利用できるかどうかには大きな差がある。

教訓を学ぶことには痛みを伴うが、避けられないものだ。支配権を持つことは、必ずしもよりよい経営に結びつくとは限らない。事実、支配は最後のよりどころでしかない。他のことをすべて試みてうまくいかなかった場合に、社員や管理職の士気が削がれることも覚悟のうえで選ぶべき最後の手段なのだ。

完全に支配したいという欲求の根は深い。その背景には、欧米資本主義の伝統が存在している。この伝統によると、五一パーセントは一〇〇パーセントと同じであり、四九パーセントはゼロと同じだとする非常に危険で間違った概念が、長年、経営者に教え込まれてきた。もちろん、たしかに五一パーセントの株式を保有してしまえば、法的には完全な支配権を買うことができる。だが、それで得られるのは、海外市場で行われるさまざまな活動のコントロールである。マンハッタン、東京あるいはフランクフルトにある赤絨毯のオフィスに座っているままでは、現地の顧客のニーズから離れすぎており、海外現地市場の実態についてはほとんど知りえない。

欧米企業が日本に進出する場合、どの企業も五一パーセントの株式を保有したがる。これは、人事やブランド関連の意思決定、投資決定の支配ができる過半数保有株主という立場を確保する魔法の数字である。だが、パートナー同士の良好な関係は、よい結婚と同様に所有権や支配権に基づいてなされるものではない。それぞれが望んでいるさまざまな利益を実現するには、努力と決意と熱意を双方が傾けることが必要なのである。成功するパートナー関係を得ることは、夫や妻を得るよりも難しい。

やがてパートナー相互の関係が深まり、お互いの信頼と自信が築かれると、別々の企業であることの意味がないという時期が来るかもしれない。戦略、価値観、企業文化などのすべてがしっくりとなじみ、双方がパートナー同士の組み合わせを最終段階に運びたいと考えるようになるかもしれない。たとえば、ヒューレット・パッカード（ＨＰ）は、横河電機との五一対四九パーセント保有の合弁企業という形態で一九六三年に初めて日本に進出し、横河ヒューレット・パッカードを設立した。二〇年を経て十分な信頼感が築かれたため、一九八三年になり横河電機がさらに二六パーセントの保有株式をＨＰに与えたのである。ここで強調したい点は、ＨＰが大半の株式を保有するまでに、二〇年もかかったということである。支配することが目的であったことは一度もなかった。この期間を通じての目的は単純なものであり、どうすれば日本で真のインサイダーとして運営ができるかを学び、それによって公平に事を運び、顧客によりよいサービスを提供することにあった。その結果、ＨＰは、売上高七億五〇〇〇万ドル、税引後純利益六・六パーセントという日本企業の七五パーセントの株式を保有している。[注1]

しかし、株式による支配を強調すると、とたんに関係はまずくなる。固定費に対する限界利益を互いに享受することを忘れて、次のような傲慢な発言を片方の企業がしがちである。「おい、私はこの会社の株の大半を持っているのだぞ。私の望む水準の配当も出してないのだから、ぐずぐずしないで、うちの製品を売ってこい。でもそっちの製品はこっちでは売らないぞ。お前が私の部下であることを忘れるなよ」。

この種の態度が、企業間の良好な関係づくりの妨げとなる。しかし、グローバル環境で成功を導くうえで、コミュニケーション・スキルは必ず身につけなければならない経営スキルの一つである。インターナショナル・コンピュータ（ＩＣＬ）の会長であるピーター・Ｌ・ボンフィールドは、プラスチック製の名刺入れをつくらせ、自社のメインフレーム・コンピュータ販売の日本におけるパートナーである富士通ならびに関係各社の全社員にこの名刺入れを持たせている。名刺入れの表側は普通だが、裏側にはコラボレーションをうまく進めるために「やるべきこと」のリストが書かれている（章末「ＩＣＬ

の掟——コラボレーションを成功に導くために」を参照)。これには、株式の五一パーセント保有のことや支配を確立することなどは一言も書かれていない。

株式保有自体は、良好なアライアンスを築くうえで問題になるものではない。日本には、「系列」と呼ばれるグループ企業が数多くあり、相手側の経営権を脅かすことなく、パートナー同士が互いの経営に関心を持ち続けることができるように、株式の三~五パーセントをそれぞれ保有する。経営支配には程遠いが、これによって株式保有をする会社が、保有される会社を子会社のように扱うことが避けられる。低比率の株式を持つというのも、一つの方法かもしれない。

合弁事業の運営には二つの障害が存在する。第一に、契約の存在である。契約に反映されるのは、企業間で調印が行われる時点でのコストや市場、技術といった取り決めでしかない。ところが時が経てば必ず変化が起こり、パートナー同士は真剣に調整を図ろうとはしないものだ。双方が契約を読み直し、相手を非難することになってしまう。結局のところ、経営者も人間なのである。自分の所有する企業には甘く、自分たちの過ちには寛大なのに、パートナーが過ちの原因となると、この寛大さが影を潜めてしまう。

合弁事業に関する二番目の問題は、双方の親会社が普通の家庭の親がするように、制約を課そうと振る舞うことだ。子どもたちが成長するのに必要な、自由に動ける場所や時間を与えないのである。親はまた、子どもたちが活動の場を広げようとすると、寛大な対応をしない。特に親が自分たちの領域としておきたいところに子どもが手を広げようとすると、厳しく叱る。「そこには手を出すな」というのが、親から子どもへのメッセージなのだが、これでは自分の子どもに限らずだれでもやる気をなくしてしまう。

だからといって、合弁事業は失敗すると言っているのではない。成功する合弁企業もたくさんある。たとえば、ランク・ゼロックスと富士フイルムが五〇対五〇の出資比率で設立した富士ゼロックスは、三〇億ドルの売上高を誇り収益性も高く、優秀な人材からの人気も高い。さらに重要なのは、親会社二社が高い関心を持っているからだとはいえ、デジタル・イメージング技術のような新分野にさえも積極的に参入できるような独自経営の自由度が富士ゼロックスにはあることだ。富士ゼロックスの社長は、富士フイルム創業者の息子である小林陽太郎氏であり、一九八九年時点でゼロックス本社の取締役会の一員である。そして、お膝元のアメリカ市場では日本の複写機メーカーが中小型機のセグメントに参入し、ゼロックスの牙城を攻撃した時、ゼロックスは富士ゼロックスのノウハウを活用することで対抗することができた。[注2]

概して親会社は、合弁企業自身が抱く野望に対して、それほど大きな許容度を示さない。最初の子どもが犠牲を強いられるというやり方よりも、もっとよいグローバル化への道があるはずだ。そして、たしかにそのような道は存在する。

グローバル化は、親会社同士が協力し合ってやるべきものだ。固定費の問題に対応し、アライアンスを通じて行うのである。このやり方は実利を生んでくれる。日産はフォルクスワーゲンの車を日本で販売し、フォルクスワーゲンはヨーロッパで日産の四輪駆動車を販売している。マツダとフォードは、トライアド市場で、さまざまなモデルを交換し販売している。GMとトヨタは、アメリカとオーストラリアで、互いに協力し合うと同時に競合している。コンチネンタルタイヤ、ゼネラルタイヤ（一九八九年時点ではコンチネンタルが保有）、横浜ゴム、それに東洋ゴムは、R&Dを共同で行い相互に生産委託もしている。たとえばアメリカでは、ゼネラルタイヤが横浜ゴムと東洋ゴムに代わって、アメリカで生産する日本車メーカーにタイヤを供給し、日本では横浜ゴムと東洋ゴムが、ゼネラルとコンチネンタルに代わって、日本の自動車メーカーにタイヤを供給している。こうしたケースでは、株式の保有はまったく行われていない。

他の業界とは異なり、Ｒ＆Ｄと販売・流通の固定費が高い製薬業界では、各製薬会社は自社開発の薬品を主要海外市場で販売する際、優れた流通システムを持つ（潜在的）競争相手と提携するケースがよくある。アメリカでは、マリオン・ラボラトリーズが田辺製薬[注3]の〈ヘルベッサー〉と中外製薬[注3]の〈アルサルミン〉を、メルクが山之内製薬[注3]の〈ガスター〉を、イーライリリーが藤沢薬品[注3]の〈セファメジン〉を販売している。日本では、塩野義製薬がイーライリリーの〈セクロール〉を〈ケフラル〉の商品名で販売している（一九八八年の売上げは七〇〇〇万ドル）。また、三共[注3]がスクイブの〈カポテン〉を、武田薬品がバイエル薬品の〈アダラット〉を、藤沢薬品がスミスクラインの〈タガメット〉を販売している。こうした薬品の日本における昨年の売上げは、それぞれ三〇〇〇万ドル台に上っている。

薬品流通は、労働集約的であり人間関係の形成が重要なプロセスである。日本の医薬品業界で、何らかの実質的な効果を発揮するには、一〇〇〇人以上のＭＲ（医薬情報担当者）で構成される販売部隊が必要だ。したがって、これから日本に進出しようという海外製薬会社は、そうした固定費のかかる販売部隊を築き上げるという決意がない限り、すでにそうした販売部隊があり、トライアドのどこかと交換可能な医薬品を保有している日本の製薬会社と協力することが得策なのである。

典型的な「アメリカ対日本」という政治的図式で語られがちだが、半導体業界は数多くの形態のアライアンスを創出している。ほとんどの半導体メーカーはＲ＆Ｄに人手不足であり、積極的な相互ライセンス供与を行っている。また、異なる力が働いた結果ではあるが、原子炉建設業界でも、ＧＥ、東芝、日立製作所、ＡＳＥＡ、ＡＭＵ、ＫＷＵ（シーメンスの子会社）の六社が一九七〇年代後半、沸騰水型の改良型原子炉の共同開発に合意している。この共同開発プロジェクトでは、各社は上流のＲ＆Ｄではグローバル規模で共同研究開発を行うが、下流の原子炉建設や現地顧客との関係確立は個別に行うことになっていた。一九八〇年代に、上記参加企業の最初の三社（コアメンバー）がＲ＆Ｄの共同研究開発を続けた結果、先進的な加熱水型原子炉の概念を開発したのである。今回、東京電力など数社からの受注については、コアメンバー間で三分の一ずつ分担することとなった。信頼が築かれるにつれて、共同参加の行われる業務の範囲が、ビジネスシステム全体へと拡大される可能性がある。

建設機械メーカーである日立建機は、北米では世界最大の農機メーカーのディアと、ヨーロッパではフィアット・アリスと、油圧掘削機分野で販売委託という緩やかなアライアンスを結んでいる。日立建機の製品ラインの幅が狭く、自前で販売ネットワークをトライアド全体に築くことは割に合わないため、すでに現地に販売ネットワークを築き、しかも日立建機にはないブルドーザーやホイール・ローダーといった製品ラインを持っているパートナーと提携することにしたのである。こうした提携が非常にうまくいったため、パートナー同士で新しいホイール・ローダーを共同開発することが合意されている。

寡占状態の板ガラス製造業界では、ＰＰＧインダストリーズと旭硝子のアライアンスという特筆すべき事例が存在する。このアライアンスは、日本で塩化ビニールを製造する合弁事業として一九六六年に始まった。一九八五年になりこの二社は、アメリカでの製造に進出する日本の自動車メーカーからの受注を獲得しようとの意図で、自動車用ガラス製造工場を合弁で設立した。一九八八年、両社は同様の目的で第二工場を建設し、現地資本と三菱商事の資本参加を得て、インドネシアに塩素と苛性ソーダ製造の合弁事業を立ち上げた。しかしながら、このアライアンスを継続しつつ、板ガラス事業では熾烈なグローバル競争を続けている。

長期関係の例は、一九六二年、日本製靴がアメリカのブラウン製靴の〈リーガル〉の技術を導入し、日本での製造を始めたことに見て取れる。〈リーガル〉が日本の革製品市場に参入するにあたって、これが最も効果的な方法であることが証明された。さもなければ日本進出は、社会的な理由（歴史的に皮革製造加工業者には、特権が与えられ保護されている）と日本市場で求められるスキルとの不一致という理由（たとえば、アメリカの〈リーガル〉が保有する小売チェーンの管理技術は、地価が非常に高い日本の環境では、小売店の保有自体が高コストで採算が合わない）から不可能に近かったからである。

さらに多くの事例が存在するが、パターンは共通しており明白である。つまり、慎重で株式保有に依存しない企業間の協力関係を築けば、グローバル企業は、自社の固定費に対する限界利益を最大化することが可能なのだ。この点に関して、驚くべき点は何もない。こうしたアライアンスは、企業戦略を考え直すうえで重要な構成要素となるのである。

協力関係のロジック

アライアンスを機能させるためには、投資収益率から売上利益率へと焦点を切り替えることが必要である。売上利益率指向ということは、アライアンスによってもたらされる継続的な利益に関心を向けることであり、当初の投資からの健全な収益が回収されるのをただ座して待っていてはだめなのだ。事実、株式持ち分という言葉には、一社が金で別の会社の支配を試みるという意味合いが常につきまといがちだ。ところが、支配によって成功することはまずない。事業の成功は、ほとんどの場合、やる気、進取の気象、顧客との関係、創造性、粘り、それに価値観やスキルといった、組織の「よりソフトな」側面に注意を払うことによってもたらされたものである。

アライアンスは、結婚に非常によく似ている。まず契約書が存在しない場合が多いし、また株式の購入、販売といった取引も存在しない。厳密にパートナー同士を縛る条項も、あったとしてもごくわずかな例にすぎない。アライアンスとは、緩やかに進化していく関係なのだ。もちろん、ガイドラインや相互の期待は存在する。しかし、当初の約束だからといって、パートナー双方が厳密に計算した見返りを期待しているわけではない。それぞれ単独でやるよりも、共同で行うほうが強くなるという固い信頼を双方がアライアンスにもたらすのである。相手にはない独自のスキルと機能分野での高い能力を自分が持っているとどちらもが考えているからこそ、アライアンスを成功に導くには、双方が時間をかけて勤勉に努力しなくてはならない。

パートナーの一方に力がなかったり、怠惰であったり、あるいは両者が力を合わせれば何が可能になるのかを探そうと努力しない場合には、物事はバラバラになり分解してしまう。どちらかが一方的に主張して強引に押し切り、また、努力や注意という点で両者の間にバランスが欠けていても、関係はだめになる。もし、妻が働いて家計を支え、家事と育児もしているとすれば、この妻が反乱を起こすのは時間の問題だ。もし夫が同じ立場に置かれたなら、夫も反乱を起こすだろう。パートナーの一方が、不公平や不平等を感じ始めたなら、それが分裂の始まりである。アライアンスとはそういうものなのだ。パートナー同士が努力し働いてこそ、初めて成功する。しかも、これは大変な重労働なのだ。

疑いが生まれ始めるのは、いとも簡単である。イギリスのあるウイスキー会社は、輸入販売会社を使って日本で販売をしてきたのだが、自社で販売事業が始められるだけの経験を積んだと判断すると、その関係を切ってしまった。日本の複写機メーカーや自動車メーカーも、アメリカで同じことをパートナーにしてきた。これは現実に起こることなのだ。パートナーのどちらかが、長い目で見れば勝ち目がまったくないという危険性は常に存在している。

しかし、関係が長期に続く確率のほうがずっと高い。自前の流通チャネル、物流、製造、販売、R&Dを主要なグローバル市場で確立するには、巨額のコスト、それにリスクを伴うからである。また、自社のスタッフにスキルを身につけさせ、販売業者や顧客との良好な関係を築くには時間がかかるからである。十中八九、アライアンスを続けようとあなたは考えるに違いない。

イギリス系商社のインチケープは、アジア地域に強固な事業基盤を持ち、中国、香港、シンガポールなど太平洋地域の各国と、ヨーロッパの数カ国でトヨタの自動車を販売している。インチケープはまた、リコーのコピー機を香港とタイで販売している。この設定は、日本のメーカーにとって有利なものである。流通チャネルを設けなくても、世界中のいろいろな場所に販売ができるからだ。一方、インチケープにとってもこれは有利な設定だ。アジアにおけるイギリスの伝統的なコネクションを利用して、衰退するイギリス由来の魅力に欠ける商品に代えて、グローバルに競争力のある新しい商品で、自社の持つ流通ネットワークを埋めることができるからだ。

だが現実には、企業は疑念を持ち始めるのである。あなたがメーカーで、日本のパートナーとのアライアンスを最近始めたと想定してみよう。それほど大きな投資はしていないが、日本での販売のおかげで、自国の生産量も大きく増えている。しかし、日本での販売から得られた実際のキャッシュフローはそれほど好調ではない。そこで、自社の実績と競合他社のそれとを比較してみることにした。この競合は、独力で日本進出を果たしている。この場合、競合が現在の結果を得るまでに、どれだけの血と汗と涙を流してきたのかに比べて、あなたは自身がほとんど何の努力もしなかったという事実をすっかり忘れているに違いない。あなたが見ているのは、結果の数字だけなのである。

突然、あなたは自分がだまされているのではないかと思い始める。面倒に感じたことやいらだったことなど細かい出来事を一つひとつ思い出したからだ。そして、固定費のことなどすっかり忘れてしまい、その代わりに得られたはずの収入が得られなかったことを嘆く。比べようのないものを比べたいという誘惑に負けてしまうのである。そして、本当にどれだけアライアンスが自分のためになっているのだろうと問いかけるのだ。

これは、結婚カウンセラーのところに行って、結婚がもたらしたさまざまな不便さや不満を話すようなものだ。不満なのは、もし結婚していなければ、だれとでも好きな人とデートできていたことなのだ。その時、自分が失ったと思い込んでいるもののことばかりを考え、結婚によってもたらされた多くの利益のことなどすっかり忘れてしまっている。これは、心理的なプロセスである。アライアンスのパートナーとなった企業にしても、この種の破壊的思考パターンに陥り、調整のわずらわしさや、協力してやらなければならないことの多さ、それに自由に動けないことへの不満を言う。そして、得られた利便性や利益のことは忘れてしまうのだ。

しかも、たいていの経理システムや管理システムは役に立たず、かえって事態を悪くしてしまう。たとえば、本社のＣＥＯは、日本で自社製品の輸入販売事業を自前で行っているとするなら、どの資料を見れば日本事業の正確な業績を測る数字が見つけられるのかを熟知しているはずだ。損益計算書はお手のものだし、投下資本収益率も簡単に計算でき、子会社と本社の業績連結の方法も知っている。

ところが、日本での輸入販売事業がパートナーによって運営されていて、日本事業の業績を見る場合、R&D、製造、ブランド・イメージに費やされる固定費に対する限界利益が、本国で得られていることをすっかり忘れてしまう。財務諸表では限界利益に焦点を当てないからである。それどころか通常は、限界利益の数字すら把握されない。限界利益は、OEMによる追加生産量と同じように単純には目に見えず視野の外にある。

特にアメリカ企業の場合、本国事業が圧倒的に大きいことが多い。その結果、海外パートナーの製品をアメリカで販売して得られた売上げも、自社の国内売上げとして計上して財務諸表に記録する。事実、自分たちは、輸入ではなく調達管理をしているのだと考えている。同様に輸出も、国内事業部の海外販売として記録されている。どちらの場合であっても、海外パートナーの貢献は、アメリカ流会計システムで使われる項目区分のなかに埋もれてしまうのである。

グローバル・アライアンスが国内にもたらしてくれる便益を追いかけ判別するには、真に献身的な努力をしなければならない。だが、欠点を並べ立て不平不満を話すことに時間を使っていると、便益を探そうとさえしなくなる。かくして、アライアンスの関係は長く続かなくなってしまう。もしアライアンスが、何か価値のあるものとして本当に貢献してくれるなら、実に残念なことである。しかしながら、アライアンスが価値のあるものだとしても、あなたの会社が成長を遂げ、アライアンスが重荷になる、ということはありうる。ニーズは変化するものであり、今日のパートナーが明日もベスト・パートナーであるとは限らない。

金融機関は、こうして組む相手をいつでも変えている。もし、大規模な証券発行を考えているなら、豊富な資金を持つスイスの銀行の一つと提携する必要があるかもしれない。もし、個人投資家に証券を販売するのに助けが必要であれば、メリル・リンチかシアーソン・リーマン・ハットンに依頼するかもしれない。日本であれば、規模と個人投資家への販売力を考え、野村證券がベスト・パートナーかもしれない。自分の弱点を補完してくれるパートナーを見つけることが可能である限り、すべてにおいて高い能力を自分で持つ必要はないのである。

製造業の場合には、複数のパートナーとの関係をうまくやっていくのは、もう少し難しくなるが、それでも実行は可能である。たとえば、アメリカ企業であるＩＢＭは、いくつかの重要なアライアンスを並行して実施している。日本では、可能な相手とはほとんどだれとでもチームを組んでいる状況だ（宮本倫行著『日本ＩＢＭアライアンス戦略』講談社を参照）。日本ＩＢＭは、ローエンドの小型コンピュータの流通・販売ではリコーと、システム・インテグレーション事業では新日鐵と、財務システムのマーケティングでは富士銀行[注4]と、ＣＩＭではオムロンと、そしてネットワーク事業ではＮＴＴと提携している。これは何もＩＢＭが何でも屋だからというわけではない。巨額の固定費投資をしなかっただけなのである。しかし、日本人の目から見れば、ＩＢＭはオールラウンド・プレーヤーとなったのである。なるほど、ＩＢＭがきわめて競争の厳しい日本市場で巨大なインサイダーとなり、多額の売上げ（一九八八年で七〇億ドル）と利益（同一二億ドル）を達成しているのもうなずけることだ。

個別のパートナーとの関係は、たしかに永続的ではないかもしれない。ビジネス上のどのような関係でも、有効性には寿命があるものだ。しかし、アライアンスという手法で日本での地位を維持するには、永続的な努力が必要であり、それがＩＢＭの戦略の変わらない部分なのである。そして、現在の関係が永続的なものであるという前提で行動することが役立つ。まさに、結婚と同じである。新婚二日目に浮気すれば、すべてが不安定になってしまう。

では、なぜ浮気が始まるのだろう。実はアライアンスの契約書にサインをして、「うちの製品を販売してくれるA社とは、これで契約完了だ。彼らが約束通り売上金を定期的に送ってくれる限り、もうこの契約のことは何も心配しなくて済むぞ」と自分自身に言い聞かせた時から、あなたは滑りやすい坂道をすでにかなりころがり落ちてきている。関係を構成する責任の半分はあなたのものなのに、それをまるで果たそうともしていないし、何の努力もしようとしていない。

さらなる問題は、その経験と時間からあなたが何も学ぼうとしていないことである。パートナーとして成長し、よりよいパートナーになろうとしていない。あなたは、ただ小切手を現金に換えるだけであり、いわば広告についてくる割引券を切り取っているだけだ。こうなると、あらゆる種類の不平不満を頭に描き始めてしまう。そして、あなたの目は、落ち着きなくきょろきょろとし始めるのである。

日本における最もみごとな成功談の一つが、セブン－イレブン・ジャパンである。ただし、この成功はアメリカの事業オーナーであるサウスランドの努力によるものではなく、むしろ日本側のライセンシーであったイトーヨーカ堂が真面目にノウハウを身につけた結果である。[注5]企業買収されそうな脅威に直面した結果、サウスランドの経営陣は、資産売却とジャンク・ボンドの発行により約五〇億ドルを手にした。だが、レバレッジド・バイアウトで借り入れた資金の支払金利が高額であったために、サウスランドは一九八七年に六〇〇万ドルの赤字を出した。一方、日本のパートナーは、コンビニエンス・ストアの〈セブン－イレブン〉を運営するノウハウをその時までに完璧に身につけたため、サウスランドの日本における唯一の「遺産」は、〈セブン－イレブン〉というブランドだけであった。

サウスランドの経営陣が、〈セブン－イレブン〉のブランド名を五億ドルで売却したいと申し入れたところ、イトーヨーカ堂側から、逆提案が出された。年間ロイヤルティ二万五〇〇万ドルの代わりにブランド名を担保にして、四一〇億円を無利子でサウスランドに貸し付けるというのだ。もしサウスランドに借入金の返済ができない場合には、ブランド名と日本の関係会社持ち分を完全に失うことになる。サウスランドの答えはイエスで、ありふれたノウハウと交換に五億ドルもの金を日本から受け取ったのである。

サウスランド経営陣は、ユーコン川で砂金を発見した鉱山師のように喜んだに違いない。だが、日本と事業運営の接点を失うということは、世界で最も儲かる小売市場の一つである日本から、ほぼ永久に退出してしまうことを意味している。これでは、結婚とは呼べない。むしろ、一夜の浮気だろう。

もう一つ別の会社の例である。アメリカのメディア企業が、業績のよい日本の広告会社と提携し、株式の一〇パーセントを保有することになった。この広告会社が上場した時、アメリカ企業は保有株式のうち三パーセントを売却し、当初の投資額をはるかに上回る儲けを手にした。それでも、あと七パーセントを保有していたことになる。ところが、アメリカ企業の株主が不平を口にし始めた。狂乱のごとく値を上げ続けている東京の株式市場の株価水準では、この七パーセントの保有株式が四〇〇〇万ドルもの価値になるのに、配当も得られずただ塩漬けになっていたからである（日本企業の配当性向は、一般にきわめて低い）。そして、残っている株式を売却して、その資金をアメリカに戻すよう、株主たちが経営陣に圧力をかけたのだ。アメリカであれば、少なくとも短期資金市場レート程度の投資収益が期待できる。だが、もちろんそれでは日本での事業の成長はないし、好況を謳歌する日本市場に、永続的な地位を築くこともできない。ただ一度きりの大儲けにすぎないのだ。

アメリカ企業数社が、日本企業との合弁会社の株式持ち分を売却した背景にも、似たようなロジックが作用している。マグローヒル（合弁企業は日経マグローヒル）、GE（東芝）、BFグッドリッチ（横浜ゴム）、CBS（CBSソニー）、ナビスコ（ヤマザキナビスコ）といった企業は、いずれもこのようにして巨額の株式値上がり益を手にしている。しかしながら、もしこうした企業が、日本のような儲かる市場にとどまることを諦めていなければ、彼らの持ち分は現在では、何倍にも大きくなっていたに違いない。

たとえば、GEが一九八〇年代初頭に東芝の株式を売却した時には、推定四億ドルを超える額を手にしたが、その同じ株式が、今日では一六億ドルの価値がある。同様に、BFグッドリッチが保有していた横浜ゴムの株式は、いまでは三億ドル近くの価値があるだろう。同社が一九七〇年代後半と一九八〇年代初頭に売却した推定額三六〇〇万ドルとは雲泥の差である。もちろん、そうした売却から得た資金は、他の魅力的な投資に向けられているには違いないが、それらは、日本にあった大きな事業資産を失ったことに見合うものとはならないはずだ。

株式保有に基づいたこの種の思考態度のせいで、焦点が定まらなくなってしまう。アライアンスがグローバル化の緊急かつ逃れられない圧力に対処し、トライアド市場で真のインサイダーになる手段としては望ましくないとか効果的ではないというメッセージが、こうした思考態度から発信されてしまうのである。新しいグローバル環境という不確実性によって、すでに大きな圧力を感じている経営者の短期指向をさらに強めることになる。

異なる国家間の合弁事業で紛争が起こると、ナショナリズムの感情や、時には人種差別的なニュアンスを持ってしまうことがある。紋切り型の表現もなかなか消えない。思い通りにいかないことに腹を立てたパートナーは「アメリカ人には、この国の市場がまったく理解できないのだ」と不満をぶつける。

「ドイツ人は頑固すぎる」と不満を言う者もいる。「日本人ときたら機械的で、国では頭がよいと言われているのかもしれないが、ここではまるで役に立たないな」という発言もよく耳にする。

異なる国家間だけで「文化摩擦」が起こるとは限らない。一九七〇年代にヨーロッパ域内で発生した、国境を超えた提携や合弁事業のほとんどが、最終的には解消あるいはパートナーのどちらかによる買収に終わっている。日本でも、たとえば第一勧業銀行[注6]や太陽神戸銀行[注7]の例でも、旧勧業銀行派や旧第一銀行派のトップ間の個人的対立といった類のゴシップを、記者が書くことが一〇年以上も続いている。

チバ・ガイギー（チバとガイギーの合併）や新日鐵（八幡製鐵と富士製鐵の合併）のようなよい組み合わせはむしろ例外であり、多数派ではない。二つの企業文化がぴたりと滑らかに合うほうが稀なのだ。学問的研究には、人間関係という分野が存在している。ところが、私の知る限り「企業間」関係を専門に研究している学者は一人もいない。今日のグローバルな競合環境における合弁事業やアライアンスの重要性を考えると、これは重大な怠慢ではないか。私たちは、どうすれば企業間関係が効果的に作用するのかを、現在よりもはるかによく理解する必要があるのだ。

複数企業が絡む状況に何度も参加した経験から、私はこの作業が簡単なものであるとは思っていない。とはいえ、企業間の関係にはつきものの微妙さと困難さが存在することを、私たちは認識しなくてはならない。それが、必須の出発点となる。そのうえで、私たちが注目すべきことは、契約や株式に関連する問題ではなく、企業と企業の接点にいる人たちの質である。そして最後に、企業間の関係を成功に導くには、組織機構の少なくとも三つの階層において、協力関係を築くための会合を頻繁に開くことが必要であることも肝に銘じなければならない。三つの階層とは、トップ経営陣、スタッフ、それに現場責任者である。

これは、本気かどうかを試される難しい作業である。しかし多くの企業は、口先では何と言おうと、実は本気で事業をグローバル化しようとは考えていない。企業が欲しいのは、グローバル市場からの収穫だけなのだ。他国の顧客にサービスするというやっかいな仕事には興味がない。関心があるのは、次期四半期の投資収益率の数字である。戦略の基本に立ち返ることや長期的に価値を提供すること、協力関係を固めていくことには関心がなく、手っ取り早いのが望みだ。今日を楽しく過ごし、明日はあまり一生懸命働かなくても済むことを望んでいる。グローバル事業への進出や、グローバル市場への展開に必要なアライアンスの構築と維持という、痛みを伴う努力のことなど真剣に考えてはいない。

だが、グローバル化の必要性という容赦ない課題が、消えてなくなるわけではない。そして、適切に運営されるアライアンスというものは、そうした戦略課題に取り組む最良のメカニズムであることを、企業は経験から学んできている。今日の不確実な世界では、一人で進まないことがベストなのだ。

ICLの掟
コラボレーションを成功に導くために

①協力関係を自分個人の約束と考えよ。パートナーシップを円滑に動かすのは人間である。

②協力関係には、管理職の時間のかなりの部分を割かなくてはならないと覚悟せよ。その時間が割けないのであれば、協力関係を始めてはならない。

③互いの尊敬と信頼が必須要件である。もし交渉相手が信用できなければ、交渉を打ち切れ。

④パートナー双方が、協力関係から何か（最終的にはお金）を得なくてはならない。相互利益が決定的な要件である。つまり、おそらくこちらも何かを諦めなくてはならないことを当初から認識せよ。

⑤綿密な合意契約書を必ず作成せよ。不愉快な問題や議論を呼びそうな点の解決を先延ばしするな。だが、締結した合意書はしまい込め。合意書を引き合いに話し合わなければならないとすれば、協力関係が揺らいでいる証拠である。

⑥協力関係を続けるうちに、経営環境や市場が変化することを認識せよ。そして、パートナーの抱える問題を認識し、柔軟に対応せよ。

⑦双方が、協力関係への期待と時間軸を共有していることを確認せよ。どちらかが喜び、もう一方が不幸と感じる状況は、確実に失敗につながる。

⑧パートナーの組織の全階層の人たちと、仕事の場だけでなく社交の場で親しく付き合え。友人と不和になるには時間がかかるものだ。

⑨地理的にも企業によっても文化は異なるものだと受け止めよ。パートナーが、我々と同じように行動し、対応すると期待してはならない。予期せぬ反応があった場合は、その背後にある真の理由を見つけよ。

⑩パートナーの関心事と独立性を認識せよ。

⑪こちら側には単純な戦術的決定と思われる合意であっても、勝手に進めず必ず社内組織の承認を取れ。現場での戦術的活動が、実は総合戦略というジグソーパズルの重要な一片であるかもしれないからだ。パートナーシップを成功させようという会社としての決意の下でこそ、協力関係に

必要な権限を持って行動できるのだ。

⑫何か達成できたなら共に祝おう。喜びは分かち合うべきだし、あなた方が勝ち取ったものなのだから。

追記

もう二つのことを銘記してほしい。

①OEMの交渉をする場合には、当社もOEMができないかなど、互恵関係を築くような機会を探せ。別の製品のほうが、もっと大きな利益をもたらしてくれるかもしれないことを銘記せよ。

②共同開発の合意をまとめるなら、マーケティングを共同で行うことも含めなければならない。開発コストを回収し、量の確保と限界利益の獲得を図るには、可能な限り市場サイズを拡大しなければならないからだ。

【注】

(1) 現日本ヒューレット・パッカードは一九九九年、ヒューレット・パッカードの一〇〇パーセント保有となった。

(2) 現富士フイルムホールディングス。

(3) 田辺製薬は現田辺三菱製薬。中外製薬はスイスに本拠を置くロシュグループ傘下。山之内製薬と藤沢薬品は合併して現アステラス製薬。三共は現第一三共。山之内と藤沢の一般医薬品部門の統合・分割によって「ゼファーマ」が発足したが、後に第一三共に売却され、第一三共ヘルスケアと合併した。
(4) 現みずほフィナンシャルグループ。
(5) 現7-イレブン。最終的に日本のセブン-イレブン・ジャパンがサウスランドを買収した。
(6) 現みずほフィナンシャルグループ。
(7) 現三井住友銀行。

第7章

◉

会社第一主義と「ドゥ・モア・ベター」

Companyism and Do More Better

［1989年発表］

Companyism and Do More Better

HBR, Jan.- Feb. 1989.

なぜ、問題を発見できないのか

いま、日本の自動車メーカーの経営者たちと一緒に、直面する「算数」問題について話し合っていると想像していただきたい。日本の自動車メーカー全体で、すでに年間二三〇万台の乗用車をアメリカに輸出している。日本車メーカーは同時に、年間二五〇万台の生産能力を持つ工場を北米に建設中である。アメリカの自動車市場の規模は、たしか年間約一〇〇〇万台でしたよね、とあなたはテーブルの向こうに座っている経営者たちに確認してみる。そのうち四八〇万台が、日本製だなんてことがありうるのだろうか。この経営者たちは、どのような調整をするつもりなのだろうか。

経営者たちは、日本にある工場のいくつかを自発的に閉鎖するつもりなのだろうか。もちろん、そんなことはない。日本国内でこれだけの規模の失業を生み出し、その責任を取りたいなどと考える経営者はいない。GM、フォード、クライスラーが日本車生産に市場を明け渡し、自分たちの工場をいくつか閉鎖してくれると考えているのだろうか。それとも高額な新しい北米工場を交渉材料に使って、日米貿易交渉に新しい合意が成立したなら、売却して閉鎖するつもりなのだろうか。それも明らかに違う。では、「一〇〇〇万台マイナス四八〇万台」の引き算が、競合状況を考えれば成り立つとは思えないのに、それでも大丈夫と言い張るのだろうか。

日本車メーカーの経営者たちは、自社の車の需要は増えると説明するに違いない。需要を喚起するため、第二の販売チャネルを立ち上げるのである。忘れてはいけないのは、日本車メーカーは工場を持っており、すでに生産能力があることだ。そして、「ご心配いただきありがたいのですが大丈夫です」と返事をするはずだ。日本車メーカーにはアメリカ市場でどう競争すればよいのかよくわかっており、これまでの実績がそのことを証明している。すなわち、これからやるべきこととは、従来と同じことをもっとうまくやること、「ドゥ・モア・ベター」なのだ。

「それは、論点が違うでしょう。一〇〇〇万台マイナス四八〇万台の引き算の問題はどうなるのですか」とあなたは尋ねる。「ご心配なく。問題があるとしても、それはだれか他の人の問題です」と経営者は答える。あなたは「そんなことはありませんよ」と反論する。「問題は、だれもがみんな『他の人の問題だ』と言っていることなのです」。

日本人は、この種の「計算」では常に問題を抱えてきた。第二次大戦以前、前線にいる大将は「心配するな。中国軍になど簡単に勝てる」と言い、別の大将は、「ロシアには勝てる」と断言した。だれもが、日本軍の力をもってすれば、敵の一つや二つなど相手ではない、と報告してきたのである。日本にいる元帥たちは、個人的にはそれぞれが疑いを持っていたにせよ、こうした特定の仮想敵国に対する優位性を確認する報告を次々受け取っていた。我々はここで勝てます、あそこでも勝てます、という具合だ（もちろん、これにはもっと大きな問題が存在している。元帥たちは、「できる」ことと「すべき」ことを混同していたのである）。

どの報告書にも書かれていたのは、自分の分野には何も問題はない、あるとすれば他のだれかの分野だ、ということであった。全員が大丈夫というのだから大丈夫に違いない、というのが元帥たちの結論であった。だが現実は、他の「だれもが」大丈夫だと言っているのなら、「我々も」大丈夫だと言わないわけにはいかない、という状況であった。広い視野で観察し、大本営に入ってくる情報を足し合わせると計算が合わないということに、だれ一人として気づくことができなかったのである。

個別の報告書しか見たくないという衝動は、日本の自動車メーカー各社が、わずか一〇〇〇万台の市場でこれまでよりも販売を伸ばせると想定したがる気持ちと同じである。いずれも、個々のケースから一歩下がって、全体の大きな構図を長期的に見ることはしたくない、というよりおそらく「する能力がない」ということなのであろう。つまり、問題の責任はすべて自分ではなく他のだれかのせいにしようとする深層心理と、どの戦いにも死ぬまで戦おうという決意とを示している。どちらも会社中心の破滅的な「算数の答え」に到達してしまう原因であり、これが今日の産業界を荒廃させているのだ。

盲目的に会社第一主義を貫く

多くの日本企業は、革新的な付加価値を創造している。同時に、残念ながら、他の多くの日本企業が、「算数」という教科では落第している。そうした企業は、競合という地平線が自社の塀の端よりもっと先へ延びていることを見ない。この種の企業は、自分が犯した近視眼的な意思決定の代償を求められることがあるとしても、それは他の人の財布から出るものだと想定している。このロジックは単純だ。つまるところ、たとえ他の人が後始末することになったとしても、企業というものは自社に都合がよいと判断したことをやるべきであると考えているのだ。

日本の経営者は、自分たちの成功と、成功が創り出した習慣や癖にとらわれた犠牲者である。それほど前のことではないが、学生時代にボート部の選手だったという、日本の大手機械メーカーの社長と話したことがある。彼は、レースに勝ちたいならボートの漕ぎ手八人がもう少し前にかがみ、もう少し強く漕ぎ、もう少しうまくピッチを合わせるようにすれば、他のチームのボートに勝てるという。これが、彼の言う戦略の考え方である。つまり、もっと前にかがみ、もっと強く漕ぐ。コースを変えるわけではなく、遠くの水平線を見る一瞬の時間をとるわけでもなく、新たな方向設定をする時間もとらない。もし、あなたの目的が競合に勝つことであれば、視野をこの点に絞り込み、それまでの行動を「モア・ベター」にすることで勝利につながるというのだ。

ボートのクルーと同じように、産業界でも、もしコースがまっすぐで、ボートもまっすぐな線を描いて進むのであれば、このアプローチは納得のいくものだ。もっと強く漕ぎ、もっと汗をかき、ストロークの動きを完璧なものに近づけ、長時間練習すれば相手に勝てる。たとえば、強力な販売部隊を持ち、革新的な技術陣を抱えているトヨタのような会社であれば、自動車の製造活動を「ドゥ・モア・ベター」に集中するだけの余裕がある。トヨタは市場にぴったりの車種を揃えており、それを販売する方法も確立しているからだ。だからトヨタは戦略の焦点を狭く絞りすぎることなく、コスト低減と品質改善という細かい項目の進歩を繰り返し積み重ねていく作業に身を入れることができるのである。

しかし今日の環境では、トヨタのように全方位に強みを持ち、「ドゥ・モア・ベター」だけで切り抜けられるような企業はほとんど存在しない。第一章「競争は戦略の目的ではない」で論じたように、戦略の基本原則は、競合に勝つことではなく顧客に価値を届けることなのだ。価値を届けることとは、鋭敏で柔軟な方向感覚を持って事業運営をするという意味である。一生懸命漕いでも、進む方向が間違っていれば役には立たない。コースが間違っていたのでは、さらに筋力を使うことは何の解決にもならない。目的地に競合よりも早く着こうとしても、選んだルートを通ってしまうと目的地に着いた時にはまったく利益が出ないというのでは意味がない。

業界を荒廃させて競合に勝つというのは戦略ではない。それでは愚の骨頂としか言いようがないのだが、実は多くの日本企業がさまざまな業界でしてきたことだ。ファックス機、コピー機、オフィス・オートメーション機器、腕時計、カラーテレビ、自動車、半導体、造船と枚挙に暇がない。

ここで、みなが同じことを考えたらどうなるだろう。我々のものは我々のもの、問題があるとしてもそれは他の人のもの——こうした会社第一主義《カンパニーイズム》によって、業界全体が手のつけられない生産能力過剰に陥ってしまうとするとどうなるか。その結果、価格低下が起こり、業界全体が利益の出ない状況になるとしたらどうするのか。

答えはこうだ。「この種の耐久レースとなれば、どう競争し、どう『ドゥ・モア・ベター』をやればいいか私たちはよく知っていますから」。このやり方でこれまでうまくやってきたから、いまさらやめる必要はないというわけだ。たしかに、市場成長が限りないように思われ、コースが完全にまっすぐであった時代には、生産能力を増強し、「ドゥ・モア・ベター」で競合を叩きのめすことに集中すればよい結果につながっただろう。だが、もはや海外市場は、そのような限りない青天井の機会を与えてはくれない。日本企業の成功によって、日本企業が目立つ存在となってしまったのだ。

このパターンは、いまでは見慣れたものになってしまった。たとえば、一九八〇年代初めに日本の大手半導体メーカーは、伸びが見込まれる需要の三倍から四倍の生産能力の増強に投資した。もし痛手を被ることになるとしてもそれは他社であろうと、各社が結論に至ったのである。そして、受注の入るペースが計画よりも落ちてくると、当然各社とも価格を引き下げ、自社工場の稼働率を維持しようとした。その結果、欧米の多くの半導体メーカーが業界から完全に撤退した。当然のことながら、このことがアメリカ政府の介入をもたらすことになった。そして、通産省との交渉の末、半導体に最低価格を設定したのである。日本の半導体メーカーは、この最低保証価格によって、みずからの愚行の招いた結果から救われた。

日米二カ国の政府は事実上のカルテルを結び、日本の半導体メーカー各社の投資決定がいかに破壊的なものであったのかには目をつぶり、半導体メーカーにとって好ましい価格水準を保証した。今日では、需要のほうが（人為的に「コントロールされた」）供給をはるかに上回り、このカルテルが、日本の半導体メーカーに未曾有の利益と半導体製造分野で比類なき地位をもたらしてくれた。皮肉なことに、日本勢によるアメリカのメーカーの抹殺をくい止めることには成功したアメリカ政府が、次世代チップの開発のためのR＆Dと設備に対する日本企業の投資に、補助金を与える役割を果たしたのである。

自分たちの意思決定の結果としてみずからが被害を受けることもなく、政府の介入によって救われたために、日本企業は同じ失敗を次々と繰り返すに違いない。しかも、悪い結果が出るとわかっていても、日本企業が愚行を繰り返す可能性がある。間違った戦略に基づいて競合を打ち負かすという短期的目標に、日本企業は集中するからである。この悪い癖によって、「破壊的な数字競争」に日本企業は縛りつけられているのである。

こうして利益は消滅する。そして、その代償を支払わされるのは、日本企業自身ではなく、常に競合他社なのだ。

競争の歌舞伎化

このように明らかな自己破壊的なコースに、こうした企業はなぜそれほどの熱意をもって執着するのだろうか。理由の一つは、思い込んだら変えようとしない頑固さであろうが、特に日本には、何か別の理由が存在している。一つ例を挙げてみよう。日本水産、大洋漁業[注1]、極洋捕鯨[注2]といった日本企業は、自社の保有船舶に最も先進的な捕鯨機械を積み、非常に多くの鯨を捕獲したため、世界中から反対世論が沸き上がり、これら企業の捕鯨は禁止された。日本企業がそうした世論に耳を貸さなかったのは、競合するソ連やノルウェーなどの捕鯨国にシェアを奪われたくなかったからだ。

一九四六年に設定された国際捕鯨委員会では、捕獲数量の上限に達するまでの、各国の自由競争に合意した。つまり、各年できるだけたくさんの鯨を一番先に捕獲してしまえば、他の国が捕獲できる量が減ることになる。それだけの大きな捕獲量に意味があるのか、また、そうなると鯨の生殖能力を超えてしまうことになりはしないか、といった疑問を呈する者はだれもいなかった。会社第一主義とナショナリズムに駆り立てられて、どの企業も、自分からやめよう、あるいは捕獲量を削減しようとはしなかったし、やめられる状況ではなかった。

しかし、三社一丸となって捕鯨をやめることはできたはずだ。全員が敗北する、あるいは全員が懲罰を受けるのであれば恥じることはない。もし三社が共に面目を失い、敗北や撤退が避けられず全員が同等に影響を受けるとすれば、受け入れられるはずだ。しかし、一部の企業だけがシェアを失い、他の企業が繁栄を続ける場合には言い訳のしようがない。自発的に捕獲量を削減し、自発的にシェアを諦めることは、どの会社にも単純に受け入れられることではない。会社第一主義がそれを許さないからだ。だが、農林水産大臣が、総捕獲量を削減することに合意せよと全社に要請すれば問題はない。なぜなら、競合し合う全社が一様に損害を被るからだ。

それだけではない。これらの企業に見えていなかったのは、彼らの行動によって、無慈悲な鯨殺戮《さつりく》者という汚名を、日本人全体が世界中から着せられてしまうことである。そうなると、鯨問題に関する非難が突然沸き上がり、日本人に向けられた悪意のある「人種差別的な嘘」がまた出現したと、日本の一般大衆は解釈してしまう。このようにして、過剰な会社第一主義が、誤ったナショナリズムにつながってしまうのである。

同じことが造船業界についても言える。日本の五大造船企業が、それぞれ一〇〇万トンもの船腹の建造が可能な造船所を建設したのである。三菱重工が造ったのだから、と日立造船と三井造船も追随し、石川島播磨重工と日本鋼管などがこれに続いた。他社に先を越されることは我慢できなかったのだ。結果、予想通り過剰設備となった。そして、どの企業もその重荷に苦しむこととなったのである。

会社第一主義に従って数社の企業が行動する場合、それを外から見ていると、あたかも国家が陰謀を企んで、世界各国の産業を破滅させようとしているかに映る。これを修正するような行動は全社にとって耐えられない痛みになるため、業界全体のシェアが低下し始めた場合にのみ修正することになる。

これは、いわば歌舞伎の舞台を見ているようなものだ。高度に形式化され、誇張された「演技」なのである。会社第一主義でさえ、歌舞伎の筋書きに従わないわけにはいかない。これはどこにも書かれていないが、日本人ならだれでも知っている。

日本の交渉団が席に着いて提示された条項に即座に合意することはできない。交渉団は二回、三回と交渉を続けなければならないからだ。結局は何日も徹夜し充血した目で疲労困憊して初めて、交渉団はもともと事前にこれなら合理的に考えて受け入れられるとしていた条項に合意できる。交渉団が最後まで勇敢に闘ったことが明らかであり、本当にこれ以上のことは何もできないと全員が納得した時に限り、交渉団は自分たちがやるべきことをやっとできるようになるのである。

経営陣が労働組合との賃金交渉の席に入り、ほんの数分後に五パーセントのベースアップに合意して出てきたとしたなら、これが長続きするはずはない。労使双方のだれもが、この設定は高すぎるとか、低すぎると言い出し、合意に強硬に反対するからである。だが、交渉参加者が交渉の部屋のドアに鍵をかけ、翌朝まで部屋に座っていて、それからふらふらした足取りで部屋を出て、五パーセントがこのひどい状況で合意できるベストだったのだと不本意な表情で発表したなら、この合意はうまく進むことになる。結果が受け入れられるかどうかは、闘争に必要とされる苦悩があったかどうかによる。会社第一主義の力の源泉のほとんどは、このコンセンサスを築くメカニズムに由来している。修正のための行動を取ることが可能になるには、まず全員が大変な目に遭わなくてはならない。

これがたいていの日本人にとっては、否定的な状況でコンセンサスを築く唯一の方法である。オレンジと牛肉に関する日米協議では、アメリカ代表が素晴らしく英雄的に見えたのに対し、日本の農林水産大臣はあまりにも弱々しく見えた。ご存じでない方にお教えしよう。結局のところ、これは歌舞伎の演目（「大男のアンクル・サムが哀れな日本人を打ちのめす」の一幕）にすぎず、まったく不似合いな場所にナショナリズムの意識が表れたものなのである。

会社第一主義の利点

もちろん、会社第一主義は日本だけに見られる企業病ではない。また、半導体業界や（もしかすると）自動車業界のように、現実世界での結果が、常に破滅的なわけでもない。さらに言えば、会社第一主義はすべて悪であるというわけではない。実際アメリカでは、会社第一主義が過剰どころか、過少であるために企業経営がうまくいかないケースが多い。

今日、多くのアメリカ企業を支配している株主価値経営のせいで、不釣り合いなほど巨額の富が経営陣に与えられている。ということは、会社の営む事業から得られた経済的利益が、まったく平等とは言いがたいやり方で役員と社員に分配されているということである。その結果として、社員の忠誠心があまりにも低いという非難を浴びる羽目に陥っている。

これはきわめて理解しやすい現象だ。多くの日本企業では、社長の報酬は工場労働者の最低賃金の六倍から一〇倍である。一方、クライスラーの社長であるリー・アイアコッカの一九八八年の報酬二〇〇〇万ドルは、クライスラーの工場労働者の報酬のおよそ一〇〇〇倍に相当する。たしかに、こうした額の収入を得ることはアメリカン・ドリームと言えるだろうが、これには負の側面もある。特権や金銭的利益の配分にこれだけ偏りがあると、会社を第一に考えようという気持ちなど簡単に失われてしまうからだ。

もちろん、視野の狭い短期的な利益の追求に盲目的に従うことは危険である。しかし、会社のことなど心配せず、会社への愛着など深く感じられず献身的にもなれないという状況も、それ以上に危険であろう。

会社第一主義のかけらも残っていない企業の経営陣は、困った時には心臓部である事業であっても簡単に売却できると考えている。本来売却すべきではないにもかかわらず、である。タイヤ会社がタイヤ事業を売却し、機械メーカーが機械事業部を売り、アルミ缶製造会社がプリメリカのように、事実上の金融機関となってしまっている。こうした企業は、自分たちが何者であり、何の事業を行っているのかをあまりにも簡単に忘れる。困難な時期になると、手当たり次第に放棄してしまう。このような経営者には、会社第一主義を決定づける精神が欠如しており、自社のコア事業領域を何が何でも死守するという意志が弱すぎる。

株主というものは、自分の金がさらに新たな金を生んでいる限り、会社のことなど真剣には考えていない。だから困った時には、企業は法人財産までも売ってしまう。日本企業なら、そう簡単にはこのような決断はしないだろう。極端な言い方をすれば、最高のアメリカ企業とは、保有しているレバレッジド・バイアウト・ファンドが、毎年三〇パーセントの利益を出している、たった一人でポートフォリオ・マネジメントをしている会社ということになる。しかし、血と汗と涙を流しながら働いているメーカーの場合には、そうしたうまい話は存在しない。会社第一主義は、行きすぎる場合があるものの、逆に十分な水準には届いていない場合も多いのだ。

経営者の道具箱

もっとかがみ込み、力を込めて漕ぐことが正解であるというケースはたしかにある。だが経営者なら、コースを変更すべき時期も判断しなければならない。もう一つの問題は、正しいコースに沿っている限りという条件はつくが、「ドゥ・モア・ベター」を追求する場合に、より柔軟かつ多次元にアプローチできる能力を開発することである。業界によっては、強い意志を持って少しずつ改善を積み上げていくことが要求されるが、そうした努力が競合他社に対抗するためだけと狭く定義づけられてしまうわけではない。

いずれにせよ、重要な課題は経営者の思考態度であり、自社のさまざまな事業やその顧客のニーズを、常に新しい目で見ようとする態度なのである。いや、必要なのは単にみずから進んで見るだけではなく、継続して見続ける決意なのだ。変化に抵抗し、自分が得たものに固執し、自分がうまくできることをさらに「ドゥ・モア・ベター」によって改善しようとするのは、人間の本性である。しかし、だからこそ、自社の現状のビジネスシステムや自社がかつて定義した顧客にとっての価値を、経営者が意識的に拒否してみることがさらに重要となる。つまり、ビジネスシステムを定期的に見直し、頭のなかで分解しては何もないところから組み立て直す、いわばゼロ・ベースの再構築をするという、きちんと手順を踏んだ思考プロセスを実行することが、経営者の最大の責任なのだ。

会社第一主義が過剰となった場合の確実な治療薬は存在しないが、定期的なゼロ・ベースでの見直しは、かなり有効なワクチンとなる。たとえば、「IBMとはサービスという意味だ」という言葉を聞いたことのない人はいないだろう。おそらくだれもが高く評価しているはずだ。IBMのサービスあるいはサービスに対する認識の水準を超えようと他社が試みても、その努力が報われない可能性が高い。そこで、日本のメインフレーム・コンピュータ・メーカーである日立は、IBMとは異なる戦術を採った。顧客が望んでいるのは、よいサービスではない。本当に望んでいるのは、サービスがまったく必要ないこと、つまりダウンしないコンピュータであり、電源が切れてもメモリが消えないことではないかと考えたのである。

日本の経営者には珍しくコンピュータに詳しいある経営者が、こんな経験談をしてくれた。自社にあるコンピュータのすべての電源を落としてみたという。「電源を入れ直すと、日立製コンピュータだけが素早く起動しオンラインでつながりました。他社のコンピュータは複雑な手順を踏んで起動しなければならないか、メモリに入っていた記録が全部飛んでしまったのです」。なるほど、IBM主催の試合で、正面から相手を叩きのめそうとしてもポイントは稼げない。それよりも、顧客の真のニーズとそれに合致する製品の性能、それを提供するビジネスシステムを考え直すほうがはるかによい。

これは、思考態度の問題である。あなたの会社の経営陣には、現状のビジネスシステムを現状のままにしておく必要があるのかどうかを考える余裕があるだろうか。また、ビジネスシステムを見直し、そこから生み出される製品についてもゼロ・ベースで考え直す自由度を持っていると思っているだろうか。もしそうなら、細部に至るまで顧客に注目し見直しているだろうか、あるいは、いま最適な製品、システム、能力を顧客に提供しようと全力を注いでいるだろうか。「金槌しか持っていなければ、すべてが釘に見えてしまう」という諺がある。あなたの会社の経営陣は、多様で幅広い選択肢を与えてくれる「道具箱」を持っていると考えて行動しているだろうか。

有名なミシン・メーカーであるブラザー工業は、需要が下降するミシンという縮小市場において、新製品をつくり続けることが唯一の方法かどうかを検討した。そして、他の選択肢も検討すべきであるという結論を導き出した——とにかく、コア事業と顧客ニーズを考え直さなければならない。自社の競争優位は、縫うことだけでもなければ縫うこと以外でもない。オペレーターが手で繰り返し動かして操作する小型精密機械に応用されるマイクロ・エレクトロニクス技術について、当社はよく理解している——その結果、ブラザーは電子タイプライターやワードプロセッサーの製造メーカーへと転進を図り、みごと成功を収めたのである。

ブラザーの製品転換は、別段ユニークな例ではない。東レのような合成繊維メーカーは、炭素繊維メーカーに変わった。アメリカでもコーニング・グラスは、光ファイバーの主導的メーカーになっているが、アメリカの銅線メーカーは、電線から繊維への移行を果たしていない。だが日本の主要光ファイバー・メーカーは、もともと金属メーカーであった。ヤマハは、オートバイ業界で長く活動してきたが、小型エンジン技術を使ってそれを他の製品分野にも活用できることを見出した。それが、小型ボート用のアウトボード・エンジンとスノーモービルであり、この分野のグローバル市場でヤマハは七〇パーセントのシェアを保持している。

こうした事例はまだまだあるが、要点は明らかだ。注意深く考えれば、「ドゥ・モア・ベター」は進むべき唯一の道でもなければ、必ずしも最も魅力的な道でもない。多くの場合、事業自体を見直せば、はるかによい結果をもたらしてくれる別の道へと導かれるものである。

顧客の変化に合わせる

顧客側の構造変化に促されて、ビジネスシステムを見直し、再構築する必要が生まれてくる場合がたまにある。たとえば、日本では、自動車の流通システムは、アメリカのそれとかなり異なる。車を買おうと思えば、アメリカではディーラーのショールームに行くが、日本では〈エイボン〉の化粧品を売るように販売員が家に来てくれる。しかし、日本の主婦が働きに出て家を空けることが多くなったため、訪問販売方式は急速に非効率になっている。昼間に訪問しても、家にはだれもいないのである。

同時に、成人のほとんどが運転免許を持っている。彼らは通りを走るニューモデルを普段から見ており、販売員にカタログや写真を届けてもらう必要はない。街の通りがショールームになったのだ。これは、ビジネスシステムと労働力配分において、販売からサービスに重点がシフトしたことを意味している。それゆえディーラーは、顧客に電話をかけ、車の調子を尋ね、点検や車検の時期を知らせるようになった。ディーラーは、修理や点検の必要な車を顧客の自宅に引き取りに行き、終われば届けに行く。優れたサービスを通じて顧客関係を維持することが、いまや成功のカギである。ショールームも必要なければ、戸別訪問する販売部隊も必要がない。ちなみに日本では、新車購入から三年経つと最初の車検があり、その後二年ごとの車検が義務づけられている。点検項目は広汎にわたり値段も高い。日本人はおよそ五年ごとに車を買い換えるが、車を購入する可能性は、二度目の車検の期日の直前が最も高い。

大切なことは、個別具体的な解決案ではなく、むしろ反射的に「ドゥ・モア・ベター」に走りがちな衝動を抑え、確立されているビジネスシステムを新しい目で見直し、状況の変化に対応しようと決意することである。私がコンサルティングをした通信販売業界の大手企業は、競合他社と同じように、販売、信用審査、回収といったプロセスに沿った職能別組織であった。結局、従来の組織設計論理では、人を職能別に分け、それぞれの専門性を高めるほうが効率的であると考えられていたからだ。

だが実際は、組織行動に誤った論理が生まれた。販売部門はカタログをどんどん発送し、販売を増やそうとする。すると、未払い客が増え、支払う意思のない客さえ現れる。これだけ積極的に販売ベースを拡大すれば、支払い能力のない顧客が審査の隙間をくぐり抜けてしまえるからだ。売上げ拡大が、他の部門にとって必ずしもよい結果とはならない。

この悪循環はだれの目にも明らかだった。だれもが自部門以外の人々を憎悪していたからだ。販売部門は、審査部門が売上げ拡大を邪魔するし、回収部門が販売数字を悪化させている、と非難した。一方、回収部門は、これだけ多くの未払いが出るのは販売部門のせいだと非難した。審査部門は反論できない立場だが、両方向から非難を受けることに憤っていた。会社の組織とオペレーションをゼロ・ベースで見直し、立て直す時期にきていたのだ。

そこで私が提案したのは、日本全体をざっと人口一〇〇万人ごとの地域に区分し、販売、審査、回収の三機能を一つにまとめたチームが各地域を担当して、一つのチームが共同で未払い額に責任を持つという方法であった。くわえて、実際に回収されるまでは売上げに計上しないことにした。実に簡単なことで、一年半後にはこの会社の収益は五億ドル以上改善した。別にトップがもっと売れとか、きちんと回収しろと号令をかけたわけではないのに、である。

経営者が「ドゥ・モア・ベター」という楽な道を選ぼうとしてしまうのは、身についた習慣をなかなか変えられないからだ。また別の理由として、ほとんどの会計システムやインセンティブが習慣に反して作用することも挙げられる。たとえば、企業会計制度をよく見れば、その企業の管理職がどのような行動を取るのかがほぼ想定できる。経営陣は、会計システムを無視して変更させることができるが、中間管理職はそうではない。彼らは顧客に近い場所にいて、日々何らかの判断をしている。私はこれまで、自社のシステムを無視して大丈夫だから同じようにやれ、と命じる社長を大勢見てきた。皮肉なことに、このような命令に従い、それを実行できるのは、社長のほかには存在しない。

人間心理に従った会計システム

東京電気という電子式キャッシュ・レジスター・メーカーの事例を考えてみよう。この会社の営業部は、赤伝票、つまり特別値引きの申請承認書を頻繁に提出してきていた。これは慢性的な問題であった。顧客があれやこれやと値引きや特別な条件を要求しており、営業部員はその要求を満たさなければ売れないと主張し、承認を懇願するのが日常化していた。顧客の要求を受け入れるべきか否かをめぐって、会社全体がいつも二つに割れた。

現状調査の後、経営陣は営業部隊を三人単位のチームに分け、各チームには顧客に特別条件を出す決定権限を与えるという組織変更を行った。つまり、各チームが商社のごとく運営されるようになったのだ。これにより、製品を定価で売れば、チームは二五パーセントのマージンを手にすることになった。定価よりも安く売れば、定価との差額ぶんだけ手取りが減らされた。逆に定価よりも高く売れば、その差額はボーナスとしてチームに支払われる。

この新しいシステムが実施されると、営業部員は不眠不休で働くようになった。しかも高価格を維持しようと努力するようになった。そうすれば、自分の給与が増えるからである。営業部員と上司の間の不毛な議論は消滅し、管理職は貴重な時間を特別値引きの認否に費やすこともなくなった。数年後には全社のマージンは劇的に増加し、市場シェアも事実上のゼロから四二パーセントに急伸した。その理由はすべて、人間の心理に基づいた方向に、組織と会計システム、評価制度を変更するという先見性をこの会社が持っていたことに帰する。

何を評価し、どのように測定するかは、私たちの考え方や行動に強力な影響を与える。実際日本では、戦略的な結果にうまく結びつくような効果的なインセンティブが存在しない場合には、会社第一主義の悪い側面が強く表れてしまう。他に何も評価されるものがなく、報奨も与えられない場合には、中間管理職は盲目的に「ドゥ・モア・ベター」に邁進してしまう。会社第一主義は、会社への忠誠心と同義ではない。それは一種の反射作用であり、目的意識を持って会社の真の利益を考えようと決意することとは違うのである。

業績の評価方法にも重要な意味がある。たとえば、ある部門の管理会計上の損失が翌年に持ち越されるのか、それとも各年ゼロからスタートできるのかでは、部門の行動に大きな違いが出る。製品別の損失を数年間記録する会計システムでは、新規事業や新製品販売を手がける部門にとっては不利となる。日立はこのようなシステムを採用したため、どの製品分野でも新製品を最初に世に出したことがない。

日立は優れた会社だが、その会計システムは各事業部門に投資やイノベーションを促す代物ではない。これとは対照に、東芝は新製品を市場に出すのが早いが、それは東芝の会計が毎年まったくゼロから新しく始まるからである。つまり東芝の会計システムは、損失を出すという過ちを日立よりもはるかに早く許してくれるのだ。

インセンティブもまた、かえって邪魔になる傾向がある。事業部制を採用する大企業では、短期的な業績を上げるため管理職に「ドゥ・モア・ベター」の圧力がかかると多くの人が認めている。市場、技術、競合が劇的に変化している時期を会社がくぐり抜けようとしている場合には、このような圧力がさらに強まる。そうした不安定な環境では、経営陣がこれまで慣れ親しんできたやり方から一歩退き、ビジネスシステムを土台からすべて変えようと見直す気になることに、より高い価値がある。しかし、経営陣の報酬が業績にリンクしているとそうはいかない。「ドゥ・モア・ベター」に対して報酬を与えるシステムは、会社の置かれた環境によっては意味のあるものだが、すべてのケースに当てはまるものではない。

戦略の基本に立ち返り、顧客に価値を提供することに集中する。これが、経営者が今日直面する競合への挑戦の核心である。そこで必要なのは、経営陣の業績評価を単年度で区切るのでなく、数年間の業績で判断するシステムを築くことだ。顧客にとっての価値創造は長期的なプロセスであり、長年行われてきた年間業績評価という概念でさえも邪魔である。このことが、アメリカであっても日本でも、サラリーマン社長よりも創業者のほうが、自社の事業の根本的なリストラクチャリングに挑むことが多い理由の一つである。

しかし、理由はそれだけではない。成功を収めた社長はみな、過去をあっさり消し去ってしまう、いわば「消しゴム」を持っている。すなわち、今日の環境、顧客あるいは競合の状況から判断して必要だと思えば、昨日自分が言ったことを覆して平気でいられるし、むしろ喜んで変えてしまうのである。

盲目的な会社第一主義、すなわち昔からのやり方に固執し、「ドゥ・モア・ベター」の努力をするという原則に何も考えずに依存することによって、企業の政策や行動パターンが形成されることが許容されている場合、経営者の仕事はもっと難しくなる。

松下幸之助氏は、自分の一番好きな言葉は「とらわれない素直な心」だと私に語ってくれたことがある。必要なのは、物事を新鮮な目で見て、何もないところからのアプローチを考え、確立された事業の見慣れた製品から儲けを生み出す限りない機会を数々見て取ることである。財務を操作しリストラの計画をまとめ上げるような優秀な企画スタッフがいなければ何もできない、という状況ばかりが存在しているわけではない。昔から行われている活動分野にも、無限の可能性がある。つまるところ、今日のビジネスシステムの設計は、モーゼの「十戒」のように神に決められた変えられないものではなく、またそうしたものであるかのように扱う理由もないのだ。

【注】
(1) 現マルハグループ本社。
(2) 現極洋。

第8章

◉

事業文化ユニットの構築

Planting for a Global Harvest

［1989年発表］

Planting for a Global Harvest

HBR, Jul.-Aug. 1989.

慈しみ育めばこそ果実は実る

私が住んでいる日本の家の庭に、私はできる限り魅力的な草花の組み合わせを選び栽培している。とはいっても、私の庭の土壌、風通し、日当たり、気温の変動に合うという条件の下での選択だ。この環境に合う植物だという種苗の説明に私は従っている。助言してくれる人は多いのだが、どの園芸専門家からも、砂漠や北極圏のツンドラ地帯、あるいは熱帯雨林に育つような植物を花壇に植えるように勧められたことはない。そうした植物を植えることに意味がないからだ。東京では育たないだろうし、だれもそんなことを期待していない。たとえ奇跡が起こり、そうした植物が芽を吹いたとしても、どう世話をすればよいのか私にはわからない。

これは、至極当然の常識であり、だれもがわかっていることだ。それなのに、経営者がグローバルな組織を育成することを望み、そのための土地を用意する場合、土壌の質、採光、気温など、組織がさらされる環境にほとんど注意を払わないのはなぜだろう。特定の植物がどのような気候や環境の下でも同じように育つものだと考えてしまうかのように経営者は計画し、その結果多大な時間と資源を投入することを決めてしまうのはなぜだろう。そうした経営者であっても、自宅に帰り週末に自分の庭に出て手入れをする時には、この当たり前の道理がずっとよくわかっている。ところが、月曜になり会社に来ると、このことをすっかり忘れてしまうのはなぜなのだろうか。

組織とその置かれた環境との適合性という課題は、もちろん目新しいことではないし、真にグローバルな事業運営をしようという企業努力が高まりを見せるなかで、重要度が急に増したわけでもない。それは、これまでもずっと「ピアノの調律」の類の問題であった。つまり、「これが答えだ」という決定的な解が見つかって終わりというわけではなく、継続的な注意と調整が必要な課題なのだ。しかしながら、グローバル化を目指す動きによって、この問題解決の緊急性が新たに生じ、そして答えを間違えた場合の痛手が大きくなってきたのである。

グローバル本社の分解

グローバル企業において重要な意思決定をすべて本社で行い、それぞれの現地組織に実行だけ下請けに出す形態で効果的に運営するなどできるはずがない。各市場の状況が違いすぎて競合状態のニュアンスも複雑だ。遠く離れた本社が管理するには環境変化が微妙で急激すぎる。意思決定者がいかに優秀であり、いかに優れた分析に基づいているとしても、彼らが本社にいる限り、個別市場の複雑な事情や現地顧客のニーズからは、いかんせん距離が離れすぎているのである。

そのうえ、第五章「トライアド戦略」でも論じたように、グローバル本社に座っていると、平均値で管理しようという強い衝動に駆られるものだ。この衝動は抵抗しがたいものであり、しかも致命的な結果につながることが多い。「世界中のどの市場でも売れる自動車を開発したいとお考えですか。わかりました。それでは、全セグメントの嗜好を足し合わせ、セグメントの数で割って答えを出しましょう」というやり方だ。グローバル本社の視点からすれば、これはもっともらしく、資源も節約できるアプローチだと考えられがちだ。しかし、このやり方でうまくいくわけがない。

一カ所にグローバル本社を置くことに伴うさまざまな限界は、理論に基づいたものではなく、痛みを伴う経験から生み出された教訓である。アメリカのある多国籍企業は、本社の国際事業部が極東各市場を長年にわたって管轄していた。日本事業の経営責任者は年間計画の承認を得ることに始まり、その後日本の市場の状況が避けられない変動を繰り返すたびに、計画を訂正するため年間で合計二〇回の本社詣でをしなければならなかったのである。この状況を喜ぶ者など一人もいなかった。

さらにまずいことに、柔軟性に欠けるこうした仕組みでは、極東市場のシェア低下に歯止めをかけることなどできるわけがなかったのである。逆にシェア低下に拍車をかけた可能性さえある。実際、日本の責任者にとって本社に受け入れられるような日本市場の数字を報告できる唯一の方法が、競合を再定義することだった。そこで、毎回市場シェアを計算する分母に含まれる競合企業の数がどんどん減らされた。となれば、社内では矛盾がないと思われていたことが、必然的に社外では矛盾してくる。日本の経営陣に対して、日々変化する市場の現実に対応するよりも、提出した業績計画に沿って活動することを、本社が事実上強く要求していたからこんなことが起こったのである。

このアプローチが無意味であることに、ようやく本社も気づいた。そして、多額のコストをかけて主要スタッフを含めた国際事業部をアメリカから東京に移管した。現在、極東の責任者のアメリカ出張は、年に数回となり、現地の問題は現地で解決するという自由度を広げた。その結果、国際事業部の業績は上昇に転じ、利益は飛躍的に伸びた。グローバルな意思決定が、顧客のいる場所、すなわち極東市場で行われるようになったからである。

地域本社という、この新しいアプローチはもう珍しくはない。日本では、ヤマハ、ソニー、ホンダ、オムロン、松下など多くの企業が、戦略策定と事業運営の責任を日米欧のトライアド地域に分散しており、サービスと資源配分の機能だけを本社に残している。事実、この方向を進めるうえで飛躍的な変化が起こるのは、企業が自国内の事業運営を本社から切り離した時である。そうなれば、グローバル本社と各トライアドにある地域本社との経営管理の「距離」が等しいものになるからだ。これを達成したグローバル企業は、最優秀の管理職は自国に残しておけないことに気づいている。彼らを重要なアクションの場である現場に送り込まなければならないからだ。

グローバル競争の参加プレーヤーとして成功したいなら、本社を分解して各地の地域本社に分散することが必要だ。その実践が、優れた経営センスを磨いていく。しかもこの方向性は、ヨーロッパで進展する一九九二年のEC統合、北米における一九九九年のアメリカ・カナダ間の自由貿易協定の実施、近年工業化を果たした国々が日本経済との統合を急速に強めているアジアでの動向とも軌を一にするものである。さらに地域本社への移行は、巧妙な金融手法に頼るのではなく、健全な事業運営の意思決定を通じて為替変動リスクをヘッジする必要性が、企業にとって高くなっていることにも呼応している。

主要国市場でインサイダーになれば、グローバル企業はコストを自国通貨から事実上切り離すことができる。つまり、各市場でその国の競合と同等にコスト競争ができる。同時に、効率よく投入資源を世界中から集めることも可能となり、これは国内競合には簡単に真似ができない。グローバル企業の強さの源泉は、インサイダーとして現地の顧客ニーズを理解する能力にある。同時に、人材、資金、技術といった経営資源をグローバル規模で活用できるのだ。

自分がだれなのかを問いかける

グローバル市場を効果的に耕すには、不在地主のような本社を現地へ移す以上の努力が必要だ。本社を分解すると、また新たな問題がいくつも持ち上がる。事業運営と戦略策定の責任を、地域レベルあるいは現地市場レベルに移行すると、本社から遠く離れた現地の経営幹部は、現地市場や地域内の社員の抱く関心、心構え、現地への親和性や忠誠心などによって、現地の意向に沿った意思決定をする可能性が高くなる。かつて多くの植民地を持っていた帝国の支配者たちが、苦渋に満ちた経験から学んだように、海の彼方の新しい領地に総督を送り込む場合には、任命される者が公式な政策だけではなく、自国政府の価値観までも深く理解し、吸収していることを確認しなければならない。実際、本社で調整を図り問題を解決しようとすればするほど、現地に赴く人材が価値観を共有しているかどうかが重要となるのだ。

企業の重要なアイデンティティをグローバル環境で維持することは、並大抵の努力でできることではない。制度や組織機構も役立つ場合はあるが、それらが目には見えない絆を育成し支援するものでなくてはならないという条件がつく。国境を超えた公平な研修制度、キャリアパス、ジョブ・ローテーション、全地域共通の経理・評価制度、くわえてＩＴシステムなどが、グローバル化の進展につれて重要性を増す。しかし最も重要なのは、どの国、どの地域で働いているにせよ、世界中の全従業員が素直に受け入れられる価値観があるかどうかである。実際、グローバル企業たるものは、企業の中核をなす価値観に沿って行動することが不可能な地域があれば、そこから撤退するだけの心構えがなくてはならない。

松下幸之助氏は、世界中の顧客に奉仕することを望んでいた。実際彼は、松下の海外での利益を日本に還流することは期待せず、その代わり参入した各国市場に再投資をした。たとえば、カラーテレビを販売するにあたり、高品位の放送設備のない国が何カ国も存在していた。そこで彼は放送局の設備一式を現地政府に寄贈し、その地の松下の顧客が美しい画像を見られるようにしたのである。彼にとって、顧客は日本にいようと海外にいようと関係ない。顧客に奉仕しようとすることに変わりはない。

今日のグローバル企業は、一九六〇年代から七〇年代にかけて存在していた植民地型多国籍企業とは根本的に異なる。すべての主要市場の顧客に同等のサービスを提供するのであって、収益機会だけを求めて新規市場に参入するのではない。企業の価値観は普遍的であり、自国の独断的主張に偏らず、どこにでも適用できる。消費者が地球上のどこに住んでいようと、どの製品がベストで最も安いのかを知っているという情報で結ばれた世界では、選択と拒否の主導権は顧客の手にあり、少し前の時代の多国籍企業のような半分眠りかけた、特権を持つ独占企業の手の中にあるのではない。

一般に現地に着任する経営者が「現地化してしまわないよう」免疫力をつけることができる。だが、現地経営者に求められているのは、経営行動や意思決定が、ますます強くなる本社への求心力に引っ張られ、適切な軌道を外れてしまわないよう、拮抗力になるという役割である。社員が世界中に分散すればするほど、そして社員の注意が現地の顧客と市場に向けられるほど、自社ならではの価値観を保持しつつ本社の融通のきかなさを免れる必要性が増す。

かつての植民地行政官、それに初期のグローバル企業経営者たちは、組織の人たちに本国と現地の意向の間で適切なバランスを取らせるやり方としては、旧式のピラミッド組織の枠のなかにきわめて原始的な手段しか持っていなかった。だからたいていの場合、腕力に頼ったのだ。遠く離れていてコミュニケーションがとれないことで、本社の頑固さは和らげられ、一方、背いた場合の罰則が脅威となって共有の価値観が強化された。今日では、腕力の行使は必要でもなければ効果的でもない。有機的でアメーバのような新しい組織形態を採用すれば、容易にバランスを図ることができるからだ。

この種の組織こそが、真にグローバルな企業運営に向かって進んでいくプロセスの最終段階である第五段階に該当するものだ。第一段階は、基本的に国内企業であった会社が海外進出し、現地の卸売業者や流通業者と取引し、手近なところから輸出をする。第二段階では現地に自前の販売ネットワークを築き、第三段階になると、企業が海外の主要市場で生産、マーケティング、販売を手がけるようになる。そして第四段階では、進出先市場でR&Dやエンジニアリングを含むビジネスシステムを築き上げて完全なインサイダーとなる。

第四段階への到達は簡単ではない。だが、その要件は経営者にとってなじみのものである。自国で機能していたハードウエア、システム、それに運営のアプローチをそのまま新しい環境に移せばよい。このプロセスでは、本社が人事・財務面などで支援する必要があり、それは、すべての海外活動について言えることである。これまたよくある話だ。

ところが、第五段階では、まったく新しい領域に足を踏み入れることになる。この組織運営の変革を果たすには、事業運営を無国籍化しなければならない。そして、かつては自国を基盤とした方針に支えられていた結束力に代わって、世界各地にいる全管理職が共有できるような新たな価値体系を創造しなくてはならない。優れたグローバル企業はこの手法で運営され、その結果、本社の努力の大半は、どの国にも偏らない中立的な人事に費やされている。真のグローバル企業では、全社員が現地採用である。社員一人ひとりがアメーバのような組織機構のなかのどこにいようと、自分の働く場所から遠く離れた場所にいる同僚たちと、互いに遠慮なく意思疎通ができる。そのなかで価値観を共有し、信頼感を築き上げていくわけだが、それには時間がかかる。理念を押しつけたり、価値観を強要したりしてスピード化を図ろうと試みる企業があるかもしれないが、それではうまくいかない。

企業文化と市場環境

グローバル化が失敗する原因のほとんどは、成功に必要な組織ならびに価値観に関するビジョンが間違っているからである。過去数年にわたって多くの欧米企業のCEOから電話をもらったが、彼らはみな、欧米以外のトライアド地域、つまり日本に進出したいと興奮して語った。「日本こそが未来であり、自社もその未来に加わらなければならない」と言う人もいれば、「私たちはもっと早く進出すべきだったのにのんびりしていました。できるだけ早く進出したいのですが、大前さん手伝ってくれますか」という依頼をする人もいた。

そこでまず私が尋ねるのは、急いで日本に進出しようと考えるに至った戦略的思考の中身である。「日本市場への進出は、本当にあなたの会社にとって意味があるのですか。あなたの会社の製品は、日本人の嗜好に合っていますか。提携できる日本企業はありますか」。たいていCEOたちは十分に予習を済ませており、適切な回答が返ってくる。次に、「あなたの会社には六万人の社員がいますが、そのなかで日本語を話せる人は何人いますか」と尋ねると、ここで沈黙が続く。同じ質問を繰り返すと、「えーと、一人もいません」。

続く質問は「あなたの会社の何人が、日本で事業を行う場合に発生する、日常的な経営管理上の問題点を真剣に検討しましたか」である。再び沈黙。次に「あなたがご存知の日本人のビジネスマンで、仕事を離れて週末を共に過ごせる友人の名前をすべて書き出してください」と尋ねる。またしても沈黙である。そこで私は、「あなたが見込んでいる進出のタイミングは、多分見直したほうがよいでしょう」と助言する。

今度は、「あなたの会社の歴史を教えてください」と聞く。「創立はいつですか。あなたと前任の経営者たちが、自国で有力企業に築き上げるまでに何年かかりましたか」。今度は沈黙しない。よく尋ねられる質問だからだ。「そうですね、アメリカ中西部の小さな機械メーカーとして始まり、電子機器業界の大企業になるまで五〇年かかりました。ヨーロッパに進出してからは、まだ一五年ですね」という答えだ。「アメリカで創業してから五〇年ですね」と私が繰り返す。「ヨーロッパで慎重に事業展開をするのに一五年かかった経験をお持ちなのに、なぜ、日本事業が順調に回り出すのに少なくとも一〇年から一五年かかると考えないのですか。現在、日本の市場規模はアメリカのおよそ半分です。しかも、日本は世界中でも最も難しい市場の一つですよ。それなのに、なぜアメリカであなたがつくった会社と同様、ここで地位を築くには二五年以上かかると考えないのですか」。またしても沈黙だ。

もちろん彼らは、篤い信仰心さえあれば暦の進行も止められると期待している。だが、物事はそんな具合にはいかない。たいていの企業の計画期間は、うまくいって五年である。CEOの平均在任期間も五年である。けれども、最近になって日本を視野に入れ始めた経営者の話は、自社の製品は一週間で日本に上陸でき、翌週にはその製品の成功が新聞のトップで報じられるだろうといった内容が多い。彼らの考えに必要なものは、よい広告代理店、よいコンサルタント会社、よい弁護士チームと連携することだけである。

こうした作業を実際に運営する担当者についてはどうするのだろう。「さまざまな業務の運営を、だれが日本で担当するのですか」と聞くと、「問題ありません。すぐにでも運動靴に履き替えて、ヘッドハンターのもとへ駆けつけます」という答えが返ってくる。だがこれも、そううまくはいかない。

こうした点を私が説明すると、たいていのCEOは意気消沈してしまう。私の説明が、また別のかたちの日本の非関税障壁ではないかとさえ言う人もいる。なかには「我々は、本拠を置く州から選出された議員をよく知っています。彼はかなりタカ派の保護主義者でね。日本に圧力をかけてくれるよう彼を説得すれば、うまくいくと思いますか」と尋ねる有様だ。「待ってください。そんな議員はまったく関係ありませんよ」と私は答えた。顧客の近くに居続けることが成否を分けるこの時代、どの成功企業も例外なく、市場で起こっている状況と真剣に向き合っている。そして、失敗企業だけが、政府機関のあるワシントン、ブラッセルあるいは霞ヶ関へ向けて奔走するのである。

大急ぎで行った努力の数々が失敗に終わる理由、日本で（あるいはどの巨大市場でも）グローバルな事業を確立するまでに長い時間がかかる理由、投資やコストを抑えるための方法がうまくいかない理由は、いずれも人材である。そして、その人材が価値をもたらすかどうかである。たとえヘッドハンターが、超人的能力を持つような現地経営陣を見つけても、彼らにあなたの会社の組織がわかるはずがないし、組織がどのように運営されているのかも知らなければ、社内ネットワークを形成する管理職たちも知らない。さらに、そうしたスーパー人材は、あなたの会社の組織の求心力となっている価値観を共有できていない。しかも、いまこそまさにそうした価値観が、組織を一つにまとめ上げる時期なのだ。これらは、スーパー人材の輝かしい経歴、能力、それに将来性とはまったく関係がない。ただ彼らには、あなたの会社の文化を学び、自分の血と肉として吸収するチャンスがなかっただけである。そして、この種のことを学ぶには非常に長い時間がかかる。

日本では事業を運営するうえで、人間関係がとても重要な役割を果たす。人材活用に長けた企業は、大卒者を採用し、計画的に本社と工場の間を異動させ、さまざまな仕事を経験させる。人材育成には時間がかかり、近道もない。企業文化の習得に短期集中コースなどありえない。ピラミッド型組織ではなく、価値観に基づくグローバル組織を築くための最重要要素は、時間をかけて社員に企業文化を浸透させることである。すなわち、社内の個人間の信頼感を醸成することは、庭にたとえれば、それぞれの一画に何が育ち、何が育たないのかを学んでいくことなのだ。

企業文化の上に利益が「開花」する

企業文化は、土壌のようなものである。ビジネスはその土壌に育つ樹木であり、利益はその木のもたらす果実だ。効果的な経営をする企業には、事業を運営する世界中のどの地域でも、同じペーハー濃度を示す同種の土壌が存在している。そして、その土壌で育つのも似たような種類の木である。しかし、この土壌のそこここに間違った種を蒔いたり、他人が育てている木を移植して育てようとしても、本来なら期待できるはずの大きな収穫を長期間得ることはできない。つまり、ゲームをするように企業買収を仕掛けて、自分が植えもせず肥料も与えずに果実だけを盗もうとするなら、土壌に合った木を年月をかけて育てたような収穫は得られないのである。

まったく同じ土壌に、根本的に異なる種類の木を植え、強い根を張らせ成長させた企業は非常に少ない。さまざまな異なる果実を収穫したいなら、それぞれの木に合った土地に植えなければならない。言い換えれば、それぞれの事業に合ったリーダーシップ・スタイル、経理システム、計画立案、評価制度、インセンティブなどで構成される「健全な環境」が必要なのだ。

グローバル企業は、組織の問題を新たな視点から見なければならない。顧客や市場が類似しているため、各事業ユニットを職能別に区分することなど、もはや重要ではない。いま目を向けるべきは、どうすればさまざまな事業を、それらが繁茂できる共通の土壌、すなわち、「事業文化ユニット」(産業区分に基づくまとまりではない)でくくることができるかである。

ここで、船、航空機、発電所設備などを造る会社を考えてみよう。受注仕様で大規模な産業用システムを建設することにかけては素晴らしい力があり、まさに第一級の会社である。この会社が、これまでにコンピュータやエアコンといった別の製品分野にも多角化を試みてきたことは容易に想像できる。そうした試みはまた、毎回失敗に終わっていたに違いない。だが、航空機や発電装置といった複雑で多種多様な製品を製造する業界で、みごとな成績を収めることのできる企業が、なぜ事務機器のような大量生産品目を軌道に乗せられないのだろうか――まったく、腑に落ちない。

ところがこれは、もっともなことなのだ。航空機や船を建造する場合、R&Dは一〇年から二〇年先を見据えている。受注先の担当者と細部について話し合い、丁寧なプロセスを踏んで、具体的に何を、いつまでに欲しいのかを明確に理解する。つまり、細かい注文に沿って造るのだ。一年後あるいは二年後に顧客の好みがどう変わるかとか、来月あるいは再来月に自社の製品に対する需要水準がどう動くかなどを予測する必要はない。顧客が直接教えてくれるからである。いったん顧客と三年から五年先の納期を規定した契約書にサインしてしまえば、後は製造コストを下げる方法を工夫すればよい。受注から納入まで長期間かかる事業では、総コストのほぼ九〇パーセントが製造コストであり、コスト削減が利益を得る近道だからである。

ところが、エアコンとなるとすべてが変わってくる。まず、時間軸が異なる。経理システムも、計画立案も、コスト照準も違う。焦点を絞るべき作業といえば、あてにならない市場予測と、顔の見えない顧客相手の大量生産だ。計画見通しはせいぜい一年先までだろう。受注生産などなく、製造コストは総コストの三〇パーセント程度で、「最も可能性が高い」という推定値を選び、「こういう人たちだ」と仮定した顧客が一年先に何を欲しがるのかを想定した計画に従うのである。もし冷夏で雨が多ければ、知恵を絞った計画は失敗に終わる。逆に、異常気象で猛暑とわかってからでは需要に追いつけない。この場合、顧客を深く理解することなど不可能なのに、市場予測をして判断しなければならない。年二回のギャンブルで継続して完全試合を達成し続けることが、事業を成功させるカギなのである。

航空機や船の建造にとってはベストである経理システムや組織機構でも、エアコン事業にとっては役に立たない。というのも、両者は異なる事業文化ユニットに属しているからだ。したがって、一方の事業文化で、両事業を育成することなど不可能なのだ。

エアコンや白物家電に合った事業文化を持つ企業は、経営者がその流通チャネルをよく理解し、経験豊富な販売部隊もいる。計画期間は六カ月だ。完璧なインフラさえ築けていれば、そこそこの製品であっても三〇パーセントの市場シェアを獲得し、かなり魅力的な利益率を達成することが可能である。ただし、この会社がコンピュータや通信機器事業に手を染めれば、時間軸、売上げとコストのとらえ方、経営システムなどがまったく異なるため、航空機製造と造船の企業がエアコン事業で失敗したのと同じ過ちを犯すことになる。エアコン事業の企業にはハードよりもソフトウエアが重要だという概念も、コミュニケーション・ネットワークと個別機器の違いも受け入れがたいだろう。

こうした事業文化ユニットの違いに鈍感な経営者が多すぎる。経営者は、異なる事業の成長を可能にする「土壌」の違いを無視してしまう。実のところ、経営者は全社の活動を、じっくり考えたり現場に赴くこともせず、社長室に座り机に両足をのせて、ただ眺めていたいのだ。そして、多業種にわたるグローバル事業のすべてに、共通なシステム、共通な評価基準、共通な戦略を使いたがる。すべての製品ラインに共通指標を導入して、ひと目でわかる比較をしたいのである。経営者が単純さを好むあまり、こうして混沌状態が生まれてしまうというわけだ。

事業文化ユニットという考え方は重要である。ほとんどの大企業は、結果として巨大となった市場分野で支配的な地位を築いたのであり、幅広い事業分野の一部始終を支配してきたわけではない。事業の大部分を「単一文化」で占めているグローバル企業で考えてみよう。GMの八八パーセントは自動車事業、ロイヤル・ダッチ・シェルの八八パーセントが石油事業、エクソンの八七パーセントが石油事業、フォードの九三パーセントが自動車事業である。ほとんど同じことがIBM、トヨタ、ブリティッシュ・ペトロリアム、モービルなど数多くの巨大かつ強力なグローバル企業について該当する。

GEは広汎で多様な事業を運営しているが、注意深く見てみると、同社の事業活動の多くは、たとえば重電機製造と航空機用エンジン製造のように、同じ事業文化ユニットにまとめることが可能だ。しかし、キダー・ピーボディ証券となるとそうはいかない。同社もGE傘下での発展が可能だが、それには固有の事業文化を維持する、という条件がつく。キダー・ピーボディのマネジメントはGEのそれとはまったく異なる。つまり、独自の経理システム、計画立案など、独立した事業文化ユニットとして取り扱うのである。

では、どうすれば事業文化の違いを区別できるだろう。それぞれ、どのような特徴があるだろうか。また、個々に異なる事業文化ユニットを育てるためには、どこに境界を引けばよいだろうか。これらを正確に把握するには、次の五つの質問に対する答えを見つけなければならない。

①主要事業は製造活動だろうか。コストを構成する要素は何か。エンドユーザーは、何に対して金を払っているか。
②主要製品は大量に生産されるか、それとも多品種少量生産か。
③投資のパターンはどのようなものか。たとえば、金属精錬には何年かに一度は大規模な投資が必要であり、家電製造では少額の投資を何度も頻繁に行わなければならない。
④事業の目標期間はどの程度か。事業の投資収益率は一〇年で確定するか、それとも五年か。あるいはブランド商品のように、二、三年で利益が確定するのだろうか。
⑤製品の寿命はどの程度か。塩化ビニールなら寿命はかなり長いので、需要供給のバランスに応じた戦略を採って長期的な業界全体のコスト・カーブを目標にすることができる。事務用機器であれば、寿命は五年程度であり、長期の収益計画を立てることが可能だ。カメラやその他家電製品であれば、

製品寿命はかなり短く、戦略もそれに合わせて策定しなければならない。

中間管理職の行動に対しては、基本的な経済構造、生産方法、投資パターン、収益の回収期間、それに製品寿命といった事業運営に関わるさまざまな要素のほうが、上司の命令などよりもずっと大きな影響を与える。だからといって、何も中間管理職が頑迷だとか不服従だということではない。その理由は、管理職が事業運営の前提としているさまざまなシステムや戦略が、こうした要素から形成されるからである。そして、これらの要素の数々が事業文化を規定し、その文化が何を育て、何を育てないかを決定するのだ。

勝利の継続を目指して

グローバル競争を制する最優秀企業は、本社が中央でコントロールするのではなく、主要市場と顧客のそばに現地経営陣が控える地域組織を擁し、それらのネットワークを通じて運営されている。しかしながら、これがうまく機能するのは、現地の利益や問題の解決を優先しようとする力を相殺できるくらい強力な全社共通の価値観があり、それが現地経営陣全員で共有されている場合に限られる。この価値観こそが事業文化を構成する重要な要素であり、グローバル企業はそこに、広範囲にわたる事業活動を根づかせようと試みる。

しかし、各事業を個別に見ると、そこには価値観のほかにも重要な要素が含まれている。それが先の五つの質問で特定できる事業の特徴であり、どのような努力をすれば、庭のどの区画に花が咲くかがほぼ決まる。共有価値観は、こうしたさまざまな事業文化の違いと相容れないものではない。それどころかこうした違いを真剣に受け止め、自分たちの事業に最も適した事業文化ユニットに合致させようとする現地経営陣の努力を結束させるものなのだ。

グローバル活動の成功を目指して「種を蒔く」ということは、すなわち、現地のニーズと全社の共有価値観とをバランスさせ、また各地特有の環境条件をそれぞれの事業に合わせバランスさせるという、実に骨の折れるプロセスなのである。これには固い決意と確実な実行力が要求される。長期的には、事業文化ユニットごとに、別々のグローバル事業を構築しなければなるまい。事業文化の共通点は、経済的成功を収めるうえで非常に重要であることから、従来の言葉の違いや各国文化の違いを簡単に乗り越えることができる。

特にこれが顕著なのが、先進国においてである。開発途上国では、一社が広汎かつ多様な事業で支配的な市場地位を占めていることが多い。たとえば、タイのサイアム・セメント、韓国の五大財閥、戦前の日本の三井や住友系列の企業群などである。ところがさらに詳細に調べてみると、独占あるいは寡占企業の強大な力の源泉が、生産設備の許認可といった意思決定プロセスに与える大きな影響力にあることがわかる。こうした企業はまた、良質な人材を採用し訓練でき、優れた技術やノウハウを海外から採り入れることもできる。しかし、市場の要求がもっと厳しくなってくると、事業をどれだけうまく現地の事業文化に合わせて調整できるかが成功のカギとなる。

残念なことに、グローバル事業の育成に必要なプロセスを確実に進めることは、外的環境の変化によってかなり難しくなっている。たとえば、その土壌づくりを台無しにする点でひどいメカニズムがアメリカの法制度には組み込まれている。カルテルや独占行為を禁止する「シャーマン法」では、競合企業と価格について話し合うことが禁じられている。ところが、売り手が価格を差別化することを禁ずる「ロビンソン＝パットマン法」では、各社の価格設定は合理的かつ論証できるかたちで、競合の設定価格に近くなければならない。だとすれば、自社製品を自社ブランドで販売し、同時にOEMにより他社ブランドでも販売する場合、あるいはプライベート・ブランドで販売する（先進国経済では一般的である）場合に、大陪審の訴追を受けないように自社製品の価格を設定するには、（他社の価格を透視する）超能力でもないことにはほとんど不可能だ。つまり適正価格の範囲がどこにあるのかまったく見当もつかないまま、かなり狭い範囲を目標に価格設定しなければならないのである。

各国通貨の為替レートが定常的かつ予測不可能な変動を続けるいま、「ダンピング」もまた時代錯誤の一例である。反ダンピング立法には道理にかなった利点や目的があるにせよ、海外生産者は事実上、為替レートが変動するたびにヨーヨーのように価格を上げたり下げたりしなくてはならない。これまでの価格を半分にしたり倍にしたりといった大きな範囲で、しかもそれを顧客とはまったく関係のない、政府の近視眼的判断によって動かすことは、顧客を困惑させ離反させてしまう。しかし、この馬鹿げた法律に従うことを拒否すれば、ダンピングのそしりを受け、新聞のトップ紙面を飾ってしまう可能性が高い。

各国市場に長期間とどまろうと考えるグローバル企業であれば、こうした類の変動は企業努力で解決するだけの腹づもりがなくてはならない。また、顧客の視点から見て、品揃えを安定させておかなければならない。ところが、その邪魔をするのが法制度である。しばらくは我慢したとしても、その限界を超えると「なぜこんなことに付き合わなくてはならないんだ。自国の通貨で、自国の市場にとどまって事業をやるほうがよほど簡単だ」と経営者たちは断念してしまう。こうした経営者の発言は、本音ではなくスタンドプレーにすぎないのかもしれないが、その影響は組織の底辺で行われる意思決定に確実に広がっていく。状況が厳しくなると、やっていたことを途中でやめてしまい、さっさと逃げ出そうという衝動が間接的に助長されてしまうのだ。

一九八〇年代中頃、日本の自動車メーカーと家電メーカーに何が起こったのかを考察してみよう。この二業種は、アメリカで巨額の利益を上げ、日本でもまずまずの利益を上げていたが、ヨーロッパではほとんど利益を上げられなかった。この状況を見ていたアメリカ企業は、ヨーロッパ市場は進出する意義がなく日本市場も最低水準の魅力しかないので、両市場から撤退すると結論づけたと思われる。ところが暦を進めて数年後の状況を見てみると、活況市場は別の場所に移っていった。為替レートも変わってしまった。日本での利益は急上昇しているが、アメリカでは急降下している。一方、ヨーロッパ市場の魅力は飛躍的に高まった。さてどうするか。アメリカ市場からも撤退するのか。それで残るものといえば……何もない。

グローバル企業であることは、グローバル市場全体を自社に適した土壌として、また木を植えて育てる場所として見ることを意味している。そのなかの一本の木に何が起ころうと、他の木を全部移植してしまおうなどと夢想だにしてはならない。もっとも、その木を植えた場所の土壌が適していて天候もおおむね良好ならば、という条件がつく。たとえ今年果実が実らないとしても、季節が巡ればいずれ実をつけるのである。

一九八九年現在、日本企業は日本国内でかなりの高収益を上げているが、それは四、五年前に国内市場が不調であった時に日本から逃げ出さなかったからである。同じ理由で、日本企業はヨーロッパ市場でも高収益を上げており、アメリカでも好調だ。それは、度を失い狂乱しがちな株主の論理という口車に日本企業が乗らなかったからである。

ところがアメリカの経営者たちの多くは、工場を持たずいかなる施設も持たず固定費を抱えないで、その代わりオフィスに男がたった一人で何人ものポートフォリオ・マネジャーを使い数十億ドルの資金を投資し管理している、という姿が理想のグローバル企業だと信じ込んでしまった。いずこであれ、最高のグローバル企業がみなやってきたように、日本企業は自分の手で確実に庭の手入れをこれまで続けてきたということである。

第9章

◉

リージョン・ステート・システムの経済学

Putting Global Logic First

［1995年発表］

グローバル理論を最優先せよ

ボーダレス経済において、アダム・スミスの言う「神の見えざる手」は、彼自身が想像した以上に、あらゆる分野で強く働いているようだ。アダム・スミスの時代では、経済活動と呼ばれるものは、たとえば、アイルランドのウール、ポルトガルのワインといったように、ネーション・ステート（国民国家）という政治的境界線で規定された、ある一定の範囲内で展開されていた。しかしいまや、政治機構を含めたすべての機関は、経済活動の展開に沿って運営されなくてはならない。ビジネスと政治は、その歩調を合わせながら共存するようになってきている。

一八世紀から一九世紀にかけて産み落とされたネーション・ステート・システムが、政治的な憤りや民族的な偏見、部族間の憎しみ、宗教的な敵意などの前に消滅しかかっているのが明白に見て取れる。その劇的な例が、いまはどちらも国家としての存在を失ってしまった、かつてのソ連やチェコスロバキアである。

実はほかにも多くの例がある。統一ドイツでも、連邦政府はいままでにないほど、それぞれの州に権限を委ねている。スペインの一七の自治区、なかでも歴史的なアイデンティティが色濃いカタルーニャなどは、ほとんど独立国家のような権限を持ち始めている。カナダのフランス語圏であるケベック州は、英語圏である他の州から分離独立するべく、積極的な活動を展開している。フランスのフランソワ・

ミッテラン政権の閣僚たちですら、国内二二の地方政府によって下された決定事項を、もはや拒否することはできなくなっている。

政治的文脈のみに従って、これらの出来事を判断することは危険である。もちろん、半世紀近く続いた冷戦構造の終焉は、多くのものに大きな変化をもたらした。たとえば、スーパー・パワー（大国）からの圧力がなくなり、長い間押さえつけられていた政治的な動きが一挙に吹き出した。

しかし実際には、より根本的な三つの要因が働いている。第一に、人やアイデア、情報、資本が瞬時に国境を超えて移動する世界では、冷戦時代の忠誠心ではなく、必要な資源が手元から消えてどこかにいってしまうという恐れが意思決定に影響を与える。

一瞬のうちに莫大な資本が取引されているグローバルな金融市場では、各国政府が自国の通貨を守ったり為替レートをコントロールすることなどできない。政治家たちも、自分のコントロールの及ばない人々や機関投資家の経済的な選択によって、金融市場が左右されていることに気づき始めている。マーストリヒト条約（欧州連合条約）に合わせて起こった、イギリスのポンド、スウェーデンのクローネ、フランスのフランの為替投機のことを覚えているだろうか。各国政府は為替相場を安定させようと、何十億ドルもを投じたがうまく対処できなかった。この事実は、為替投機によって特定の通貨の価値が変わってしまうことを教えた。

第二に、情報があふれるなかで、世界中の消費者が他の人々はどう暮らし、何を味わい、何を好むのかということを知るようになり、世界の消費者の好みが一つのものに集約されるようになってきた。コーラやジーンズ、スポーツ・シューズ、デザイナーズ・ブランドのネクタイやハンドバッグなどのグローバル・ブランドは、上海でもストックホルムでも同じである。

消費者の嗜好が集約されていくにつれて、各国政府には、世界のいちばん良質で安価な品物が国民の手に入るようにせよという圧力がかかり始めている。政府が公共の利益や市場の保護にかこつけて、この圧力を無視すると、人々は政府への批判票を投じる方法を探すことだろう。

第三に、重商主義者の文脈では富を生み出す強力なエンジンとされるネーション・システムも、いまでは逆に、富を壊す強力なエンジンになってきている。政権を維持するために、政治家たちはその支持勢力である圧力団体、たとえば日本では、労働組合、農業・漁業団体等の無理な要求にも応えなければならない。合法性を維持するためには、たとえどんなに費用がかかろうとも、すべての国民にシビル・ミニマム（生活のために必要な最低限の環境条件）を提供しなければならない。東京であろうが、沖縄の離島であろうが、選挙区には、電話、電気、郵便、道路、学校、港湾などが全国一律で揃えられなければならないのだ。

日本の四七都道府県のうち四四自治体はそのための補助金を政府からもらっている。そして首都圏の三都県がこの一部を負担している。この不均衡は驚くばかりである。東京、大阪、福岡、札幌、名古屋の五地域で、日本の富の八五％を生み出しているのだ。しかし、この五都市のうち東京だけが、本当の納税自治体である。他の四都市すべてが、納税額を上回る補助金や交付金を政府から受けている。その一方で、青森市は年間予算一五〇〇億円だが、地方税の収入は三〇〇億円しかない。地方税だけでは賄えない予算のすべてを政府からもらっている。このように政府が特権を守り、シビル・ミニマムを全国一律に提供するのも、おそらく納得できる政治的・社会的な理由があるからなのだろう。

しかし、経済的に見ればまったくナンセンスである。非効率なことに資金を投下しても意味がない。ボーダレス経済では、このような方法は維持し切れない。遅かれ早かれ（一般的には早く）、市場における「神の見えざる手」が、資源や経済活動をよそに移してしまうだろう。

ここ数年、日本政府は、バブル以降の不況を脱して、経済にはずみをつけようと、ケインズ主義者的な考えの下、三〇兆円以上の資金を投下してきた。この政策は一応機能したが、国内の生産や雇用を盛り返すには至らなかった。需要は伸びたが、供給は中国や韓国、そしてその他の国によるものである。日本でさえ、政府や政策がその力を失いつつある。

これは、別段驚くに値しない。ネーション・ステートそのものが、はるか昔の時代のニーズに応えるためにつくられたシステムだからだ。ネーション・ステートには、ボーダレス経済に効果的な役割を担うための、意志も、信頼も、手立ても、政治的基盤も、インセンティブも働いていない。ネーション・ステートがその身を「神の見えざる手」に委ねていられるのは、歴史的背景や経験則によってコントロールできる、あるいは規制できる場合のみである。

ネーション・ステートは、その志向やスキルによって、経済的ではなく政治的な見地で、経済活動上の選択を下してしまう。だから政権は、選挙に備えたり有権者の期待に応えたりするために、一般的、間接的、長期的な利益を犠牲にして、即時の、目に見える、特定の利益を常に優先する。

将来の有権者はまだ投票しないから、政権は進んで過去のしがらみにとらわれようとする。つまり、最低限言えることは、グローバル経済では、グローバルな論理を基本とせずに意思決定を行うネーション・ステートというシステムが、不自然な存在、機能不全な存在になっているということだ。

経済活動を考える際に、ネーション・ステートというシステムはもはや意味を持たない。ボーダレス経済において、ネーション・ステートはレベルを間違えて物事を組み合わせてしまう。たとえば、欧州連合（EU）のなかで、イタリアを一つの経済ブロックと考えることに、どれほどの意味があるだろうか。「平均的なイタリア」というものは存在しない。また間違いなく、その中心になるような社会的・経済的グループというものもない。イタリアには工業化した北部と、まだまだ田舎のままの南部があり、生産できる物や必要とする物がそれぞれまったく違う。行政にしても、企業にしても、イタリアを一つの平均的な姿でとらえることは、有用な知恵を抵当に入れた代わりに、まったく役に立たない経済的な遺物を手に入れるようなものだ。

リージョン・ステートの台頭

ボーダレス経済の時代に意味をなす単位はリージョン・ステート（地域国家）、すなわち、北部イタリア、ウェールズ、ドイツのバーデン・ヴュルテンベルグ州、カリフォルニアのサンディエゴ、メキシコのティファナ、香港と中国南部、シンガポールと隣接したインドネシアの島々を含む「成長の三角地帯」、あるいは関西として知られる大阪とその周辺地域といった地理的単位だろう。

これが自然な経済圏なのだ。国境が描く枠にはまる場合もあるし、そうでない場合もある。もし、国境通りにはまっているとしたら、それは単なる歴史的偶然にすぎない。言ってみれば、そんなことはどうでもよいのだ。重要なのは、このリージョン・ステートそれぞれに、グローバル経済で成功するために欠かせない要素があるということだ。少なくともリージョン・ステートには、グローバルな論理をまず基本に置くという決まりとそのためのスキルがある。

たとえば、東南アジアで見られるように、香港の経済圏は最初に中国本土側の深圳《しんせん》に広がり、そして珠江《チュウチアン》デルタ地帯まで拡大している。一人当たりGNPが一万二〇〇〇ドルに達する香港の経済が、後背地の深圳の人々の所得レベルを引き上げる力となり、いまや深圳の一人当たりGNPは五六九五ドルである。ちなみに中国全体の一人当たりGNPは三一七ドルでしかない。

今日では、この香港との経済的つながりは、深圳から珠海《チュウハイ》、厦門《アモイ》、そして広州《こうしゅう》にまで広がっている。西暦二〇〇〇年には、沿岸部の一一〇〇万人に及ぶ住民の一人当たりGNPは五〇〇〇ドル以上になると推測される。中国政府首脳は、この状況に自信を持ち、深圳や上海でうまくいった「経済特区」をさらに一四の地域に広げようとしている。この政策には、外資の参入、資金調達、物資の移送等についての優遇策が盛り込まれている。雲南《ユンナン》省での経済開発プロジェクトは、ラオスやベトナムをもその射程に入れたものになっている。

ベトナムのホーチミンでも、外資を呼び込むために、「セップゾーン」といわれる同じような政策を採り始めた。さらに一九九二年には、インドネシア、タイ、マレーシアも、シンガポールの「成長の三角地帯」にならい、マラッカ海峡を挟んだメダン、ペナン、プーケットという三つの都市を経済的にリンクさせるプロジェクトを発表した。

ほかにも同じような動きが始まっている。豆満江《とまんこう》開発は、中国、北朝鮮、ロシアにまたがっている。日本では官民共に、北東アジア経済圏に興味を示しており、新潟とロシアのナホトカ、ハバロフスク、ウラジオストクなどを含む環日本海経済圏開発を目指している。また、この経済圏と豆満江開発とを結びつけようという提案もある。冷戦時代の敵意などはどこにも残っておらず、すでに日本海を横断するフェリーが就航している。

一九九四年初頭、中国遼東半島の大連では、すでに三五〇〇に上る数の企業が操業しており、そのうち二五〇〇は外資系企業である。大連の経済成長は、外資に対して魅力的な環境を提供できるかどうかにかかっていることを大連市長はよく理解している。また彼は、赤字経営の地元の国営企業を守るために資源を割り当て、外資のニーズを無視するようなことは無理だということも知っている。大連市も市民もそんなことをする余裕はないのだ。

中国北東三省でも同じことが起こっている。ノート型パソコンのプリント基盤やビデオ・プレーヤーのシリンダー磁気ヘッドの生産の習熟曲線が、日本より急勾配を描いているのだ。日本より高い生産性が、何と日本のたった二％の賃金で達成されているのである。

このような経済的成功が可能になるのは、リージョン・ステートが今日の世界経済活動の流れに、開放的に対応しているからである。こうした対応は、ネーション・ステートではできない。

アメリカの下院議長であったトーマス・D・オニールは、「すべての政治は地域的なものだ」ということを好んで述べていた。しかし、リージョン・ステートは政治単位ではなく、あくまでも経済単位であり、その地域内の視点しか持ちえない。ネーション・ステートの国境内に入っているかもしれないが、リージョン・ステートは世界経済と結びついている。

リージョン・ステートでは、海外からの投資、外資による所有、輸入製品が歓迎される。域内の雇用が促され、生活水準が改善され、世界の最も安価で良質の製品が手に入れられるようになるならば、何でも歓迎されるのだ。また、自国で生産しないほうが、低コストで質の高い製品を手に入れられることがわかり始めている。たとえば、農地がなく農民もいないシンガポール国民のほうが、日本人よりもずっと安くて質のよい農産物を手に入れている。さらに、世界貿易や投資活動によって得た余剰は、シビル・ミニマムの整備や斜陽産業への補助金などには回さず、生活の質の改善のために使われている。

リージョン・ステートのリーダーは、世界各国を視察しに回っても、生産現場の移転や海外からの直接投資を呼びかけるようなことはせず、帰国すれば「どんな犠牲を払ってでも、国内の雇用ならびに製品製造を守る」と誓う姿がテレビに映し出される。

ボーダレス・ワールドでは、リージョン・ステートこそが自然な経済圏である。なぜなら、グローバル化の流れがその輪郭を決めるからである。主要な消費財市場に見合う規模が必要である一方で、そこに住む市民が経済的な利益、消費者としての利益を分かち合えるくらいに、小さいことも要求される。また、コミュニケーション、交通といったインフラを整備したり、プロフェッショナルなサービスを供給したりする際には、その経済効率が達成できる十分なサイズでなければならない。たとえば、少なくとも国際空港が一つは必要だろうし、さらに国際級の貨物取扱設備のある港湾が必要だ。人口はだいたい五〇〇万人から二〇〇〇万人。人口範囲の幅は広いが、両極端の五〇万人とか、五〇〇〇万人、一億人ということはない。

リージョン・ステートが繁栄すると、その成功は隣接地にも波及する。バンコクとその周辺の経済開発の成功を見た投資家たちは、タイの他の地域にも投資することをすぐに考えるようになった。マレーシアのクアラルンプール、インドネシアのジャカルタ、もちろんシンガポールも同じような成功例である。ブラジル政府が、サンパウロやその周辺地域に対しリージョン・ステートとしてグローバル経済に参加すると宣言すれば、同じように成功することだろう。そうなれば、サンパウロは、一〇年以内にＯＥＣＤに加盟することも可能になる。そうでもしなければ、ブラジルには急速な経済発展など望めない。

発展段階に応じた対応策

リージョン・ステートを形づくるのは、グローバル経済に参入する起点になろうとする、その地域の意志である。しかし、リージョン・ステートが描く未来像は、それぞれの地域が発展の梯子のどのあたりを登っているかによって異なる。しかし、梯子を登っているということは、正しい政策、機関やインフラの整備を正しいタイミングで行っているということにほかならない。

一人当たりGNPが三〇〇〇ドルくらいになると、主要な消費財市場としても、また生産者としても、もっとグローバル経済に加わりたいという欲求が、リージョン・ステート内にだんだん強くなってくるのが一般的だ。たとえば日本では、この欲求は、急速に増大したカラーテレビや冷蔵庫、安い自動車への需要というかたちで表れた。

一人当たりGNPが少し下の一五〇〇ドルから三〇〇〇ドルの段階では、一九九五年時点のタイのように、オートバイに対する需要が出てくる。また、一五〇〇ドルに満たない段階では、中国の上海やベトナムのように自転車となる。三〇〇〇ドルの入り口段階では、より国際的な貿易に対応するために、水道、電力、通信、金融などのインフラ、近代的な高速道路や鉄道網を整備することが必要になる。

五〇〇〇ドルの段階では、経済発展のために必要なものが変わってくる。グローバル経済のシステムのなかに組み込まれたいという欲求が急速に強まる。質のよい自動車への需要が芽生え、最新の国際空港や高速鉄道システムへのニーズも生まれてくる。この段階では、地方のエリートの間でさえ、物質的繁栄への欲求が膨れ上がる。また、たとえば、クリーンな環境に住む、工場労働では欧米流に児童労働の禁止法などが整備される、あるいは休暇を取れるような労働条件がきちんと規定されるなどの生活の質に対する配慮がなされるようになり、この傾向は一人当たりＧＮＰが一万ドルを超えるまで変わることはない。

五〇〇〇ドルの段階では、ほかにもさまざまな現象が起こりうる。グローバル経済とのつながりが強まる一方、経済のソフト面、たとえば、通貨や金融システム、通信などはまだ全面的に開放されていない。依然、厳しい政府の規制・管理が残っている。もちろん、これをそのまま維持しようという誘惑もある。なぜ、規制緩和や開放経済によって混乱を招いたりコントロールを失う必要があるのかという結論を導いてしまうからだ。ほとんどのヨーロッパの中規模国家が、この誘惑に負けてしまっている。これこそ、これらの国々が一人当たりＧＮＰ五〇〇〇ドルの壁を超えるのに四苦八苦している理由である。

これとは対照的に、台湾では、同じくらいの段階で積極的に外国為替や他の市場の規制緩和が進められた。その結果、数年の間に一人当たりＧＮＰが一万ドルの水準に達したのである。シンガポールも基本的に同じような飛躍を果たした。これまで抜きつ抜かれつで来たのに、韓国が五〇〇〇ドルの壁を超えられない間に、香港、シンガポール、台湾がその壁を超えた理由はそこにある。

事実は明らかである。一人当たりＧＮＰが五〇〇〇ドルに達した段階で政府がどういう政策を採るかによって、いかに早く、そして首尾よく一万ドルに達するかどうかが決まる。政府がグローバル経済に開放的な体制を採れば繁栄は続く。開放しないか、したとしてもいかにも気乗りしない様子で、中央政府の規制・管理が続くようであれば、成長はおぼつかない。

政策的チャレンジ

官民にかかわらず、政策決定者は、どのレベルにいようと、リージョン・ステートの発展を阻む政府の介入をどうやってうまく避けるかについて注意深く考えるべきである。シリコンバレーは、かつてアメリカのマイクロ・エレクトロニクス産業の殿堂のようなところであった。しかし、産業連盟を組織し、連邦政府に対してロビー活動を行い、政府から研究開発への補助金を引き出すために競争力分析をした結果、完全に保護主義者になってしまった。

日本は九州にシリコンアイランドを開発し、台湾も独自にシリコンアイランドの開発を始め、韓国はシリコン半島を育てつつある。これはシリコンバレーにとっては最悪のシナリオである。結局、カリフォルニアに新しい資金は流入せず、新しいエネルギーに満ちて潤沢な資金力を持った競争相手を育ててしまったのだ。

シリコンバレーからこれほど遠くないところでは、まったく違うことが起こっていた。ハリウッドは厳しい資金不足に陥った時に、外資に反対する保護主義者とはならなかった。二〇世紀フォックスはルパート・マードックを招き、タイム・ワーナーは東芝と伊藤忠商事の、コロンビア・ピクチャーズはソニーの、MCAは松下の資本を入れた。おかげで、一〇〇億ドルもの資金がハリウッドに流れ込んだ。また、これと同じくらい重要なことだが、日本やその他の資本にとっても、一〇〇億ドルでハリウッドの会社を手に入れることができたのである。

世界の政治のリーダーは、やっとこれらの先例に注意を払い始めたばかりである。しかし、彼らの多くは考え方を変えたくないようだ。もちろん、これは当たり前のことだ。彼らの力は伝統的なネーション・ステートに根差しており、その崩壊を黙って受け入れられるわけがない。しかしそれでもなお、ネーション・ステートの衰退を甘受しなければならない。さもないと、国内の、あるいは国境をまたいだリージョン・ステートに経済活動は移行していき、政治のリーダーは、シビル・ミニマムを主張する選挙区と政治的な小さな殻のなかに取り残されてしまうだろう。

たとえば、ケベック州の独立問題は心情的には大きな意味を持つにしても、カナダ全体にすれば、経済的にも政治的にも重要な問題ではない。北米自由貿易協定（NAFTA）が発効し、アメリカとカナダの各地域の結びつき、たとえば、シアトルとバンクーバーといった太平洋岸北西リージョン・ステートや、デトロイト、クリーブランド、トロントなどの五大湖周辺リージョン・ステートのほうがはるかに重要になってくるだろう。

カナダのリーダーはこの新しい状況にどう対処するのだろうか。また、同盟関係をどう導いていくのだろうか。もし、彼らがカナダを政治的に運営していくならば、このような疑問への現実的な処方箋を書かねばならない。現状では、彼らはあまりに過去の問題にとらわれすぎており、そういう問題意識を持っているかどうかさえ疑わしい。

たとえば、ブリティッシュ・コロンビア州でフランス語と英語の両方を教えるかどうかの社会的論議にはまったく意味がない。これは、教育的な、また語学の選択といった問題ではない。ブリティッシュ・コロンビア州が今後、隣接の州よりもアジアとの経済的依存性をますます強めていくという現実のなかで起きている情報と投資の問題なのだ。

中国でも同じことが言える。もし中国が、経済的かつ政治的に生き残ろうとするならば、領土内で、数々の自治的な地域国家が生まれてくることを容認しなくてはならないだろう。二一世紀には、いま以上に、一二億人にも上る国民を一つの中央統制的な経済政策でコントロールすることは不可能になるはずだ。近代産業社会へ移行するためには、人々への教育が必要である。いったん教育を受ければ、人々はそれぞれ自分たちのために、他の世界ではどのようなことが行われているかの情報を集め出す。他の世界は中国連邦、もしくは中国連合のために、計画がうまく運ぶことを望むばかりである。

台湾はどうだろうか。蒋介石世代が減っていくにつれて、台湾は将来に向けた選択を考えなくてはならない。針路を間違えれば、侵攻や内乱という事態を招くだろう。だが、正しい針路を築くことができれば、中国連邦の主要メンバーとして、世界でも重要な地位を占める経済パワーを持った自治体となることだろう。

実は、このような事例はそれぞれに独立した話ではない。どれも、ありもしない事件に基づいた、仮定的な心配事ではない。リージョン・ステートの台頭は、現実に起こっていることなのだ。

我々は、ボーダレス・ワールドで起こる経済活動の流れに逆らうことはできない。政治のリーダーの、現実的かつ責任ある唯一の課題は、この流れを市民によりよい生活をもたらすものとできるかどうかだけである。つまり、いま出現しつつあるリージョン・ステートの存在を認識し、その価値を理解するということだ。

第10章

◉

日本からの手紙

Letter from Japan

［1995年発表］

Letter from Japan

HBR, May-June 1995.

規制という「国境」

一九九五年現在、工業化を果たしたどの先進国も、グローバル経済と隔絶した孤島とはなりえないはずだが、日本はいまだ孤島のような態度をとっている。日本で消費者に直接マーケティングを試みようとする人たちの置かれた、ひどい状況を考えてみよう。

日本政府が保有し運営している郵便サービスの料金体系では、第一種郵便、すなわち封書を国内に送るには八〇円（およそ八〇セント）かかる。アメリカ、あるいは香港から日本に航空便で送ればたった五〇セントだ。日本企業のマーケティング担当者は、国内の一般家庭宛のダイレクト・メールを国内ではなく、アメリカか香港から発送すればずっと安くつく。それゆえダイレクト・メール業界にとって、価格競争力のある海外の郵便サービスを使うほうが経済的には得策であり、一方、日本政府にとっては、国内の郵便制度の効率化を推進し、料金を下げるほうが理にかなっている。ところが日本政府は、日本企業が海外からそうした郵便を日本に送ることを禁止してしまったのだ。

政府のこの反応はよくある安易なものだが、同時に破壊的でもある。日本は、自国経済のたどる運命を、あたかも完全に自分だけで決定し続けることが可能であるかのように振る舞っている。グローバル経済のなかで、自国の国境線がいまだに根本的な意味を持つと信じているようだ。

しかし反証は山とある。たとえば、国内経済に資金を投入して需要を喚起し、新たな就業機会を創り出そうという試みとして、日本政府は過去数年間、必要とも思えない高速道路や橋などの建設プロジェクトに三〇〇〇億ドル超を費やした。この計画はたしかに功を奏した。需要は増え、就業機会も増えた。だが、それは日本国内ではない。ボーダレス経済では、市場を動かす見えざる手が価値創造的活動を最も効率的に行える場所へと移動させてしまう。だから、新たに創り出された供給の増加、そして新たな就業機会が生まれたのは、中国や韓国、その他海外諸国なのだ。

ボーダレス経済の新しいゲームのルールは、特に日本に対して試練を与えている。公正さと公共の福祉の名の下に、長期間にわたって日本政府は企業活動を規制し、弱小産業や生産性の低い地域には補助金を与えてきた。農家は安価な輸入食糧からの保護を享受してきたし、銀行業、電気通信事業やその他多くの業種も似たような保護政策に守られ、一部の業種は現在でも享受している。

しかし、国境を超えた情報や資本の移動が容易となり、消費者や企業がグローバル指向の世界では、そのような規制や保護、補助金は紛れもなく機能障害を起こす元凶である。たとえば、日本の航空業界は政府の厳重な監視下に置かれている。政府の規制は、日本を本拠とする国際線を運行できる航空会社の数、寄港できる都市の選択、国際線の運行を受け入れる国内空港、搭乗者数、運行スケジュール、客席クラス別の乗客に出す食事にまで及ぶ。さほど驚くことではないかもしれないが、国際線を運行する日本の航空会社の旅客・運行距離当たりのコストは競合航空会社の二倍であり、グローバル市場における日本の航空会社はシェアを失いつつある。

日本政府は航空業界の痛みを軽減するために、日本航空と全日本空輸の国際線で発生する損失に対し、ばか高い国内線料金の設定を許可するかたちで補助を与えている。東京―沖縄間の往復航空料金は、東京―シカゴ間よりも高くなってしまったのだ。日本人が休暇を過ごすグアムやサイパンでのホテル代と航空運賃込みのツアー代金は、沖縄でのそれの半分以下である。これら補助金の程度には驚く。日本経済が成功を謳歌していた一九八〇年代の絶頂期ですら、日本の労働力の八七パーセントもしくはそれ以上の人が、グローバルな競争力のない企業に雇用されていたのである。

過去何年にもわたって私が繰り返し論じてきたように、「日本株式会社」という名称はいつも誤用されてきた、それが正しかったことは一度もない。驚異的な競争力を持っているのは、日本国ではなく日本にあるほんの一握りの産業であり、より正確に言えば、こうした各業種のほんの一握りの企業である。真の成功企業というものが、信じられないほどの利益を生み出す原動力であったがために、弱小企業にもっと補助金を出すための資金を、そうした成功企業が政府に提供してきたのである。

いまになってみれば、日本は弱小企業にグローバル競争の厳しさを味わわせるのでなく、彼らを支えることで満足してしまった。しかし、庇護されていたのでは、弱小企業は強くなれない。そして、政府の支援を受けることが癖になっていったのである。

今日、政府が弱い企業を甘やかすことを可能にしてきた幻想は砕け散ってしまった。そして甘やかしてきた産業の残骸が散見される。かつて強力無比を誇った日本の自動車業界と家電業界は、明らかに脆弱になったことが見て取れる。活力を取り戻すため、こうした業界は生産活動拠点の大半を日本国外の低コスト地域にすでに移している。年間三〇〇万台の自動車生産能力は北米に移り、日本の家電製品の生産能力のかなりの部分は東南アジアに移った。その結果、日本に取り残されたのは、かつてと同じ問題を抱えた国際競争力のない業種である。補助金なしでは生き残れず、補助金があったとしても命脈が尽きるまでにそう長くはかからないだろう。

日本はみずからの成功を当然のことと受け止めてきた。だからいまになって、補助金と保護が空疎な芝居であったことを直視したくはないし、どう向き合えばいいのかもわからない。高い失業率、税収の低下、大規模なリストラなどは、日本の制度が簡単に適応できる環境ではない。たとえ個々の企業が状況を打開する行動を取りたくても、保有不動産の多くを売却できない。もし売却すれば地価の下落を招く、と政府が恐れているからである。また、保有株式を手放すこともできない。大蔵省が日経平均株価の低下を恐れているからだ。さらに、社員の多くを解雇することもできない。労働省が社会不安を引き起こすと恐れているからである。

始末の悪い日本の消費者

国家の甘やかしのツケは、国内の高い物価を通して日本の消費者がずっと払い続けてきた。消費者が支払わされていたのはそれだけではない。たとえば、政府の規制の影響力は、経済だけではなく日常生活のあらゆる局面に及んでおり、住宅の大きさやコミュニティの規模にさえ規制がある。

企業の管理職クラスであっても、自宅から東京都内の会社まで、小さな畑や田んぼが連なる郊外を走る満員電車に詰め込まれて四〇～五〇キロの距離を通勤しなければならない。事実、世界中で最も地価の高い東京を中心とする半径五〇キロ圏内の土地の六五パーセントは農地である。その理由は、国内の農家を平等に扱おうとする農林水産省が、国内各地で米作が行われているのであれば、首都圏でもそれを許可すべきだし、そうしようという法令を発布したからである。この農地の四分の一程度を個人住宅用地として売り出せば、首都圏の一世帯当たり居住スペースは、現状の五五～七八平方メートルから一二〇～一五〇平方メートルに拡大できるというのに。

消費者も、蜘蛛の巣のように張り巡らされた補助金と規制に疑問を感じ始めている。海外であればはるかに安く買える食料品から航空券に至る商品やサービスに、なぜ高い金を支払わなければならないのかと勤勉な中間管理職たちも疑っている。特に若年層の消費者心理は、劇的な変化を遂げようとしている。若者たちは年上の世代や伝統的価値観に背を向け、グローバル経済とのつながりを強固にしており、インターネットのような新技術を使って政府の規制を逃れている。こうした変化の数々は、世代間の差というかたちでおそらく最も顕著に現れているものだ。

六〇歳代の日本国民は、現代の日本を築いた人たちである。第二次世界大戦の灰燼のなかから、今日の日本経済を特徴づけている組織や産業を創り出したのはこの世代である。長時間の、疑いもなくきつい仕事も、彼らには問題ではなかった。彼らは不平も言わず勤勉に働いた。きつい仕事でも、それが「安心」への代価なら我慢できたのである。ごくわずかな例外を除けば、言動が平和主義的である。つまり、軍事に関わることは何であっても、自分たちが痛みに耐えて築いてきたものに対する脅威であると本能的に受け止めてしまう。

この世代が戦後復興に取り組み始めた時、自分たちは一生懸命働けば魅力的な暮らしを勝ち取ることができると信じて疑わなかった。もし成功できれば、大都市圏の職場に三〇～四〇分で通える場所に、何世代かが一緒に住むのに十分な広さの住宅を持ち、定年退職後は少なくとも自分たちの子どもや孫の何人かは近くに住んで面倒を見てくれる、ということを夢見た。実際、この世代の多くは、自分たちの夢を実現している。

ところが、現在四〇代半ばから五〇代前半の世代にとって、こうした夢のどれをとっても実現できそうにない。この中年世代も戦争直後の飢えと貧困の時代を知ってはいるが、幼かったため復興に参画することはできなかったし、復興が担っていた生活の質を高めるという約束とも関係がなかった。この世代が経験してきたことは、前の世代とはまったく異なるものである。

たとえば、その学齢期は占領下であり、そのことが彼ら彼女らに世界市民としての視点を身につけさせた。また大学生になると、欧米の同世代と同様に政治運動に積極的に参加している。一九六九年の日米安全保障条約の自動延長に至る国民的議論の過程で、彼らは前の世代と対立した。一九六〇年代後半に盛り上がりを見せた、さまざまな抗議活動を経験したアメリカ市民であっても、この時期の日本がいかに騒然とし暴力的であったのかを知る人はまずいない。毎日デモが開催され、その過程で何人もの死者が出た。この闘争は国を二分しかねなかった。この世代はいまや中年となっているが、当時はしばらくの間、世界と自国の安全という難しい問題を考えさせられたのだ。

ところが年月を経てみると、奇妙なことにこうした政治的闘争が、この世代に与えた影響は限られたものでしかなかった。彼らは、結局サラリーマンとなって日本の労働人口に加わり、自分たちの抱いていた切迫した社会的政治的関心を忘れてしまったようだ。アメリカの同世代の学生たちの多くがそうであったように、彼らもただ単純に身を入れて仕事に取り組むようになり、現在六〇代となった人たちの部下になっていった。

しかし、そういう仕事に対して提示された暗黙の取り決めは、現実にはかなり魅力がなくなっていた。手に入れられる価格の住宅を見つけるには、会社のある都心からはさらに離れなければならず、彼らの通勤に要する時間は長くなっていった。住居は小さすぎて三世代の家族が同居することなどできない。

また、定年退職後の見通しも、それまでよりはるかに不確実なものとなっていた。息子や娘の家族とは同居できず、離れて暮らすとなれば、彼らの老後の面倒はだれが見てくれるのだろう。バラ色の生活に連れて行ってくれるはずの列車に乗ろうとしていたのに、彼らが駅に着いたのは少しばかり遅すぎ、列車はすでに出発してしまった後だったのだ。しかも、彼らの子どもたちにはこの列車に乗れる可能性はまったくない。

今日、自分たちが成人したてで活動的だった若い頃を思い起こせるようになるにつれて、この中年世代が国内の改革推進を最も強固に支援する存在となっている。補助金や保護は、この世代には受け入れられない。六〇歳代から七〇歳代の人たちの平和主義かつ敗北主義的な外交政策も、受け入れることはできない。遅れてきたとはいっても、この世代の人たちは、自分たちと子どもたちの生きていく世界を、自分たちなら変えられるし、さらに重要なことには、自分たちが変えなければならない、といまでも強く信じている。

中年世代の後の世代、つまり現在三〇代から四〇代前半の日本の「失われた世代《ロスト・ジェネレーション》」は、ものの見方がまったく異なる。彼らの人生は、欠乏や貧困によって傷つけられたりはしなかった。大学生時代は、社会問題に抗議することもなく、主婦やサラリーマンとなってキャリアを築く前の安穏とした時間を一時的に過ごしていた。与えられている情況はそう悪くはないし、権威に反抗しなければならないということはまったくなかった。ただし住居は、せいぜい核家族で住むのにやっとと言える広さしかなく、通勤には一時間半かそれ以上かかる。だが、この状況に対する彼らの反応といえば、ほとんどが波風を立てずにそれで我慢するというものである。

その次の世代、つまり現在二〇代半ばから後半の人たちは、「怒れる若者たち」であり、すぐ上の「失われた世代」の持つ諦めの態度を卑怯だと考えている。また、自分たちが責任ある地位に就くには、彼らの存在が邪魔である。一九八〇年代後半に起こったバブル経済のせいで、魅力的な高い生活水準は手の届かない夢になってしまい、自分の出世の順番が来るのを辛抱強く待つという選択肢には我慢ができない。彼らが持ち家の購入に出費できる額は三五〇〇万円程度であり、それだけ支払ったとしても通勤には片道二時間を覚悟しなければならないし、もし片道一時間なら、彼らの予算で買えるのはおよそ五〇平方メートルのスペースだけだ。これでは最低限のプライバシーしか確保できず、子どもを育てる余裕もない。彼らが怒っているのも当然である。

同時に、この若い世代は、自分たちの暮らしをもっと快適にする道はないかと模索している。もし恥ずかしくない程度の家を買うことができないのなら、可処分所得を休暇に使い、海外旅行に消費するのも悪くないではないか。だから、二〇代の新婚カップルの実に九七パーセントが、主にハワイ、カリフォルニア、オーストラリアのゴールド・コースト、あるいはヨーロッパと、新婚旅行は海外に出かける(これとは対照的に、現在中年となっている世代で新婚旅行を海外で過ごしたカップルはわずか三パーセントにすぎない)。この若者たちが育ってきた日本は、統計的にはきわめて豊かな時代であった。だが、彼らがこの豊かさを実感できるのは、こうした現実逃避を通じてのみなのである。

海外旅行は、最も目立つ形態である。だが、もっと広汎に行われていながら外国人の目にはそれほど触れなかったのが、『少年ジャンプ』(集英社)といった漫画雑誌への中毒傾向だ。『少年ジャンプ』は週刊誌であり毎号六〇〇万部という発行部数を誇り、その編集方針はアメリカのハーレクイン・ロマンスをモデルとしている。

『少年ジャンプ』に掲載されている漫画のストーリーで読者に繰り返し語られるのは、家族よりも友情のほうが大切だ、努力をしない人間は何も得られない、そしてそうした努力は、もし成功できれば、輝かしい勝利とは言えなくても個人的な満足感の得られる瞬間をもたらす、というメッセージである。それは、たとえばクラスで一番可愛い女の子あるいは一番ハンサムな男の子とのデートであり、海辺に行き一日ウインドサーフィンを楽しむことであり、友人たちと美味しい食事と飲み物を楽しむ一晩であったりする。このように、夢見る幸福としては、小さいし束の間のものであり、きわめて個人的な満足であって家族とはまったく関わりがないのだ。

この若者世代とその前の世代との間の社会的なつながりは、これまでに論じてきたどの世代間のそれよりも弱い。家族、両親、学校、地域社会、国家などは、人生の小さな楽しみを邪魔する不快な存在である。これらはすべて歓迎されざるものであり、できれば避けたい邪魔物だ。つまり、幸福を手に入れるために残されたわずかな可能性を破壊する存在なのだ。したがって、こうした物は無視し、それに伴った価値観を拒否し、友達と共にわが道を行くほうがずっとよい。

しかし、こうした社会構造のほころびさえも、かなりの部分は紛れもなく日本文化という環境のなかで演じられている。『少年ジャンプ』の世界では、日本の伝統的価値観のいくつかがそれとなく無視されているが、尊重されている伝統的価値観も多い。たとえば、小さな物のなかに美を発見し楽しむ心や、思いやりのある礼儀正しさが大切だ、といった考え方である。しかしながら、この世代とその次の現在一〇代から二〇代の初めの年齢層の間で、そうした価値観は引き継がれず、ぷっつり途絶えてしまうことになる。それはまるで、張り詰められた糸が極度に細くなり、ついには切れてしまうさまを見ているようだ。

ニンテンドー・キッズ

この一〇代から二〇代の初めの若者世代と、その上のすべての世代は根元的に異なる。程度の問題ではなく、種類が異なるのだ。両者間のさまざまな違いは、価値観の違いを超え、思考態度や思考プロセスに及んでいる。その理由は、この若者世代がマルチメディアにきわめて強く影響を受けた環境のなかで大人になったからである。日本の六七〇〇万世帯のうち、三〇〇〇万世帯以上が任天堂かセガのゲーム機を保有している。その結果生まれたのがニンテンドー・キッズ世代である。

こうした若者たちと年上の人たちとの間の文化的断絶の主な原因は、若者たちが双方向のマルチメディア・ゲームをしながら育ってきたことにある。それまで日本文化のなかで簡単には経験できなかったこと、つまりさまざまな場面でさまざまな役割を演じ分ける機会や言霊《ことだま》注の体感、また「たとえば、こうすればどうなるのか」という質問を発する機会が、ゲームを通じて若者たちに与えられたのである。そして、さまざまな選択肢のなかで、条件を変えるとどのような結果が得られるのかを観察し、どのようにして複雑な選択を行えばよいのかを学んでいる。ニンテンドー・キッズがゲームを通じて学んだ最も重要な点は、自分たちの住む世界の基本ルールを見つめ直し、もし必要ならルールそのものを書き換えてしまうことだろう。

伝統的な日本文化にはまったく異質のこの現象は、人は自分の置かれた状況を積極的にコントロールでき、自分の運命すら変えることができる、ということを示している。権威に対し受け身になり屈服する必要はない。何事も、そのまま固定して最終結果だとする必要はない。すべての物事は、探索し再構成しプログラム変更することが可能であり、それはみずからの選択、積極性、創造性そして勇気次第なのだ。

ここで、新たな試みが実験されている慶應義塾大学藤沢キャンパスの学生たちの例を考察してみよう。学生たちは全員オンライン・ネットワークでつながっており、カリキュラム、コースの内容、教授たちの教え方などについて、リアルタイムで反応し意見を伝えることができる。教科書に書かれている以外の情報が必要であれば、その情報をインターネットで検索することもできる。もし世界中の専門家の意見を訊きたければ、同じようにして専門家にたどり着くことができる。

こうして、教室で教授の言うことが、疑問を差し挟むことのできない神の言葉ではもはやなくなってしまった。学生たちは、ネットワークから別の視点や意見を求めることができる。つまり、他人が定義し、形づくり、評価する教育の「受け身の消費者」のままでいることを学生はやめてしまった。技術の進展によって、みずから定義し、形づくり、評価し、さらに疑問を投げかけるという、最も日本人らしくないやり方が、学生たちに可能となったのだ。

日本人にとって、これはまったく新しい思考方法であり、この違いは世代間の深い断絶を象徴している。そして、さまざまな年齢層をつなぎ止めてきた細い糸、すなわち、長い間日本の社会を一体のものとして結びつけてきた権威とのつながりをついに切り離してしまうことになる。その代わりにニンテンドー・キッズは、互いに同じ種類のゲームで遊び、同じことを学んできた世界中の何千万人もの仲間と新たな絆を築きつつあるのだ。かつて文化は、幼児が祖父母の膝で聴いたおとぎ話の数々によって、織物のように紡がれてきた。それが今日では、その子が経験する双方向マルチメディアから生まれてきている。

親密さや経験の共有といった、人を社会的に結びつける要素は、かつては家庭からしか得られなかった。ところがいまでは、他国の文化的背景を持つ会ったこともない人たちのゲーム・プレーのやり方に、性格や思考態度が表れるのを見ているうちに得られるのだ。だが、変化はそれだけにとどまらない。

日本をはじめ世界中の若者たちは、いったんゲーム機のコントローラーの操作をマスターすると、文字と数字で構成されるパソコンのキーボード操作も、信じられない程のスピードでマスターしてしまう。このことは、特に日本では重要な意味を持っている。文字を書くこと、そしてタイプで打つことが、これまで日本では難しく、長い間それができる人とできない人に分かれていた。ところが、何百万人ものニンテンドー・キッズは、自分たちのパソコンを使って、いともたやすく互いにコミュニケーションができる。ニンテンドー・キッズの弟や妹はもっと顕著で、彼らの子どもたちの世代には、それが常態化するだろう。

世界中がご近所というニンテンドー・キッズは、発展するテクノロジーを通じて急速にグローバル経済に参画するようになる。彼らの年上の年代の多くがすでにそうしているからだ。たとえば、今日、日本の消費者の購入する国際線航空券の半分以上は、日本政府が海外からの航空券購入を禁止しているにもかかわらず、インターネットを通じて、あるいは直接海外の航空券販売業者から購入されている。例を挙げれば、ソウル発東京経由ロサンゼルス行きの切符を買い、ソウル―東京間を使わなければ、東京―ロサンゼルス間の切符を買うよりもはるかに安い。

また、電話、ファックス、インターネットに接続されたパソコンを使えば、東京に住む日本の消費者は、アメリカのウィスコンシン州にあるランズエンドやメイン州にあるL・L・ビーンに衣類を注文し、UPSかヤマト運輸で届けてもらい、アメリカン・エクスプレス、マスターカード、あるいはビザのカードで支払うことができる。

その同じ消費者が、シンガポールやクアラルンプールにある企業の提供するソフトウエア・サポートやパソコン修理サービスを受け、そうした企業はまた、インドにいるエンジニアや中国で行われるデータベース・メンテナンスに依存している。さらに、この同じ消費者は、イギリスのファースト・ダイレクトやアメリカにあるいくつもの金融機関に、二四時間いつでも電話をかけるかファックスを送り、資金をどこからでも、またどこにでも送金することができる。こうして、バブル経済の崩壊によって体力の弱った日本国内の銀行を保護する目的で、政府が意図的に設定してしまった極限の低金利を回避することができるのだ。

ニンテンドー・キッズにとって、こうした取引は日常生活の一部となるだろう。伝統的な日本のビジネスシステムの裏をかくことによって、彼らはお金を節約し、個人としての選択肢を広げる。だが、もう一つの影響として、彼らはかつてなかった規模の金融取引を政府の目の届かないものにしてしまう。こうした取引の過程のどこで、税関職員が関税を課し、各国政府が消費税を課し、あるいは官僚が正確な貿易統計を把握できるだろうか。内からの圧力（ニンテンドー・キッズが労働市場に参画するにつれ高まる）と外からの圧力（競争力のあるグローバル企業が、補助金で支えられる日本企業からシェアを奪っていくにつれ高まる）の両方に直面し、どうやって日本は経済的孤島のままで居続けることができるだろうか。

こうした状況にもかかわらず、現在の日本政府首脳は、彼らの行動から判断する限り、日本はこの態度を続けられるし、またそうしなければならないと考えているように思われる。だが、彼らは二重の過ちを犯している。日本政府首脳は、すでに到来し現実となっていることを未来のことと扱い、一方では消滅してから久しい過去のことをいまでも現実として扱っている。彼らが成功を収めることはなく、彼らの行っている組織的妨害行為《オブストラクション》のツケは、日本の消費者が負担し続けていくことになる。

いままさに、日本国民の生活の質の向上は、日本が積極的にオープンな態度でグローバル経済に参入していくかどうかにかかっており、その度合いもかつてなかったほど高くなっている。日本国民は、毎日毎日機会あるごとに自分の財布の金を使って、グローバル経済への参入にとすでに票を投じている。彼らが別の方法で、票を投じることになるのは時間の問題である。

【注】言葉をいったん口に出すと不思議な霊威がはたらいて、その言葉通りの事象が実現するという信仰の一種。

第11章

◉

ウォールストリート・ジャーナル「ザ・ベストコラム」

◉

Transform Leaden Strategies Into Golden Opportunities
退屈な事業を黄金の機会に変える戦略［1984年12月24日付］

Steel Collar Workers: How to Use Robots
スチールカラーをどう使うか［1982年2月16日付］

What Quality Circles Can and Cannot Do
ＱＣサークルの効果と限界［1982年3月29日付］

Global Consortia Versus Joint Ventures
コンソーシアムはジョイント・ベンチャーに勝る［1985年5月12日付］

Rising Yen But No Falling Trade Gap
円高が進んでも貿易摩擦は解消しない［1986年7月3日付］

［新庄哲夫訳］

Transform Leaden Strategies Into Golden Opportunities
WSJ, December 24, 1984.

Steel Collar Workers: How to Use Robots
WSJ, February 16, 1982.

What Quality Circles Can and Cannot Do
WSJ, March 29, 1982.

Global Consortia Versus Joint Ventures
WSJ, May 12, 1985.

Rising Yen But No Falling Trade Gap
WSJ, July 3, 1986.

退屈な事業を黄金の機会に変える戦略

Transform Leaden Strategies Into Golden Opportunities

［一九八四年一二月二四日付］

ビジネスを成功させるうえでプランニングが重要な位置を占めると考えるのは時代遅れであり、特に、日本の企業は戦略計画なしで成功した、とアメリカでは信じられている。西欧諸国の専門家に言わせれば、日本のマネジャーはプランを立てない。その代わり彼らは作業中心的で、現場ベースに基づいた感覚を重視し、プランニングとはコンセンサスづくりとたいして変わるところがない。経営上の新しいキャッチフレーズは「実施」と「企業家精神」だというのである。

しかし、多くの経営科学の流れと同じように、これまた極度に単純化されすぎている。日本の企業も西欧諸国の企業も、まだまだ優れた戦略的プランニングを活用しているし、必要ともしている。実のところ、事業を見極めるうえで、今日ほど方向づけが重視されている時はない。ただ昔と違うのは、プランニングの性格が変わりつつあること、より創造的で要求度の高いものになっていることである。従来のプランニングと比してこの種の新しい戦略は、「事前《プリ》プランニング」と呼ぶことができよう。

一九七〇年代においては、戦略的プランニングは、いわゆる会社の中核製品と呼ばれるものの市場予測を立てることから始められた。プランナーは、しばしば当該製品とその核になる顧客層、ならびに競合企業を所与の要素としてプランニングを進めた。したがって決定すべきは基本的に、より多くの当該製品を造るための投資を、いつ、どれくらい行うかという点に絞られた。有力製品の市場成長性に目をつけて、それを同じように追求する競合企業が次から次へと現れた。

ところが今日では、どの製品の予測を立てればよいかという判断がつけば、プランニングはもはや最終段階に到達したも同然である。換言すれば、今日のプランニングとは「どの製品の市場を追求するか」を決定することである。プランナーはある製品もしくはサービスに対し、これまでよりはるかに漠然としたイメージでしか取り組むことができなくなり、それもしばしば、まったく新しいものを扱わざるをえなくなった。

これにはいくつかの理由がある。技術が開発されて実用化に至るまでのスピードがはるかに速くなったこと、企業間の競争が世界的な規模となり、厳しさを増してきたこと、これまでの市場概念を超えて企業がどんどん多様化してきたこと、消費者の要求がますます予測しがたくなってきたことなどである。たとえば、ワードプロセッサーとしても使えるタイプライターを売り出すべきか、テレビにステレオ、あるいはビデオの機能を内蔵させるべきか、それとも引き続き在来型に固執してよいのか。つまり、どの製品の戦略を立てたらよいのかがわかってしまえば、それで仕事の半分は終わっているのである。

一例として、ソニーの新型ポータブルCDプレーヤーを考えてみよう。その中心部には、いま出回っているフロッピー・ディスクの五〇〇倍から一〇〇〇倍もの情報収集力を持つ「万能」ディスクが内蔵されており、さらにグラフィックス、デジタルオーディオなどの付属品もついている。これは明らかに、ソニーが〈ウォークマン〉のような消費者向け製品ラインの延長を目指したのではなく、ＯＡを狙ったディスク市場への進出をも図っているということである。この二つの領域のどちらに照準を合わせた戦略をつくるかは、ユーザー、競合他社、下請けなどに関する分析をするうえで大きな差がある。

こうした「市場を定義する」という問題は、いま成長が著しいハイテク産業において最も顕著であるが、サービス業においても無視しえない問題となりつつある。銀行や消費者金融を例にとってみよう。今日の戦略経営計画は、ビジネスの最も基本的な決定、つまり、どんなサービスを、いったいだれに提供するかといった問題を扱っているため、預金など既存商品しかプランニングの対象としていない銀行は、早くも苦境に追いやられている。彼らは、何百とある他の金融商品に同じような注意を払って検討すべきなのである。

市場の定義づけが難しいものであるということは、需要見通しを立てることがそう簡単ではないということである。このため市場の動向に合わせて需要予測を柔軟に変えていくという手法を企業は取り入れざるをえなくなるだろう。「計画実施」という言葉の意味も今日では従来と異なっている。「実施」とは、単に計画を決められた通り実行するかどうかということだけではない。企業は需要動向や顧客のことを学ぶために「実施」する。企業は市場や技術の変化に伴って製品を再評価しなければならないし、そのためには新たなプランニングが要求されるのだ。

それは時として、事業の本質的な存続価値を再評価するということである。ブラザーは自社の主要製品であるミシンを見直し、その結果、女性は自分でミシンを踏んで洋服をつくるよりも、既製服を買い求めるようになってきたと痛感した。そこで同社は、これまでのミシンで培われた小型精密機械に応用されるマイクロ・エレクトロニクス技術を生かして、オフィス・オートメーション分野に進出した。そしてあっという間に、世界有数の電子タイプライターのメーカーとなったのである。一方、ブラザーと並ぶミシン・メーカーだったリッカーは、それまで高い市場シェアを誇っていたミシンを中心にプランニングを続けた。市場の変化には目もくれず、ミシンの品質改善にばかり力を尽くしたのである。ところがミシン市場は崩壊しつつあり、結局、リッカーは一九八四年に倒産してしまった。

ブラザーの新型タイプライターは、新しい市場を創り出した。それまでミシンに使われていた精密技術をタイプライターに適用したのだが、それはタイプライターという製品に対する世界のコンセプトを一変させた。もしブラザーのプランニングが従来のままだったとしたら、それは、ミシン業界が頭打ちであって、ミシン業界から離れることを勧告するだけに終わっていたであろう。ブラザーのプリ・プランニングは自社の基本的な強さと市場動向をより慎重に見極めたのであった。この種のプランニングは、新たに参入すべき市場を追求するよりは、むしろ新たに創り出すべき市場をイメージしたものである。

もう一つの例として、住友電工と古河電工のケースが挙げられる。両社とも、銅線事業の将来性を検討した結果、主力事業を光ファイバーに切り換えた。従来銅線で使われる冶金学と、光ファイバーに使用される非晶質のガラス工学とは別世界のスキルが要求されるにもかかわらず、両社ともども光学ワイヤーへの多様化に成功したのである。

新しいプランニングの挑戦は、真の競合企業を確認するということである。多くの新しい競合企業が、海外や異種業界など異なる市場から参入してくる恐れがあるからだ。たとえば、セイコーは電卓メーカーのカシオが時計市場に進出し、強力なライバルになるとは夢にも思っていなかった。その代わり、競合相手をスイスの時計業界に絞っていたのである。しかしながら、カシオはそれまでのエレクトロニクス技術を時計産業に生かして時計業界に進出してくるや、ロケットのように発進した。セイコーにとって現在、頭痛のタネとなっているのは、スイスでなく、カシオと香港勢である。

これまでプランナーは、既存のプランを「繰り延べ《ロールオーバー》」できたものである。ところが、そうした計画手法は市場に対する誤った仮説を助長してしまう恐れがあるので、このやり方はいつでも非常な危険性をはらむことになる。ロールオーバーは、変化の激しい今日では、リスクを高めるという意味にほかならない。プランナーは従来の仮説にとらわれることなく、市場と競合企業をゼロ・ベースで品定めすることが必要となっている。そうでなければ、想像もしなかった事態に虚を突かれることになるだろう。またプランナーは、方向転換の時機を的確にとらえるため、常に顧客と技術に関する情報の収集を続けなければならない。

従来のプランナーが、こうした新たな任務を十分に遂行できるかどうかは定かでない。まったく別の能力を持つ人が登場しなくてはだめかもしれない。しかし経営計画なるものが、ここにきてついに初めて「戦略」と呼べるにふさわしいやり甲斐のあるものになってきていることだけは確かである。

［一九八二年二月一六日付］

スチールカラーをどう使うか

Steel Collar Workers: How to Use Robots

日本はロボットの使用と生産にかけて世界の先頭を切っており、ロボット工学に対する熱意の程も世界に広く喧伝されている。しかし、まだそれに足るだけの注目がなされていないのは、そんな日本の経験から学ぶことができる経営戦略上の教えである。

まず教訓の第一は、労働力が生産コストの大きな割合を占める現在の産業構造の変革を、ロボットの導入が可能にするという点である。かなり精巧につくられた、一日二シフト稼働で溶接、塗装、さらに組立工程などの業務をこなすロボットなら、導入にかけた経費を一年以内に取り戻せるだろう。そうなると、生産過程の多くをロボット化した企業に比べると、人的労働力に依存する企業の競争力はきわめて弱いものとなる。たとえば、人件費の安い国で労働集約的な操業方法に頼っている欧米の半導体メーカーは、大規模集積回路（ＬＳＩ）の市場を失いつつある。それは、ＮＥＣなどが東南アジアで分散して生産していたのを中止し、高度に自動化された日本国内の工場で一貫生産に努めたからである。

第二に、ロボット導入は景気後退の対抗策にもなるという点である。成熟し需要変動幅が大きくなっている国内市場と、不安定な海外市場を抱える日本の一流企業は、生産能力の七〇パーセント程度で利益を上げられる操業法を確立しようとしている。四六時中稼働が可能なロボットの導入を、こうした企業は損益分岐点を下げるカギと見なしているのである。

トヨタは先頃、この七〇パーセント損益分岐点の目標を達成したことを公表した。数値制御機械で世界をリードするファナックは、富士山麓忍野村の工場は三〇パーセント操業で損益分岐を達成していると主張する。こうした工場は景気下降に弾力的な対応ができるのである。赤字操業に苦慮したり、レイオフ問題や組合の抵抗に夜を徹して対応する企業がある一方で、ロボット操業を主力とした工場は状況に応じてたやすく単一シフトに切り換えることもできるのだ。

第三は、ロボットによってある業界に対する参入障壁が著しく下がった、という点である。熟練工を置換できるからである。おもしろいことに日本では、中小企業が先頭を切って精巧なロボットの導入を図っている。

こうしたロボット化は、かつて、熟練工の不足から不可能と言われてきた小企業による精密機械、加工、組立産業への参入を可能にした。精巧なロボットは複雑な機械加工、溶接、組み立てその他の技術的な作業を完璧に、そして疲れを知らずに正確に行う。手作業だけを代行する傾向があった従来のオートメーションと違い、ロボットは経験ある熟練工の代わりをするのである。したがって、進取の気象に富んだ中小企業であれば、長い歳月をかけて培ってきた熟練工の上に成り立つ、労働集約的な古典的アプローチの大企業に挑戦できるようになったのである。筆記用具のグローバル・シェアを獲得しつつあるぺんてるは、精巧な組立ロボットを使用して市場に割り込んだ中小企業の一例である。

第四に、ロボット化は工場立地の柔軟性を飛躍的に増大させる。たとえば、従来は技術を有する労働者の確保が、工場をどこに設置するかという場合の決定的な要因の一つであった。ロボットの使用によって、経営者はそれらの要因に縛られなくなったし、物流管理や輸送のコストを最小限にとどめ、第一級の経営能力のある人材を引きつけるような立地条件、あるいは会社の戦略に最適な立地という観点から工場の設置場所を選べるようになるのだ。

同じ生産ラインを使ってもロボットを導入すれば、多品種少量生産のできる大きな利点が生まれてくる。トヨタは大型プレスの段取替えに四五分かかっていたものを、ロボットの導入によって二分に短縮できた。これによって最適のロット規模を維持しなくてはならないという従来の心配が一掃されたのである。事実、ロボットのおかげで日本の自動車メーカーは競争戦略の争点を「価格」から「モデルの多様化」に移せるようになった。

同じように、ロボット導入のおかげで、日本の複写機メーカーは新しいモデルをより迅速に発表できるようになったし、電子機器メーカーは、急ピッチで流行を追う業界で実質的な主導権を確保できるようになった。日本の主力家電メーカーでは、営業部隊から仕様を受けとって半年とかからずカラーテレビの新機種を市場に送り出せるのである。カシオは電卓で、ソニーはポータブル・カセット・プレーヤーで、コニカは35ミリ・レンズ・シャッター式カメラで、設計から生産に至る時間を短縮する技術を身につけ、これによって意識的に製品モデルの寿命を縮め、モデル・チェンジの遅いライバルに揺さぶりをかけている。
第五に挙げたいのは、おそらく日本の経験から学ぶべき最も重要な教訓であるが、周到な準備の下にロボットの導入をしなければ、企業はその成果が得られないということである。たとえばロボット導入が従業員や労働組合を疎外するものではないということを、経営者側はよく理解させるべきである。日本でも、ロボットが働く者から楽しくやさしい仕事を取り上げ、汚ない不快な仕事しか人間に残さないと感じられた場合には、労働者がロボットの導入に抵抗している。逆に、溶接、塗装、切断、研磨そして重い資材などを扱う危険な業務で、ロボットが人間の代わりを務めるのであれば、労働者がロボットと共存することを学び、さらにその価値も認めるようになることを、日本の企業は読み取ったのである。そのうえ、労働者がロボットに操縦されるのではなく、むしろ「ロボットを使う」立場にあるということが十分現場の人に理解されるなら、自分に代わって働く「鉄鋼製労働者《スチールカラー》」を誇りに思う場合さえ多い。『日経メカニカル』誌の統計によると、ロボットを導入している日本企業の約三分の二が、生産ラインの労働者にロボットの操作と管理を任せている。

生産工程を簡略化し、ロボット化に対応できるように準備しておくことも肝要である。いまの日本で最も優れたロボットの使用者は、日産、トヨタ、日立などで、一九七〇年代の生産性改善のチャンピオンだった。こうした企業はロボット化を前提に早くから生産工程を整理し、作業を標準化していったのである。ちなみに、もし以下の設問に「イエス」と答えられないのであれば、ロボットを導入しても意味がない。

- 労働者が標準化された作業手順を注意深く守っているか。

・正しい資材が適時に適所に送られているか。
・品質管理の基準が部品のサイズ、精度、公差を含めてすべての部品、作業手順に適用されているか。
・生産機械、治工具、道具が正しく維持、管理されているか。
・従業員がロボットの前哨戦である独立型のＨＣセンターやトランスファープレスなどを正しく操作しているか。ロボットはその作業環境に即してのみ効果を発揮するからである。

ロボットはその工場に合った種類を選ばなければならない。導入されたロボットがあまりに「高性能」すぎれば、失望してしまう企業も多い。現在の生産工程では、まだロボットには単純な動きを要求するだけであって、精巧な多軸作動ロボットは、たとえば単なる荷物の積み下ろし作業には必要がない。

最後に、ロボットが取って代わった労働者の再訓練は、ロボットをうまく導入していくうえで不可欠なことである。日本の多くの企業は、そのようにして浮いた人員を保全管理に回している（より大きな転換を図った日立のような企業は、そうした人員をコンピュータ・プログラマーとして再教育している！）。経営者が従業員のキャリア、仕事の充実化と保証に心をくだき、内容ある再教育プログラムをつくっていくならば、ブルーカラーはスチールカラーと共存していく術を学び、やがて人間と機械が平和に共同作業をする場が確立されるだろう。これは経営トップにとってすこぶる重要なプロセスであるから、工場の現場、あるいは生産技術者に一任すべき問題ではない。

ロボット導入は人間にも経営の戦略面にもまったく新しい展望をもたらすであろう。正しく運用していけば、ロボットは我々に素晴らしい新世界を提供してくれるのだ。

QCサークルの効果と限界

What Quality Circles Can and Cannot Do

［一九八二年三月二九日付］

近年、日本でめざましい成功を収めている品質管理（QC）サークルは、短期間のうちに利益を約束するものではない。実を結ぶまでには数十年を要するし、業務命令で誕生したのであれば、成功は期待できない。さらに効果の出る領域も、QC活動が長年月にわたってもてはやされている割には限られる。

QCサークルは、品質問題にかなり意識の高い従業員を社内の同じ部門から一〇人ほど選んで構成され、自主的に月一、二回集まって一時間ぐらい話し合う。残業時間にかけて（残業料は支払われるのが普通だ）、製品の品質改善や製造工程、労働環境などの改善について討議をする。その長期的な目的は、品質改善に対する責任感を築いていくことだが、当座の目標は年齢、性別や上下関係などの壁を越えた場で意見を交換することである。

日本の経験は、QCサークルが成功するための必須条件をいくつか明らかにした。なかには日本に固有のものもあり、アメリカでそのまま通用するとは考えられないものもある。

第一に労働者は聡明で、高い教育を受けていなくてはならない。QCサークル・メンバーは、統計分析や産業技術分析手法を使えるようでないといけない。仕事を順調に進めるためには具体的に何が必要であるかを知っていなければならないし、創造的で実行可能な提案ができるようなグループ討論の能力も求められる。QCサークル、あるいは生産性を向上させるための社員参加のさまざまな方法を活用して大きな成功を収めた企業（日立、テイジン、旭硝子、日本鋼管）が人材雇用、社員教育の面においても有名なのは偶然ではないのである。

第二に、経営者は労働側を信頼して、価格データや重要情報をすすんで提供し、彼らのアイデアを実行に移すための権限を与えなければならない。ＱＣプログラムを成功させている日本の企業では、叩き上げの人が会社役員になる傾向がある。そうした役員は、本当に労働側を信頼しているのだ。従業員グループが試行錯誤を繰り返しながらも、仕事に積極的に取り組むための十分な情報と権限とを与えられさえすれば、作業中止時間や浪費、手直しを削減できるということは、彼らにとって別に驚くべきことではない。こうした問題こそ、ＱＣサークルが最も効果的に取り組むことができるものなのである。

第三に、労働側は快く、かつ熱心に協力しなくてはならない。提案箱や個人を表彰するような従業員奨励プログラムと異なって、ＱＣプログラムはグループを表彰する。だから、真の「チーム・スピリット」が必要である。従業員は、すすんで自己表現を心がけ、合意に達することで充足感を覚えるのだ。

さらに生産決定の権限がこれらのサークル・レベルにまで分散することになれば、サークルは食い違いが起こらないよう互いに協力しなければならない。労働側に協力の精神、つまり仲間うちで問題を話し合うほうが上司に相談を持ちかけるよりずっと成果が多いという態度がなければ、サークルよりも個々人に対してインセンティブを与えるほうが、ずっとましなのである。そうでなければ、たとえば二シフトでやっている会社の場合、夜間勤務者が昼間勤務の者が行った改善を取り消してしまうという事態も起こりうる。

日本のＱＣサークルで最も重要な特徴の一つは、ＱＣサークルが管理者側の発案でなかったということである。これはむしろ、従業員と中間管理層から自主的かつ草の根の全国的な運動として出てきたのである。その指導的な存在が日本科学者・技術者連盟、つまり日科技連であった。一九六二年に、後に『FQC』と名づけられる雑誌を発行し、工場の労働者や職長らに品質管理サークルをつくるよう呼びかけ、品質管理は技術専門家の特権だという西欧的な考え方の変更を推進させる一助となった。この雑誌は、工場労働者の間で広く読まれた。彼らはそれを上から与えられて読んだというよりは、むしろみずから買い求め(たばこ一箱分ぐらいの値段だった)、サークルをつくって読んだ。一九五〇年代からQCの中身をよく知っている世代の管理者たちと共に、この雑誌は管理者でない者たちの大がかりな訓練を始める手助けとなったのである。

日科技連は大きな影響を持っている。成果を上げたQCサークルの事例をまとめて出版し、地域や国レベルでの事例発表会議を後援する。異なる会社のサークルから出席した者は、互いの経験を共有する。日本の企業はどこも秘密主義的なところがあり、こんなオープンさは一種のパラドックスに見える。しかしこうした動きは、まず鉄鋼業界と造船業界で普及した。この二つの業界には、他社が自由に製造法や設備を視察してもよいという慣習があったからである。もしそうした動きがカメラ業界か自動車業界で最初に起こっていたなら、現在見られるQC運動のオープンさや相互交流があったかどうか疑問である。今日では、相互の交流が日本におけるQCサークル成功のカギなのである。相互性は労働側を力づけるばかりでなく、改善のプロセス自身に強い興味を抱かせることになるのだ。

QCサークルは、それ自体で独自の運営を行わない。絶えず活性化されなければならないのである。最も重要なのはQCサークルの具体的な目標を設定することであり、その変更を会社の目的に合わせて調整できる強力なリーダーシップを持つ管理者の存在である。提案箱もQCサークルも採用している企業の場合、経営側は大きな投資を必要とするかもしれないアイデアを労働側から直接吸い上げることができるし、同時にQCサークルの努力を奨励するためにも、提案箱の成功を利用できるのである。

このところ、経営側は新しいサークルを始めるよりも、現行のサークルを持続させる方向に時間を費やしているが、サークルの効果が漸増し、累積すると理解してのことである。トヨタは一九五一年、新設した従業員参加プログラムから七〇〇の提案を受けた。三〇年後の現在では、年に五〇万件もの提案があり、二億三〇〇〇万ドル分の経費を削減している。

しかし、QCサークルがなしうることには限界がある。鉄鋼や家電製品などの各分野で、日本が急激かつ大幅の原価引き下げに成功したのは、QCサークルのおかげではない。それは、新技術やFA工場、そしてまったく新しい製造方法、設計技法、部品配送法といった戦略的意思決定によるものである。

たとえば、リコーである。技術、製造法、販売法の改良によってビジネスシステムを再設計し、結果的に〈DT一二〇〇〉により複写機業界の競争に大きな変革をもたらしたのはQCサークルではなかった。トヨタに中間仕掛品一掃という「かんばん方式」をもたらしたのもQCサークルではない。QCサークルは、同じ部門のメンバーから構成されるので、そうした大胆な着想はできないのである。

またQCサークルは戦略に取って代わることもできない。事実、多くの企業がただひたすら生産性改善に取り組んだり、それに付随する品質管理に努めたところで、それは集中的なR&Dや目標を設定したマーケティングに比べると、企業の成功にとってさほど重要とは言えないだろう。

QCサークルは数ある生産性改良技術の一つにすぎず、併用されて初めて最大の働きをする。QCサークルは、日本で言う、全社品質管理（TQC）の一部である場合にはもっと力を発揮する。それは、ビジネスの全体像に関するあらゆる機能の再点検を目的としている。しかしそれとても、組織や人材の問題を克服するものではない。トップの戦略的方向づけや、組織、人事の重要性を置き換えるものではないのである。
しかしそうは言っても日本には、塵も積もれば山となるというたとえもある。そのためには山を心に描き、どの方向から風が吹いているかを心得た人間がいなければならない。

コンソーシアムはジョイント・ベンチャーに勝る

Global Consortia Versus Joint Ventures

［一九八五年五月一二日付］

どの産業でも企業が互いに競争する時代から、協力してチームを組む時代になった。問題はもはや、チームを組むことの是非ではなく、その時期と方法である。GMとトヨタ、あるいはLTVスチールと住友金属は、ジョイント・ベンチャーという方法を選んだ。しかし最良の方法は、コンソーシアムである。

一般的にジョイント・ベンチャーが失敗するわけは、もともとお互い別々の企業であり、株式持ち分の問題があるからである。ジョイント・ベンチャーは契約上、「やれる業務」と「やれない業務」を明記するため、変化の激しい今日の不安定な環境に適さなくなっている。変化に対処する創意工夫の余地が定款上ないのである。市場や競争状態が刻々と変わるにつれて、投資や資源配分についての議論が盛んになり、両方の親会社のフラストレーションが高まる。パートナーは利益（あるいは損失）の配分法や、将来に備えての再投資、その時期と場所について決定しなければならない。もしパートナーが腹蔵なく話し合いを始めようというのではなく、当初の契約に立ち返らざるをえなくなったということになれば、合弁事業は失敗したも同然であろう。

これに対し、コンソーシアムは一般的にもっと緩やかな提携関係である。コンソーシアムの契約は、「やれる業務」と「やれない業務」について細かくは規制しない。株式が導入されることもめったになく、したがって調整すべき投資、再投資の決定を行う場合も少ない。通常、コンソーシアム参加の企業は、合同で事業の一部――販売、研究、開発など――の機能を管理する、あるいは特徴をさらに生かすため――つまり、ただ弱点を補強するためではなく――互いの設備や製品を交換するといったことを行う。たとえば、新商品の販売に際して販売チャネルを相互乗り入れするといったことである。AT&Tとオリベッティの提携では、オリベッティの商品をAT&Tの得意先へ販売する代わりに、オリベッティはAT&Tの遠隔通信、機器、コンピュータ・システムをヨーロッパで販売することになったのである。

しかしコンソーシアムは弱者の避難所ではないし、また、必ずしも企業の自主性を犠牲にするものではない。便宜上の協力関係であるため、パートナーの期待するものも、ジョイント・ベンチャーのそれとは異なっている。たとえば、コントロール・データと日本の富士通、ICLと西ドイツのニックスドルフ・コンピュータとの間で組まれたコンソーシアムの場合、いずれも自社製品か他社の製品を自由に販売できる。ジョイント・ベンチャーを結婚とするならば、コンソーシアムは友情といった関係に近く、各パートナーは何か役に立つものを持ち込まなければと考えるわけだ。各パートナーを真に結びつけるのは契約などではなく、各社それぞれの能力である。つまりお互いに魅力があるからくっついている。

コンソーシアムのパートナーは、地域的にバラバラであってもよい。「遠方の敵は真の友」となれるし、近くの親戚が敵となることだってありうる。一九七〇年代に西ヨーロッパの国境を超えた企業連携が失敗したのは、結局は互いにいがみ合うことになる似た者同士が含まれていたためであった。西ヨーロッパの企業はいまでも、補完関係にある海外の友人よりも近隣の企業と手を結びたがる傾向がある。

貿易摩擦が大きな話題になっているにもかかわらず、かつて反目の激しかったと言われる業界で、コンソーシアムが多く用いられるようになっている。最近、アメリカの大手化学会社の副社長が、日本の化学会社を何社か訪問した。副社長が驚いたことに、そのうち三社が研究、開発を含むさまざまなかたちのコンソーシアムに強い関心を示し、いまや真剣な話し合いが進行中である。

キヤノンはこれまでの戦略を手放して、このほどイーストマン・コダック、IBM、オリベッティに製品の供給を決めた。ガデリウス（スウェーデン、日本）、トラルファ（ノルウェー）、デビルビス（アメリカ）、ASEA（スウェーデン）、それに日本の神戸製鋼を加えた国際的ロボット・コンソーシアムは、全部門をカバーしたロボット・システムを各社がそれぞれ自国で提供することになっている。加盟各社はそれぞれ得意とする自社製のロボットを相互に提供し合うと同時に、各地域の販売に当たる予定である。

自動車業界でもコンソーシアムが多いことはよく知られている。フォードとマツダは日本製の小型乗用車を、フォードのディーラーを通じてオーストラリアと中南米諸国で販売している。マツダはまた、フォードにエンジンを供給している。トヨタとカリフォルニアでジョイント・ベンチャーを始めたGMは、いすゞ、鈴木自動車工業とも提携関係にある。日産とフォルクスワーゲンは製品を交換し合い、双方の国内でその生産と販売を行っている。

コンソーシアムでよく用いられている最も有効な基本ルールは、主たる固定費への寄与率を最大限に高めることである。たとえばR&D費が多額に上る場合、現行の特定地域によっては販売能力にムラがあっても、製品は間違いなく全世界で販売されることを確かめなければならない。藤沢薬品とスミスクラインが〈タガメット〉などを交換し合ったのもその好例である。販売ネットワークは強力だがR&Dが弱いという場合は、販売・サービス部門を維持する固定費への寄与率を最大限に高めるため、外国から製品を輸入して販売する方法を考えるべきである。この場合、現在の生産ラインの収益改善のために固定費を減らそうと早まってはいけない。固定費を減らせば必然的に企業は衰退の悪循環に陥るだろう。むしろ、他社製品の製造・販売をしたほうが、発展的解決案となるのである。

経営陣は企業の発展、拡大に責任を持っているが、日米欧のトライアドを中心としたグローバルなスケールでのコンソーシアムこそ、多くの企業を成功に導くカギである。経営陣は世界の主要市場で自社の特徴、核心を最大限に生かせるよう機敏にして老練でなければならない。そのためには、自社の弱点を他社の長所で補充するという術を身につける必要があろう。

［一九八六年七月三日付］

円高が進んでも貿易摩擦は解消しない

Rising Yen But No Falling Trade Gap

ドル安になっても、アメリカの対日貿易赤字は改善されない。それどころか、逆に悪化すると思われ、ドル安によって回避されるだろうと期待される保護貿易法案を再び求める声さえ強まるかもしれない。

理論的には、円高によってドルの価格が上昇するので、日本製品はアメリカ市場で競争力を失わざるをえなくなると考えられる。しかしこれは、一九七七年から七八年にかけての円高局面では当てはまったものの、今回はいささか事情が異なる。当時、日本がアメリカに輸出していたのはカラーテレビ、鉄鋼、繊維、自動車などアメリカ国内でも強力な競争相手がいる製品だった。しかし、日本のカラーテレビ・メーカーはカリフォルニア州、アーカンソー州、テネシー州など各所で現地生産を進めているし、鉄鋼もドル・ベースのトリガー価格機構、さらには国際カルテルによってコントロールされている。日本の繊維産業に至っては、発展途上国に取って代わられてしまった。

自動車を除いたこれらの製品は、いまや日本の主たる対米輸出品ではなくなっており、IC、CD、ビデオ・プレーヤーなどがそれに代わっている。そして、こうした事情のため、円高はさらに状況を悪化させよう。たとえば自動車は現在、輸出自主規制によって管理されている。為替変動のいかんに関わりなく、日本の自動車メーカー九社は、一九八七年の割当を取り消されるのではないかと恐れるあまり、一九八六年に二三〇万台は確実に対米輸出しようとするだろう。数量ベースでは変化はなくとも、輸出車の金額ベースで見れば大幅な増加となろう。

CD、ビデオ・レコーダー、LSIについても問題は同じである。これらの製品はアメリカ国内では生産されていない。したがって、円高はアメリカ国内での製品価格が高騰し、ドル・ベースでの貿易収支の赤字幅は拡大するという羽目になる。ドル・ベースで一九八五年並みの実績を維持するためには、日本は一九八六年にCD、ビデオなどの製品の輸出数量を四〇パーセント以上減らさなければならない。あるいは五〇パーセントから六〇パーセントも削減しなければ、アメリカ連邦議会を満足させることはできないかもしれない。

ところが、日本のどの企業も、こういった輸出削減を行っていない。日本の上位二〇社は対米輸出七五〇億ドルの七五パーセントを占めるが、これらの会社のどこも今年の輸出量を減らす動きを見せていない。むしろ、単に昨年並みの水準を保つようにしようとしているだけである。残念ながら、これはドル・ベースで言えば、二八〇億ドルも対米輸出が増加するということになる。

アメリカの輸出を見ても、状況はいっこうに芳しくない。ドル安の目的は、アメリカ製品の輸出競争力を高めることにあったが、どうやら目論見通りにはいっていない。たとえば農産物では、アメリカは日本市場で相対的に有利な地位を得ていない。というのも、アメリカの競争相手である一次産品輸出国の通貨もドルと歩調を合わせて安くなっているからである。

日本の中小企業による対米輸出は、新興工業国（ＮＩＣｓ）に取って代わられるようになるだろう。韓国、台湾、香港、マレーシア、シンガポールなどの通貨はドルにリンクしている。アメリカの消費者にとって日本製品が割高となるにつれ、ＮＩＣｓの製品は魅力を増すことになる。韓国はドル安に加えて、原油安、金利低下の「三低」メリットを受けている。一九八六年末には、韓国の対米貿易は大幅黒字（したがって対日貿易は大赤字）となろう。他のＮＩＣｓも同様である。

ＮＩＣｓが日本から奪った対米輸出相当額は約七〇億ドルに達するものと見られ、さらに日本の対米輸出額のうち約七〇億ドル分の日本製品はＮＩＣｓを経由することになるだろう。たとえばテキサス・インスツルメンツは日本に三カ所のＬＳＩ生産工場を持っており、メモリ半導体生産部門をテキサス州から東京に移し、太平洋地域で大きな成功を収めている。現在同社は日本で生産したペレットをシンガポールの工場に運び、最終組み立てを行っている。テキサス・インスツルメンツ製のＩＣチップがアメリカに輸出される場合、貿易統計上、日本製ではなく、シンガポール製となるのは、こうした事情からである。日本の半導体メーカーもこれに右へならえして行動すれば、アメリカで批判にさらされることはあるまいと考え、実際に同じことをやろうとしているのである。

こうした現実の「見えざる」約一四〇億ドル分の日本の対米輸出減少でも、円高による日本の対米輸出増加額二八〇億ドルを埋め合わせることはできない。このように対日貿易赤字が大幅に増加することでカンカンに怒ったアメリカ連邦議会は、さらに保護主義色を強め、日本が円高誘導を行うよう一段と圧力をかけてくるだろう。つまり、悪循環は限りなく続くということになる。貿易統計では、円高になればなるほど貿易赤字は増加することになっている。為替レート――これは相対的インフレ、金利、投資機会、明確な政治的リスクといったさまざまな要素の結果であるが――をいじることによって貿易不均衡を解消しようとするのは、はっきり言って誤った方法である。

「貿易赤字を是正する」には、貿易それ自体ではなく認識を変えなければなるまい。そう、「外国」製品とは何かを再定義する必要がある。たとえば、在日アメリカ系企業の四〇億ドル、五〇億ドルに上る対米輸出だが、これは「外国」製品に該当するのだろうか。一五〇億ドルと言われるアメリカ・メーカー向けのOEM製品輸出は、本当に日本の対米輸出品目とすべきだろうか。このOEM輸出を求めているのはだれなのか。アメリカか、それとも日本か。

同じようなことが、アメリカとNICsとの貿易不均衡についても言える。こうした国々は、アメリカの新しい競争相手となる「ニュー・ジャパン」などではない。実際、こうした国々は「ニュー・アメリカ」になっているのである。

というのも、これらの国々には、日本のような自力の輸出能力があるわけではないからだ。たとえば台湾の輸出経済は、アメリカと日本の国際企業群および群小家内工業に依存している。台湾製品は台湾人が押し出すのではなく、アメリカ人が引き出すかたちで輸出されていると言えよう。この結果、アメリカの対台湾貿易赤字は一九八五年に一三一億ドルと過去最高を記録した。また、マレーシアはいまや世界最大のICチップ生産国である。モトローラ、ナショナル・セミコンダクター、テキサス・インスツルメンツ、HPがマレーシアに工場を持ち、アセンブリ作業を行っているからだ。

ＮＩＣｓは、アメリカの産業構造の一部になってしまっている。また貿易赤字、貿易問題も現に存在する。しかしこうした問題は、皮肉にもアメリカ企業が海外で現地生産を行い、消費者もまた海外からの製品を無条件に受け入れるという国民意識の稀薄さが生んだものである。

アメリカの直面する真のチャレンジは、アメリカ国内製造業の復興である。ドル高だったためにアメリカ産業の国際競争力が損われたと指摘されてすでに久しい。しかし、ドルが安くなった現在でも、アメリカ産業の復興の兆しはない。国内製造業への投資は拡大していないし、アメリカ企業が市場シェアを奪回するために投資（価格の引き下げ）を行ったとは聞かない。日本の自動車メーカーが値上げを発表すると、アメリカの資本市場ではメーカーも追随するというのが現状である。

なぜだろうか。アメリカの資本市場では、発行株式の四分の三は、年金基金などの機関投資家が握っているからである。日本の機関投資家と違い、アメリカのそれは投資収益には興味を示すが、事業そのものには関心がない。アメリカ本土で為替、金利、原油など好条件が揃っていても、競争力をつけるために旧式の工場設備に再投資したり、機械の入れ替えを行ったりすることは、機関投資家にとってリスクが大きいのである。本当の問題は、これまでドル高だったことなどではないのだ。ドル安もけっして問題を解決しない。問題の根はもっと深いのである。

こうした本質的問題を避けて、アメリカは貿易赤字の新しい理由を見つけ出してきた。日本（そして西ドイツ）は貯蓄しすぎ、消費しなさすぎると言うのである。この考え方は誤った統計に基づいている（日本の場合、生命保険料が貯蓄に含まれている）。たとえそうでなくとも、アメリカの通商代表が他国の確固たる慣行や貯蓄という美徳を批判する権利がどこにあるのだろうか。

アメリカには二つの解決策がある。一つは政府支出と家計支出を抑制して国内製造業を再興することであり、もう一つは、他国がアメリカの産業構造に組み込まれている事実を認め、貿易収支を気にかけないことである。

昨年、アメリカは日本に対し、市場を開放するための具体的な措置を迫り、実行に移すよう求めた。しかし、一九八五年だけでも在日アメリカ系企業の売上総額が五〇〇億ドルを超えている点を考えれば、日本の市場開放はアメリカと互角である。アメリカの政策要求は、企業競争の現実からよほどかけ離れたものだと言えよう。政府とは違って、アメリカ企業は、海外輸出にさほどの強い関心を示していない。多くの企業はすでに世界の主要市場で確固たる地歩を築いているからである。

アメリカ政府が本当にアメリカ本土からの輸出を増やそうと考えているなら、アメリカは他国に貿易不均衡是正のアクション・プログラムを求めるのでなく、国内製造業を再生するためのアメリカ自身のアクション・プログラムをつくり上げるべき時なのである。

［著者］
大前研一（おおまえ・けんいち）
早稲田大学理工学部卒業。東京工業大学大学院原子核工学科で修士号、マサチューセッツ工科大学大学院原子力工学科で博士号を取得。㈱日立製作所原子力開発部技師を経て、1972年マッキンゼー・アンド・カンパニー入社。以来20年以上にわたって日本支社長、アジア太平洋地区会長を歴任。現在、㈱大前・アンド・アソシエーツ代表取締役、㈱ビジネス・ブレークスルー代表取締役、ビジネス・ブレークスルー大学院大学学長等を務める。オーストラリアのボンド大学ビジネススクール企業戦略論担当教授、韓国の高麗大学名誉客員教授ならびに梨花女子大学名誉教授に就任。1987年にイタリア大統領より企業戦略論への貢献が認められピオマンズ賞を、1995年にはアメリカのノートルダム大学で名誉法学博士号を授与された。イギリス『エコノミスト』誌の1993年グールー特集では世界のグールー17人の一人に、また1994年の特集では5人の中の一人に選ばれている。2005年の《Thinkers50》でも、アジア人として唯一、トップに名を連ねている。著書に『企業参謀』（プレジデント社）、『新・資本論』『新・経済原論』（いずれも東洋経済新報社）、『考える技術』（講談社）、『ザ・プロフェッショナル』（ダイヤモンド社）、訳書に『ハイ・コンセプト』（三笠書房）など多数。

［訳者］
吉良直人（きら・なおと）
国際基督教大学教養学部卒業。ハーバード大学経営大学院卒業(MBA)。帝人㈱未来事業部、帝人ボルボ㈱を経て、マッキンゼー・アンド・カンパニー日本支社に入社。以来、大前研一氏の同社退職まで共に働いた。退職後は外資系企業の役員等を歴任。現在、アセンダント・ビジネス・ソリューションズ㈱マネジング・ディレクターを務める。ハーバード大学在学中に『企業参謀』（*The Mind of the Strategist*）の英訳、*The Invisible Continent*, *The Next Global Stage*の邦訳（『新・資本論』『新・経済原論』は東洋経済新報社）も手がける。訳書に『「高業績チーム」の知恵』（ダイヤモンド社）、共訳書に『リアル・チェンジ・リーダー』（講談社）など多数。

大前研一 戦略論——戦略コンセプトの原点

2007年10月４日　第１刷発行

著者———大前研一
訳者———吉良直人
発行所——ダイヤモンド社
〒150-8409　東京都渋谷区神宮前6-12-17
http://www.diamond.co.jp/
電話／03･5778･7228（編集）　03･5778･7240（販売）
装丁————デザインワークショップ・ジン
編集協力——佐藤まり
製作進行——ダイヤモンド・グラフィック社
印刷————堀内印刷所（本文）・慶昌堂印刷（カバー）
製本————ブックアート
編集担当——榎本佐智子

ISBN 978-4-478-00126-4